The Complete Poetry and Translations

CLARK ASHTON SMITH

The Complete Poetry and Translations

Volume 3: *The Flowers of Evil* and Others

Edited by S. T. Joshi and David E. Schultz

Hippocampus Press

New York

Published by Hippocampus Press
P.O. Box 641, New York, NY 10156
www.hippocampuspress.com

The Library of Congress has cataloged the hardcover edition as follows:

Smith, Clark Ashton, 1893-1961.
  [Poems]
  The complete poetry and translations / Clark Ashton Smith ; edited by S. T. Joshi and David E. Schultz. -- 1st ed.
      p. cm.
  Includes bibliographical references and index.
  ISBN-13: 978-0-9771734-0-2 (v. 3)
  I. Joshi, S. T., 1958- II. Schultz, David E., 1952- III. Title.
  PS3537.M335A6 2007
  811'.52--dc22
                          2006039390

First Paperback Edition, 2012
1 3 5 7 9 8 6 4 2

ISBN 978-1-61498-047-6 (Volume 3)
ISBN 978-1-61498-048-3 (3 Volume Set)

Contents

Appendix

Introduction

Clark Ashton Smith's translations of French and Spanish poetry are a relatively late development in his poetic career. Whereas his original verse dates to his teenage years, his translations commenced no earlier than the mid-1920s. And yet he appears to have had a remarkable aesthetic affinity to some French authors, chiefly of the nineteenth and early twentieth centuries, as attested by his voracious reading (in translation) of such novelists as Balzac, Gautier, Maupassant, and Anatole France, and such poets as Baudelaire, Verlaine, and Mallarmé. In 1922 he reported that he was, on the strength of his own poetry, being called "the new Baudelaire" in San Francisco.[1] Smith maintained that the affinity went deeper: "I've a touch of French blood . . . which may account for some of the tendencies of my work."[2]

Smith's first exposure to Baudelaire, the poet whose work he would translate most exhaustively, appears to have occurred c. June–July 1912, when he was visiting his mentor, George Sterling, in Carmel. At that time Sterling showed him F. P. Sturm's translation of 1906.[3] Smith declared the translations "excellent," going so far as to quote from memory Sturm's verse translation of "The Beacons."[4] Several years later, his friend Samuel Loveman sent him the Modern Library edition of *Baudelaire: His Prose and Poetry*,[5] a miscellaneous collection of verse and prose translated by various hands; the section on *Les Fleurs du mal* contained translations by both Sturm and W. J. Robertson. Smith declared that Sturm's were superior to Robertson's.[6]

Smith admitted to Loveman in 1915 that he in fact did not know any French. Although admiring Baudelaire's work, he confessed: "I wish I could read it in the original—I've been too indolent to learn any language but my own."[7] By 1918, when Loveman presented Smith with a copy of Arthur Symons's translation of Baudelaire's prose-poems,[8] he stated: "I know so little

---

1. CAS to Samuel Loveman, 12 April 1922 (ms., Bancroft Library, University of California [hereafter abbreviated BL]).

2. CAS to Samuel Loveman, 19 March 1915 (ms., BL).

3. F[rank] P[earce] Sturm, *The Poems of Charles Baudelaire*, selected and translated from the French (London: Walter Scott Publishing Co., 1906).

4. CAS to Samuel Loveman, 22 April 1915 (ms., BL).

5. *Baudelaire: His Prose and Poetry*, ed. T. R. Smith (New York: Boni & Liveright/Modern Library, 1919).

6. CAS to Samuel Loveman, 3 February 1920 (ms., BL).

7. CAS to Samuel Loveman, 22 April 1915 (ms., BL).

8. *Poems in Prose from Charles Baudelaire*, trans. Arthur Symons (London: Elkin Mathews, 1905).

French that I fear I would get practically nothing, or worse than nothing, from B. in the original."[9] In this letter Smith also expressed admiration for the translations of prose-poems by several French authors, including Baudelaire, found in Stuart Merrill's *Prose Pastels*.[10]

One wonders if Loveman were instrumental in initiating Smith's translations in a more direct way than merely sending him books. In late 1921 Loveman himself commenced translating Baudelaire, sending Smith a sheaf of his translations. Smith responded with enthusiasm: "I like some of your Baudelaire translations immensely—'Ciel Brouille,' 'Le Lethe,' 'Chaunt D'Automne' in particular. They are much more literal—are they not—than those of F. P. Sturm and the others?"[11] Loveman translated at least thirteen of Baudelaire's poems from *Les Fleurs du mal* and seven by Paul Verlaine, publishing them in the third issue (March 1922) of his little magazine, the *Saturnian*. Curiously, at exactly this time Alfred Galpin, another member of the Smith/Loveman/Lovecraft circle, published "Four Translations from 'Les Fleurs du mal' by Charles Pierre Baudelaire" in the *United Amateur* (March 1922).[12]

Smith's own work as a translator did not begin until 1925. At that time he was laid up for several months with an injured foot, and he used the opportunity to begin work on Baudelaire. Oddly enough, he stated that he was "paraphrasing a few of the Baudelaire translations by F. P. Sturm and others. I don't know how close my versions come to the original."[13] This would seem to suggest that Smith still did not know French, but a few months later he stated that "I have been digging the stuff out of the original French."[14] Soon he expressed dissatisfaction with the Sturm translation for its bowdlerization of Baudelaire's text and for other deficiencies: "I don't think he gives an adequate impression of the style and technical qualities." Smith's procedure apparently was to make an initial, literal prose translation, to make sure that the French text had been captured as accurately as possible, and then to versify it. It is unfortunate that Smith produced prose translations of nearly the whole of Baudelaire's *Les Fleurs du mal* but managed to versify only a small proportion of

9. CAS to Samuel Loveman, 27 February 1918 (ms., BL).

10. Stuart Merrill, *Prose Pastels* (New York: Harper & Brothers, 1890).

11. CAS to Samuel Loveman, [10 December 1921] (ms., BL). Loveman's translation of "La Léthe" apparently was not published. Loveman's translations are now gathered in *Out of the Immortal Night: Selected Works of Samuel Loveman*, ed. S. T. Joshi and David E. Schultz (New York: Hippocampus Press, 2004).

12. Now reprinted in H. P. Lovecraft's *Letters to Alfred Galpin*, ed. S. T. Joshi and David E. Schultz (New York: Hippocampus Press, 2003), pp. 260–62.

13. CAS to George Sterling, 15 March 1925; *The Shadow of the Unattained: The Letters of George Sterling and Clark Ashton Smith*, ed. David E. Schultz and S. T. Joshi (New York: Hippocampus Press, 2005), p. 250.

14. CAS to George Sterling, 1 July 1925; *The Shadow of the Unattained*, p. 253.

it. The prose translations should be regarded only as working drafts, not as finished products; Smith himself stated in 1918: "French verse, as a rule, seems frightfully banal in a word-for-word translation."[15] On a few occasions Smith translated the poems as formal prose-poems, allowing them to be published as such.[16] Why did Smith not finish the job of creating polished verse from his prose translations of *Les Fleurs du mal?* The point at which he ceased the labor of creating verse from prose seems to coincide with the advent of his career as a fiction writer, in September 1929. Economic necessity turned Smith toward writing fiction, as he needed to support and care for his aging parents. By the time Smith's fictioneering waned and he turned once again to poetry, it appears that interest in the Baudelaire project had died out.

It has not been ascertained precisely which edition of the French text of *Les Fleurs du mal* Smith used for his translations, but it must have been one that followed the numerical sequence of the third edition (posthumous) of 1868. *Les Fleurs du mal* created a scandal when it was first published in 1857. It contained 100 poems divided into five parts. In a succession of reviews the book was condemned for obscenity; a report by the Ministry of the Interior declared the book "an act of defiance in contempt of the laws which safeguard religion and morality."[17] All copies of the book were ordered to be confiscated. In a trial in August 1857, Baudelaire was found guilty and fined the substantial sum of 300 francs (later reduced to 50). The court ordered the deletion of six poems from all copies of the book. (These appear in the section "Jetsam" in later editions of *Les Fleurs du mal*).

A second edition of the book appeared in 1861, containing 126 poems in six parts and excluding the six "condemned" poems. This volume virtually constitutes a new book, as the poems have been radically rearranged; it established Baudelaire as the leader of a new generation of avant-garde poets. Upon Baudelaire's death in 1867, his friends Charles Asselineau and Auguste Poulet-Malassis prepared a third edition, containing 151 poems in six parts, still excluding the six condemned poems; whether the number and sequence follow a plan established by Baudelaire is a matter of debate. The ban on the six "condemned" poems was not lifted until 21 May 1949, although they were manifestly in circulation before then since Smith translated them all.

Smith's translations began appearing in the course of 1925 in his column in the *Auburn Journal*. A few appeared in amateur journals and little magazines, but the great majority—being only working drafts in prose—have remained

---

15. CAS to Samuel Loveman, 27 August 1918 (ms., BL).

16. See "Three Poems in Prose," *WT* 12, No. 2 (August 1928): 261–63, comprising prose versions of "L'Irréparable," "Les Sept Vieillards," and "Une Charogne."

17. Cited in Claude Pichais, *Baudelaire*, tr. Graham Robb (London: Hamish Hamilton, 1989), p. 224.

unpublished. Smith included nineteen of them in *Sandalwood* (1925); these and twelve more were included in *Selected Poems* (prepared 1944–49; published 1971). Smith ended up translating nearly the whole of *Les Fleurs du mal*, at least in prose. Of the 157 poems in the cycle, Smith apparently did not translate only the following: "Franciscæ Meæ Laudes" (LXII), a poem in imitation of medieval Latin; "Sepulture" (LXXII), and "Le Goût du néant" (LXXXII). Moreover, "Le Flacon" (XLIX), "Le Calumet de paix" (LXXXV), and "Les Petits Vieilles" (CXV) exist only in a fragmentary state. It is possible that Smith in fact prepared translations of all these poems (except the Latin one), but that the manuscripts have not survived. Smith's translation of "Le Calumet de paix" is a curiosity, as he must have known that the French poem is merely a loose translation of a section of Longfellow's *The Song of Hiawatha;* nevertheless, apparently in the interest of completeness Smith went ahead with his own translation. Whether he would later have versified it is unknown.

Had Smith prepared a complete verse translation of *Les Fleurs du mal* and managed to get it published, his reputation as a poet might have been significantly enhanced. As early as 1925, George Sterling remarked: "I've a notion that you are doing for Baudelaire what he did for Poe."[18] Sterling urged Smith to continue his work, offering to find a publisher if he completed the job. In 1929 Benjamin De Casseres encouraged Smith to prepare a *prose* translation of the entire *Fleurs du mal* for possible book publication. Smith vowed to forge ahead: "The work has all been blocked out, more or less roughly, but I find the polishing of some of them a formidable task, and there is much yet to be done. Perhaps a hundred or more are fit for publication as they stand."[19] At this time Smith was harshly critical of Arthur Symons's translation of *Les Fleurs du mal*,[20] stating: "The Symons translation, in regard to verse at least, was inconceivably rotten. My private theory is, that he did it under the influence of hashish—nothing else, it seems to me, could account for the vile and inconceivable twistings and perversions of Baudelaire's actual thought and imagery."

In 1932, Smith sent some of his prose translations of Baudelaire to Loveman for publication in *Trend*, the little magazine of which Loveman was briefly on the editorial board,[21] but evidently they were rejected. In 1936 a complete translation of *Les Fleurs du mal* by George Dillon and Edna

---

18. George Sterling to CAS, 16 July 1925; *The Shadow of the Unattained*, p. 254.

19. CAS to Samuel Loveman, 15 April 1929 (ms., BL).

20. *Les Fleurs du mal; Petits poèmes en prose; Les Paradis artificiels*, translated by Arthur Symons (London: Casanova Society, 1925); reprinted as *Baudelaire: Prose and Poetry* (New York: Boni & Liveright, 1926).

21. CAS to Samuel Loveman, 16 June 1932 (ms., BL).

St. Vincent Millay appeared,[22] but no comment on it by Smith is extant. A few of Smith's translations appeared in the Limited Editions Club edition of *Flowers of Evil* (1940), but otherwise their appearance in *Selected Poems* constitutes the widest dissemination of his translations until the present volume.

Smith's reading and translation of other French poets appears to date to around the time of his Baudelaire work, or slightly later. He quotes a translation of a poem by José Maria de Heredia as early as 1915.[23] Smith borrowed from Sterling a translation of Verlaine by Ashmore Wingate[24] in 1913;[25] four years later Loveman gave him the book.[26] Smith commented that Wingate's version was not as skillful as that by Arthur Symons.[27] A year later he obtained Gertrude Hall's translation,[28] which he declared "the best translation I have seen, on the whole."[29] Shortly thereafter Smith read *Contemporary French Poetry*, which contained the two poems by Pierre Lievre that he later translated.[30] In 1920 he came upon a volume that he calls *French Anthology*,[31] which contained some of Symons's translations of Verlaine. Smith in the end translated fifteen of Verlaine's poems.

Smith's source for the French texts of Verlaine and the other poets he translated is even more of a mystery than his source for Baudelaire's *Les Fleurs du mal*. Some of the poets in question—Marie Dauguet, Albert Samain, Fernand Severin—are very obscure today, although they were better known in Smith's day. It seems difficult to imagine that Smith could have obtained, or even consulted, books of poetry by these authors in French, or even magazines in which the French texts appeared; no single anthology or group of anthologies containing all, or even a significant proportion, of the French texts of the poems Smith translated has been located. Samain was discussed in

22. *Flowers of Evil*, from the French of Charles Baudelaire, by George Dillon and Edna St. Vincent Millay (New York: Harper & Brothers, 1936).

23. CAS to Samuel Loveman, 3 June 1915 (ms., JHL).

24. *Poems*, selected and translated, with an introduction, by Ashmore Wingate (London: Walter Scott Publishing Co., [1905]).

25. CAS to George Sterling, 21 March 1913 and 12 April 1913; *The Shadow of the Unattained*, pp. 84, 85.

26. CAS to Samuel Loveman, 27 August 1917 (ms., BL).

27. The majority of Symons's translations of Verlaine appeared in his volume of original poetry, *Knave of Hearts* (London: William Heinemann, 1913).

28. *The Poems of Verlaine*, translated by Gertrude Hall (Chicago: Stone & Kimball, 1895).

29. CAS to Samuel Loveman, 24 June 1918 (ms., BL).

30. *Contemporary French Poetry*, translated by Jethro Bithell (London: Walter Scott Publishing Co., 1912).

31. Apparently *Anthology of French Poetry: 10th to 19th Centuries*, translated by Henry Carrington (London: Henry Frowde/Oxford University Press, 1900).

Vance Thompson's *French Portraits* (1900), which Smith read in 1919;[32] and Smith notes reading "a little of the Parnassian period," notably Leconte de Lisle (presumably in French), in 1926.[33] The great majority of Smith's translations of these poets are unpublished; one translation of Heredia, one of Victor Hugo, two of Leconte de Lisle, one of Pierre Lièvre, and five of Verlaine appeared in *Selected Poems*. Unlike his translations of Baudelaire, these translations are almost entirely in verse, although still quite literal and not in formal meter. (It should now be well known that Smith's "translations" from one Christophe des Laurières are a hoax; they are original poems, although perhaps in a kind of "Parnassian" style reminiscent of Baudelaire and Verlaine.)

Smith's learning of Spanish dates to the late 1940s. With a knowledge of French, Spanish is relatively easy to acquire, as both are part of a group of Romance languages deriving from Latin. In January 1949 Smith noted that "I've been studying Spanish lately, and have already made two translations of verse that appealed to me."[34] The inclusion of two of these translations— Gustavo Adolfo Bécquer's "Where?" and Jose A. Calcaño's "The Cypress"— was evidently a late insertion into the manuscript of *Selected Poems*, which was completed in the fall of 1949. Smith went on to translate several more poems by Bécquer as well as poems by other Spanish poets; a few appeared in fanzines in the 1950s, but most remained unpublished. (As with Christophe des Laurières, Smith's "translation" of a poem by Clérigo Herrero, "'That Motley Drama,'" is a hoax, as this is also an original poem by Smith.) As with his non-Baudelaire French translations, they are nominally in verse, generally line-for-line and lacking the formal meter of the originals. Most of the Spanish poets Smith translated are well-known figures in Spanish and Latin American literature of the later nineteenth and early twentieth centuries. Once again, it is a mystery where Smith acquired the Spanish texts of these poems. In a letter of 1950 he speaks of his original poems in Spanish and states that "I hope to place [them] sooner or later with Latin-American periodicals,"[35] suggesting that he had had access to such periodicals and that they may have contained the Spanish poems he translated.[36]

---

32. CAS to Samuel Loveman, 27 February 1919, 18 March 1919 (mss., BL).

33. CAS to George Sterling, 10 January 1926; *The Shadow of the Unattained*, p. 268.

34. CAS to August Derleth, 27 January 1949 (ms., State Historical Society of Wisconsin).

35. CAS to August Derleth, 31 March 1950 (ms., State Historical Society of Wisconsin).

36. One unpublished poem, "Voices," is declared on several manuscripts to be by one "José Velasco." There does not appear to be a Spanish or Latin American poet of this name, and the editors believe this is a pseudonym of Smith's. One manuscript does have a handwritten notation, "(translated by Clark Ashton Smith)," but this may refer to Smith's translation of a poem he himself wrote in Spanish. However, no Spanish version of "Voices" appears to be extant.

In spite of the fact that many of his Baudelaire translations are working prose drafts not designed for publication, Smith's work as a translator of French and Spanish poetry remains an impressive and, to date, little-known aspect of his overall poetic work. This volume presents for the first time the totality of Smith's work as a poetic translator, and there is reason to believe that substantial study of the influence of his translations upon his original poetry can now be done. At a minimum, readers can now appreciate the depth of Smith's affinity with the poets he translated and the skill with which he rendered the substance of their verse, even at the risk of a departure from literalness.

—S. T. Joshi and David E. Schultz

A Note on This Edition

This volume contains Smith's translations of French and Spanish poetry in a trilingual edition, with the French and Spanish texts (where available) presented on facing pages. As it has not been ascertained what specific editions of Baudelaire, Verlaine, and other poets Smith used, the editors have chosen standard editions of these poets for the French and Spanish texts, with the understanding that some small deviations between the English and French/Spanish versions may be the result of variant texts used by Smith.

Given that Smith's translations of *Les Fleurs du mal* are largely in prose, which customarily occupies far less space than verse, the editors have made an attempt to align the prose versions with the poetic text in such a way that consultation of the parallel texts is simplified. There are no section divisions in Smith's prose translations, except those indicated by roman numerals; these divisions have been introduced by the editors for purposes of alignment with the French text. Smith on occasion did not include dedications or subtitles to the *Fleurs du mal* poems, either through oversight or through their absence in the edition he used. Some of Smith's translations exist in multiple manuscript copies, some with French titles and some with English; we have affixed the English title where one exists, even if we have chosen another manuscript as the source of the text itself. The appendix contains some variant texts of the *Fleurs du mal* translations, including one published prose version of a poem Smith later rendered in verse. Also included is the segment of Longfellow's *The Song of Hiawatha* that Baudelaire paraphrased in "Le Calumet de paix." We have chosen not to include unpublished prose versions of poems that Smith later versified.

The great majority of Smith's translations are unpublished; the manuscripts are largely among the Clark Ashton Smith papers at the John Hay Library, Brown University; other manuscripts are in the H. P. Lovecraft Papers, John Hay Library; the New York Public Library, the State Historical Society of

Wisconsin, and in private hands. Some manuscripts are burned or otherwise mutilated, rendering a complete transcription impossible.

Our "Notes" supply brief biographical information on the poets Smith translated, bibliographical information (including manuscript sources) for Smith's translations, and brief critical notes to elucidate points in the text. An asterisk indicates the manuscript or published version used as our copy-text.

We are grateful to the libraries owning the manuscripts for permission to publish unpublished texts. We are also grateful to Patrick Bray, Scott Connors, Rosemary Cullen, Darian Daries, Coordinator, Special Collections, University of California at Riverside, Philippe Gindre, Alan Gullette, Rosemary Lloyd, Stuart David Schiff, and especially Donald Sidney-Fryer for their assistance in the preparation of this volume.

Abbreviations

AH [PH]	Arkham House [Place of Hawks]
AJ	*Auburn Journal*
BL	Bancroft Library, University of California (Berkeley)
CAS	Clark Ashton Smith
JHLL	H. P. Lovecraft papers, John Hay Library, Brown University (Providence, RI)
JHLS	Clark Ashton Smith papers, John Hay Library, Brown University (Providence, RI)
MCL	Mills College Library (Oakland, CA)
NYPL	New York Public Library
PH	private hands
S	*Sandalwood*
S (1952)	*Sandalwood* (1952)—TMs. of *Sandalwood* prepared in 1952 (private hands)
S&P	*Spells and Philtres*
SHSW	State Historical Society of Wisconsin (Madison)
SP	*Selected Poems*
UCLA	University of California at Los Angeles
WT	*Weird Tales*

Charles Baudelaire

Les Fleurs du mal

Dédicace

Au poète impeccable
Au parfait magicien ès lettres françaises
A mon très-cher et très-vénéré
Maître et ami
Théophile Gautier
Avec les sentiments
De la plus profonde humilité
Je dédie
Ces fleurs maladives
C.B.

[Préface]

Au lecteur

La sottise, l'erreur, le péché, la lésine
Occupent nos esprits et travaillent nos corps,
Et nous alimentons nos aimables remords
Comme les mendiants nourrisent leur vermine.

Nos péchés sont têtus, nos repentirs sont lâches;   5
Nous nous faisons payer grassement nos aveux
Et nous rentrons gaîment dans le chemin bourbeux,
Croyant par de vils pleurs laver toutes nos taches.

Sur l'oreiller du mal c'est Satan Trismégiste
Qui berce longuement notre esprit enchanté,   10
Et le riche métal de notre volonté
Est tout vaporisé par ce savant chimiste.

C'est le Diable qui tient les fils qui nous remuent!
Aux objets répugnants nous trouvons des appas;
Chaque jour vers l'Enfer nous descendons d'un pas,   15
Sans horreur, à travers des ténèbres qui puent.

Ainsi qu'un débauché pauvre qui baise et mange
Le sein martyrisé d'une antique catin,
Nous volons au passage un plaisir clandestin
Que nous pressons bien fort comme une vieille orange.   20

Serré, fourmillant, comme un million d'helminthes,
Dans nos cerveaux ribote un peuple de Démons,
Et, quand nous respirons, la Mort dans nos poumons
Descend, fleuve invisible, avec de sourdes plaintes.

Si le viol, le poison, le poignard, l'incendie   25
N'ont pas encor brodé de leurs plaisants dessins
Le canevas banal de nos piteux destins,
C'est que notre âme, hélas! n'est pas assez hardie.

Mais parmi les chacals, les panthères, les lices,
Les singes, les scorpions, les vautours, les serpents,   30
Les monstres glapissants, hurlants, grognants, rampants
Dans la ménagerie infâme de nos vices,

Preface

Folly and error, sin and avarice, inhabit our spirits and trouble our bodies, and we feed our amiable remorse as the beggars feed their vermin.

Our sins are headstrong, and our repentances are faint-hearted; bravely and generously we make our vows, and gaily we return to the muddy road, believing that vile tears will wash away all our stains.

On the pillow of evil Satan Trismegistus cradles long our enchanted spirit, and the rich metal of our volition is wholly vaporized by this artful chemist.

The Devil retains the threads whereby we are drawn! We find in repugnant things an appealing charm; each day we descend another step toward hell, without horror, athwart the stinking darkness.

Like a poor debauchee who kisses and gnaws the martyrized breast of an antique harlot, we steal a clandestine pleasure upon our way, and press it firmly like an old orange.

Serried and swarming like a million helminthes, a race of demons revels in our brains, and when we respire, Death descends into our lungs, an invisible stream, with heavy groans.

If violation and incendiarism, poignard and poison, have not broidered with their pleasant designs the banal ground of our pitiful destiny, it is only because our soul, alas! is not bold enough.

But among the jackals, the panthers, the bitch-hounds, the apes, the scorpions, the vultures, the serpents, the yelping, howling, growling and creeping monsters in the infamous menagerie of our vices, there is one more ugly, more wicked, more unclean than all! Though he puts forth no grand gestures and no great cries, he would turn willingly the earth into a rubbish-heap, and would swallow the world in a yawn!

It is Ennui! His eye surcharged with an involuntary tear, he dreams of scaffolds in puffing his pipe. Thou knowest him, reader, this dainty monster—hypocritical reader, my fellow-man, my brother!

Il en est un plus laid, plus méchant, plus immonde!
Quoiqu'il ne pousse ni grands gestes ni grands cris,
Il ferait volontiers de la terre un debris   35
Et dans un bâillement avalerait le monde.

C'est l'ENNUI!—L'œil chargé d'un pleur involontaire,
Il rêve d'échafauds en fumant son houka.
Tu le connais, lecteur, ce monstre délicat,
—Hypocrite lecteur,—mon semblable,—mon frère!   40

Spleen et Idéal

I. Bénédiction

Lorsque, par un décret des puissances suprêmes,
Le Poète apparaît en ce monde ennuyé,
Sa mère épouvantée et pleine de blasphèmes
Crispe ses poings vers Dieu, qui la prend en pitié:

—"Ah! que n'ai-je mis bas tout un nœud de vipères,   5
Plutôt que de nourrir cette dérision!
Maudite soit la nuit aux plaisirs éphémères
Où mon ventre a conçu mon expiation!

"Puisque tu m'as choisie entre toutes les femmes
Pour être le dégoût de mon triste mari,   10
Et que je ne puis pas rejeter dans les flammes,
Comme un billet d'amour, ce monstre rabougri,

"Je ferai rejaillir ta haine qui m'accable
Sur l'instrument maudit de tes méchancetés,
Et je tordrai si bien cet arbre misérable,   15
Qu'il ne pourra pousser ses boutons empestés!"

Elle ravale ainsi l'écume de sa haine,
Et, ne comprenant pas les desseins éternels,
Elle-même prépare au fond de la Géhenne
Les bûchers consacrés aux crimes maternels.   20

Pourtant, sous la tutelle invisible d'un Ange,
L'Enfant déshérité s'enivre de soleil,
Et dans tout ce qu'il boit et dans tout ce qu'il mange,
Retrouve l'ambroisie et le nectar vermeil.

Spleen et Idéal

I. Bénédiction

When, by a decree of the supreme powers, the poet came into this weary world, his blasphemous and fearful mother clasped her hands and cried out to God, who pitied her:

"Ah! that I had borne a knot of vipers, rather than nourish this derision! Accursed be the night of ephemeral pleasures, whereon my womb conceived mine expiation!

"Since thou hast chosen me from among all women to be the disgust of my sad husband, and since I cannot fling into the flame this stunted monster, as one would fling an old love-letter, I will cause thine overwhelming hate to return upon the accursed instrument of thy malignities, and I will twist so well this miserable tree, that it can never put forth its pestilential buds!"

She regorges thus the foam of her hatred, and, comprehending not the eternal designs, she prepares herself, in the depth of Gehenna, the pyres that are consecrate to maternal crime. However, beneath the invisible tutelage of an Angel, the disinherited Child grows drunken with the sun, and in all that he drinks, in all that he eats, he finds ambrosia and a vermeil nectar.

Il joue avec le vent, cause avec le nuage   25
Et s'enivre en chantant du chemin de la croix;
Et l'Esprit qui le suit dans son pèlerinage
Pleure de le voir gai comme un oiseau des bois.

Tous ceux qu'il veut aimer l'observent avec crainte,
Ou bien, s'enhardissant de sa tranquillité,   30
Cherchent à qui saura lui tirer une plainte,
Et font sur lui l'essai de leur férocité.

Dans le pain et le vin destinés à sa bouche
Ils mêlent de la cendre avec d'impurs crachats;
Avec hypocrisie ils jettent ce qu'il touché   35
Et s'accusent d'avoir mis leurs pieds dans ses pas.

Sa femme va, criant sur les places publiques:
—"Puisqu'il me trouve assez belle pour m'adorer,
Je ferai le métier des idoles antiques,
Et comme elles je veux me faire redorer;   40

"Et je me soûlerai de nard, d'encens, de myrrhe,
De génuflexions, de viandes et de vins,
Pour savoir si je puis dans un cœur qui m'admire
Usurper en riant les hommages divins!

"Et, quand je m'ennuierai de ces farces impies,   45
Je poserai sur lui ma frêle et forte main;
Et mes ongles, pareil aux ongles des harpies,
Sauront jusqu'à son cœur se frayer un chemin.

"Comme un tout jeune oiseau qui tremble et qui palpite,
J'arracherai ce cœur tout rouge de son sein,   50
Et, pour rassasier ma bête favorite,
Je le lui jetterai par terre avec dédain!"

Vers le Ciel, où son œil voit un trône splendide,
Le Poète serein lève ses bras pieux,
Et les vastes éclairs de son esprit lucide   55
Lui dérobent l'aspect des peuples furieux:

—"Soyez béni, mon Dieu, qui donnez la souffrance
Comme un divin remède à nos impuretés
Et comme la meilleure et la plus pure essence
Qui prépare les forts aux saintes voluptés!   60

"Je sais que vous gardez une place au Poète
Dans les rangs bienheureux des saintes Légions,
Et que vous l'invitez à l'éternelle fête
Des Trônes, des Vertus, des Dominations.

He plays with the wind, he talks with the cloud, and grows elate as he sings the way of the cross; and the Spirit who follows him in his pilgrimage full often weeps to see him gay and lightsome like a bird of the wood.

All those that he would love observe him with fear, or, emboldened by his tranquillity, they seek to find which one will win a plaint from him, and make on him the assay of their ferocity.

In the bread and wine intended for his mouth they mingle ashes with impure spittles; with hypocrisy they cast to earth all things that he touches, and condemn themselves for having put their feet in his footsteps.

His wife goes crying in the public places: "Since he has found me fair enough to adore me, I will adopt the manner of antique idols, and I will regild myself even as they, and I will inebriate me with nard, with frankincense, with myrrh, with genuflections, with viands and with wine, to learn if I can usurp the divine homage in a heart that so admires me! And when I am weary of the impious farce, I will place upon him my frail and powerful hand, and my fingers, like the talons of harpies, shall find for themselves a road to his heart. Like a young bird that trembles and palpitates, I will tear his heart all red from his bosom, and fling it to the earth with disdain to sate my favourite beast!"

Toward Heaven, where his eye beholds a splendid throne, the serene poet lifts his pious arms, and the vast lightnings of his lucid spirit veil from him the infuriate peoples:

"Blessed be thou, my god, who givest suffering as a divine remedy for our impurities, and, as it were, the pure and superior essence that prepares the strong for the sacred pleasures!

"I know that thou keepest for the poet a place in the fortunate ranks of the holy legions, and that thou invitest him to the eternal feast of Thrones, of Virtues, of Dominations.

"Je sais que la douleur est la noblesse unique   65
Où ne mordront jamais la terre et les enfers,
Et qu'il faut pour tresser ma couronne mystique
Imposer tous les temps et tous les univers.

"Mais les bijoux perdus de l'antique Palmyre,
Les métaux inconnus, les perles de la mer,   70
Par votre main montés, ne pourraient pas suffire
A ce beau diadème éblouissant et clair;

"Car il ne sera fait que de pure lumière,
Puisée au foyer saint des rayons primitifs,
Et dont les yeux mortels, dans leur splendeur entière, 75
Ne sont que des miroirs obscurcis et plaintifs!"

II. L'Albatros

Souvent pour s'amuser, les hommes d'équipage
Prennent des albatros, vastes oiseaux des mers,
Qui suivent, indolents compagnons de voyage,
Le navire glissant sur des gouffres amers.

A peine les ont-ils déposés sur les planches,   5
Que ces rois de l'azur, maladroits et honteux,
Laissent piteusement leurs grandes ailes blanches
Comme des avirons traîner à côté d'eux.

Ce voyageur ailé, comme il et gauche et veule!
Lui, naguère si beau, qu'il est comique et laid!   10
L'un agace son bec avec un brûle-gueule,
L'autre mime, en boitant, l'infirme qui volait!

Le Poète est semblable au prince des nuées
Qui hante la tempête et se rit de l'archer;
Exilé sur le sol au milieu des huées,   15
Ses ailes de géant l'empêchent de marcher.

III. Elévation

Au-dessus des étangs, au-dessus des vallées,
Des montagnes, des bois, des nuages, des mers,
Par delà le soleil, par delà les éthers,
Par delà les confins des sphères étoilées,

"I know that sorrow is the one nobility that earth and all the hells cannot corrode, I know that all times and worlds are needful for the weaving of my mystic crown. But the jewels lost in antique Palmyra, the unknown metals, and the pearls of the sea, though lifted by your hand, may not suffice for this clear and fair and dazzling diadem; for it shall be wrought of purest light alone, drawn from the sacred hearth of primeval rays, whereof the mortal eyes, in all their splendour, are but the obscure and mournful mirrors!"

II. The Albatross

Often, for amusement, the sailors catch the albatross, enormous birds of the deep, who follow like indolent fellow-voyagers the vessel gliding on the bitter gulfs.

Hardly have they disposed them on the planks, than these kings of the azure, maladroit and shameful, let their great white wings trail piteously beside them like oars.

How clumsy and awkward is this winged traveller! He, formerly so beautiful, how comical and ugly! One teases his beak with a pipe, one imitates, in limping, the infirm creature that once had flown.

The poet is like this prince of the clouds, who haunts the tempest and laughs at the archer; exiled on the earth among derisive shoutings, with his giant wings unable to stir.

III. Elevation

Above the lakes, above the valleys, the mountains, the forests, the clouds, the seas; beyond the sun, beyond the ether, beyond the confines of the starry spheres, my soul, thou puttest forth with agility, and like a good swimmer who swoons in the water, thou furrowest gaily the profound immensities with an ineffable and male delight.

Mon esprit, tu te meus avec agilité,   5
Et, comme un bon nageur qui se pâme dans l'onde,
Tu sillonnes gaîment l'immensité profonde
Avec une indicible et mâle volupté.

Envole-toi bien loin de ces miasmes morbides,
Va te purifier dans l'air supérieur,   10
Et bois, comme une pure et divine liqueur,
Le feu clair qui remplit les espaces limpides.

Derrière les ennuis et les vastes chagrins
Qui chargent de leur poids l'existence brumeuse,
Heureux celui qui peut d'une aile vigoureuse   15
S'élancer vers les champs lumineux et sereins!

Celui dont les pensers, comme des alouettes,
Vers les cieux le matin prennent un libre essor,
—Qui plane sur la vie et comprend sans effort
Le langage des fleurs et des choses muettes!   20

IV. Correspondances

La Nature est un temple où de vivants piliers
Laissent parfois sortir de confuses paroles;
L'homme y passe à travers des forêts de symboles
Qui l'observent avec des regards familiers.

Comme de longs échos qui de loin se confondent   5
Dans une ténébreuse et profonde unité,
Vaste comme la nuit et comme la clarté,
Les parfums, les couleurs et les sons se répondent.

Il est des parfums frais comme des chairs d'enfants,
Doux comme les hautbois, verts comme les prairies,   10
—Et d'autres, corrompus, riches et triomphants,

Ayant l'expansion des choses infinies,
Comme l'ambre, le musc, le benjoin et l'encens,
Qui chantent les transports de l'esprit et des sens.

Fly away, far away from these morbid miasmas, to purify thyself in a superior air, and to drink, like a pure and divine liquor, the clear fire that fills the limpid spaces.

Happy is he, who, leaving behind the ennuis and the vast chagrins that charge with their burdens our wintry existence, can launch with a vigorous wing toward the luminous and serene fields! he whose very thoughts, even as the larks, have taken free flight toward the skies at morning—who hovers above life and comprehends without effort the language of flowers and of silent things.

IV. Correspondences

Nature is a temple wherein the living pillars at whiles permit the utterance of confused words; and man wanders there through a forest of symbols watching him with friendly eyes.

Like the long echoes confounded from afar in a deep and tenebrous unity, vast like the night and like the light, the perfumes and sounds and colours respond to each other.

There are perfumes fresh like the bodies of children, sweet like the hautboys, green like the prairies; and others, corrupted, rich and triumphant, having the expansion of things infinite, as amber, incense, musk and benzoin, that sing the transports of the spirit and the senses.

V.

J'aime le souvenir de ces époques nues,
Dont Phœbus se plaisait à dorer les statues.
Alors l'homme et la femme en leur agilité
Jouissaient sans mensonge et sans anxiété,
Et, le ciel amoureux leur caressant l'échine,　　　　　　5
Exerçaient la santé de leur noble machine.
Cybèle, alors fertile en produits généreux,
Ne trouvait point ses fils un poids trop onéreux,
Mais, louve au cœur gonflé de tendresses communes,
Abreuvait l'univers à ses tétines brunes.　　　　　　10
L'homme, élégant, robuste et fort, avait le droit
D'être fier des beautés qui le nommaient leur roi;
Fruits purs de tout outrage et vierges de gerçures,
Dont la chair lisse et ferme appelait les morsures!

Le Poëte aujourd'hui, quand il veut concevoir　　　　15
Ces natives grandeurs, aux lieux où se font voir
La nudité de l'homme et celle de la femme,
Sent un froid ténébreux envelopper son âme
Devant ce noir tableau plein d'épouvantement.
O monstruosités pleurant leur vêtement!　　　　　　20
O ridicules troncs! torses dignes des masques!
O pauvres corps tordus, maigres, ventrus, ou flasques.
Que le dieu de l'Utile, implacable et serein,
Enfants, emmaillota dans ses langes d'airain!
Et vous, femmes, hélas! pâles comme des cierges,　　25
Que ronge et que nourrit la débauche, et vous, vierges,
Du vice maternel traînant l'hérédité
Et toutes les hideurs de la fécondité!
Nous avons, il est vrai, nations corrompues,
Aux peuples anciens des beautés inconnues:　　　　　30
Des visages rongés par les chancres du cœur,
Et comme qui dirait des beautés de langueur;
Mais ces inventions de nos muses tardives
N'empêcheront jamais les races maladives
De rendre à la jeunesse un hommage profond,　　　　35
—A la sainte jeunesse, à l'air simple, au doux front,
A l'œil limpide et clair ainsi qu'une eau courante,
Et qui va répandant sur tout, insouciante
Comme l'azur du ciel, les oiseaux et les fleurs,
Ses parfums, ses chansons et ses douces chaleurs!　　40

V.

I love the memory of those naked epochs, whose marble statues Phoebus took delight in gilding. Man and woman, alike agile, played then without falsehood and without anxiety, with their backs caressed by the enamoured sky, and exercised their sane and noble mechanism. Cybele then, fertile in generous products, did not find for her sons a burden too onerous, but, nurse with a heart overswollen by communal tendernesses, gave the universe to drink from her brown nipples. Man, elegant, robust and strong, was rightfully proud of the beauties that called him their king; fruits free of all injury, and virginal of clefts and cracks, whose firm and smooth flesh appealed for bites and kisses.

The poet to-day, when he wishes to form a conception of natural grandeurs, in the places where one may see the nudity of man and woman, feels a melancholy chill envelop his soul before this black picture full of terror and dismay. O monstrosities weeping their vestment! O ridiculous trunks! torsos worthy of masks! O poor bodies twisted, meagre, lank or pot-bellied, which the god of the Utile, implacable and serene, enswathes with his shameless swaddling-clothes. And you, women, alas! pale like tapers, gnawed and nourished by debauch, and you, virgins, trailing an heredity of maternal vice and all the horrors of fecundity!

We have, it is true, we corrupted nations, certain beauties unknown to the ancient peoples: the faces gnawed by the chancres of the heart, and, as it were to say, the beauties of languor; but these inventions of our belated Muse will never prevent the sick races from rendering a profound homage to youth—to sacred youth, with simple air and sweet countenance, with eyes clear and limpid like a running water, that goes outpouring upon all, insouciant like the azure of the sky, the birds and the flowers, its perfumes, its songs, and its soft ardours!

VI. Les Phares

Rubens, fleuve d'oubli, jardin de la paresse,
Oreiller de chair fraîche où l'on ne peut aimer,
Mais où la vie afflue et s'agite sans cesse,
Comme l'air dans le ciel et la mer dans la mer;

Léonard de Vinci, miroir profond et sombre,   5
Où des anges charmants, avec un doux souris
Tout chargé de mystère, apparaissent à l'ombre
Des glaciers et des pins qui ferment leur pays;

Rembrandt, triste hôpital tout rempli de murmures,
Et d'un grand crucifix décoré seulement,   10
Où la prière en pleurs s'exhale des ordures,
Et d'un rayon d'hiver traversé brusquement;

Michel-Ange, lieu vague où l'on voit des Hercules
Se mêler à des Christs, et se lever tout droits
Des fantômes puissants qui dans les crepuscules   15
Déchirent leur suaire en étirant leurs doigts;

Colères de boxeur, impudences de faune,
Toi qui sus ramasser la beauté des goujats,
Grand cœur gonflé d'orgueil, homme débile et jaune,
Puget, mélancolique empereur des forçats;   20

Watteau, ce carnaval où bien des cœurs illustres,
Comme des papillons, errent en flamboyant,
Décors frais et légers éclairés par des lustres
Qui versent la folie à ce bal tournoyant;

Goya, cauchemar plein de choses inconnues,   25
De fœtus qu'on fait cuire au milieu des sabbats,
De vieilles au miroir et d'enfants toutes nues,
Pour tenter les démons ajustant bien leurs bas;

Delacroix, lac de sang hanté des mauvais anges,
Ombragé par un bois de sapins toujours vert,   30
Où, sous un ciel chagrin, des fanfares étranges
Passent, comme un soupir étouffé de Weber;

Ces malédictions, ces blasphèmes, ces plaintes,
Ces extases, ces cris, ces pleurs, ces *Te Deum*,
Sont un écho redit par mille labyrinthes;   35
C'est pour les cœurs mortels un divin opium.

VI. The Beacons

Rubens, river of forgetfulness, garden of indolence, pillow of cool flesh where none is able to love, but where life flows and stirs in unresting confluence, like the air in the heavens and the sea in the ocean.

Leonardo da Vinci, a profound and sombre mirror, where charming angels, with a sweet smile surcharged with mystery, appear suddenly in the shadow of the pines and glaciers that enclose their domain.

Rembrandt, a sad hospital filled with murmurs, adorned only by a great crucifix, and traversed abruptly by a ray of wintry light, where prayers exhale through tears the ordures of the dying.

Michel Angelo, a vague place where Hercules mingle with Christs, and mighty phantoms raise themselves upright and tear their shrouds when they stretch their fingers in the twilight.

Angers of the boxer, impudences of the faun, thou who hast learned to assemble the beauty of blackguards, great heart overswollen with pride, thou yellow and debilitated man, Puget, the melancholy emperor of convicts.

Watteau, a carnival where wander and flash like butterflies how many illustrious hearts, amid the cool and light decors illumined by the chandeliers that pour down folly on the eddying ball.

Goya, a nightmare full of unknown things, the foetus that they broil in the midst of the sabbats, old women at the mirror, and children wholly nude, adjusting their limbs to tempt the demons.

Delacroix, lake of blood haunted by evil angels, enshadowed by a wood of firs forever green, where, under a vexed and melancholy heaven, strange fanfares pass like a stifled sigh of Weber.

C'est un cri répété par mille sentinelles,
Un ordre renvoyé par mille porte-voix;
C'est un phare allumé sur mille citadelles,
Un appel de chasseurs perdus dans les grands bois!   40

Car c'est vraiment, Seigneur, le meilleur témoignage
Que nous puissions donner de notre dignité
Que cet ardent sanglot qui roule d'âge en âge
Et vient mourir au bord de votre éternité!

VII. La Muse malade

Ma pauvre Muse, hélas! qu'as-tu donc ce matin?
Tes yeux creux sont peuplés de visions nocturnes,
Et je vois tour à tour réfléchis sur ton teint
La folie et l'horreur, froides et taciturnes.

Le succube verdâtre et le rose lutin   5
T'ont-ils versé la peur et l'amour de leurs urnes?
Le cauchemar, d'un poing despotique et mutin,
T'a-t-il noyée au fond d'un fabuleux Minturnes?

Je voudrais qu'exhalant l'odeur de la santé
Ton sein de pensers forts fût toujours fréquenté,   10
Et que ton sang chrétien coulât à flots rythmiques,

Comme les sons nombreux des syllabes antiques,
Où règnent tour à tour le père des chansons,
Phœbus, et le grand Pan, le seigneur des moissons.

VIII. La Muse vénale

O Muse de mon cœur, amante des palais,
Auras-tu, quand Janvier lâchera ses Borées,
Durant les noirs ennuis des neigeuses soirées,
Un tison pour chauffer tes deux pieds violets?

Ranimeras-tu donc tes épaules marbrées   5
Aux nocturnes rayons qui percent les volets?
Sentant ta bourse à sec autant que ton palais,
Récolteras-tu l'or des voûtes azurées?

Il te faut, pour gagner ton pain de chaque soir,
Comme un enfant de chœur, jouer de l'encensoir,   10
Chanter des *Te Deum* auxquels tu ne crois guère,

These maledictions and blasphemies and groans, these ecstasies and cries and tears and Te Deums, are an echo retold by a thousand labyrinths; for mortal hearts it is a divine opium! It is a cry repeated by a thousand sentinels, an order that is relayed by the throats of a thousand trumpets; it is a beacon lit in a thousand citadels, a summons to huntsmen who have gone astray in the great woodlands! For it is truly, Lord, the worthiest witness that we can give you of our dignity, this ardent sob that rolls from age to age, and comes to die on the shore of your eternity!

VII. The Sick Muse

Alas for thee, poor Muse! Thy caverned eyes at dawn
With visions from the baleful night are peopled still,
And I by turns behold, across thy pallor drawn,
Thy folly and thy horror, taciturn and chill.

Have the rose goblin and the greenish succubus   5
Poured on thee fear and fearful passion from their urn?
Or has the Nightmare's arm, stubborn and tyrannous,
Too deeply drowned thee in some fabulous Minturne?

O Muse, I would an ancient freshness were exhaled
From out thy breast, whereon strong thoughts alone prevailed;   10
I would thy Christian blood, thy pulses wild or weak,

Ran like the numbered sound of syllables antique
In times when Phoebus, lord of song, in alternation
With Pan the harvest-lord maintained his domination.

VIII. The Venal Muse

Muse of my heart, who dost the palace hall desire,
Wilt have, when boreal winds through January blow,
During the black ennui of evenings drowned with snow,
A brand to warm thy violet feet with its little fire?

Wilt thou reanimate thy shoulders marble-cold   5
In the nocturnal rays that pierce the shuttered pane?
Finding thy purse go dry, thy palace crumble, gain
From azure vaults of night the long-inviolate gold?

Thou needest, that thy daily bread be given still,
To swing amid the choir the sacred thurible,   10
And sing Te Deums in most solemn unbelief;

Ou, saltimbanque à jeun, étaler tes appas
Et ton rire trempé de pleurs qu'on ne voit pas,
Pour faire épanouir la rate du vulgaire.

IX. Le Mauvais Moine

Les cloîtres anciens sur leurs grandes murailles
Étalaient en tableaux la sainte Vérité,
Dont l'effet, réchauffant les pieuses entrailles,
Tempérait la froideur de leur austérité.

En ces temps où du Christ florissaient les semailles,   5
Plus d'un illustre moine, aujourd'hui peu cité,
Prenant pour atelier le champ des funérailles,
Glorifiait la Mort avec simplicité.

—Mon âme est un tombeau que, mauvais cénobite,
Depuis l'éternité je parcours et j'habite;   10
Rien n'embellit les murs de ce cloître odieux.

O moine fainéant! quand saurai-je donc faire
Du spectacle vivant de ma triste misère
Le travail de mes mains et l'amour de mes yeux?

X. L'Ennemi

Ma jeunesse ne fut qu'un ténébreux orage,
Traversé çà et là par de brillants soleils;
Le tonnerre et la pluie ont fait un tel ravage,
Qu'il reste en mon jardin bien peu de fruits vermeils.

Voilà que j'ai touché l'automne des idées,   5
Et qu'il faut employer la pelle et les râteaux
Pour rassembler à neuf les terres inondées,
Où l'eau creuse des trous grands comme des tombeaux.

Et qui sait si les fleurs nouvelles que je rêve
Trouveront dans ce sol lavé comme une grève   10
Le mystique aliment qui ferait leur vigueur?

—O douleur! ô douleur! Le Temps mange la vie,
Et l'obscur Ennemi qui nous ronge le cœur
Du sang que nous perdons croît et se fortifie!

Or, starveling mountebank, deploy thy loveliness
And laughter drenched with hidden tear-drops of distress,
To charm the vulgar herd's ignoble spleen and grief.

IX. The Evil Monk

The cloisters of old time, in frescoes multiform,
On towering walls deployed the holy verity,
Whose splendour made the bowels of the pious warm,
Tempering thus the frost of their austerity.

Then, when the far-flung seed of Christ was all in bloom,   5
Full many a monk illustrious, now but seldom cited,
Taking for atelier the charnel and the tomb,
Unto the praise of Death his simple labour plighted.

My soul, it is a tomb where, from eternity,
An evil cenobite, I dwell and cannot flee;   10
Still unembellished loom the odious walls above.

O! slothful monk! when will I make on some new morrow,
From out the living spectacle of my long sorrow,
A labour for my hands, and for mine eyes, a love!

X. L'Ennemi

My youth was never more than a darkling storm, that shining suns have
traversed here and there. The thunder and the rain have made such ravage, that
few vermilion fruits remain in my garden.

Behold! And now I have reached the autumn of ideas, and must employ
the shovel and the rake to collect anew this inundated earth, where the waters
have hollowed out the holes that are great as tombs.

And who knows if the new flowers which I dream will find in this soil that
was washed like an ocean-shore the mystic aliment most needful to their
vigour?

O sorrow! sorrow! Time devours our life, and the obscure Enemy who
gnaws the heart grows and fatigues himself with the blood that we have lost.

XI. Le Guignon

Pour soulever un poids si lourd,
Sisyphe, il faudrait ton courage!
Bien qu'on ait du cœur à l'ouvrage,
L'Art est long et le Temps est court.

Loin des sépultures célèbres,   5
Vers un cimetière isolé,
Mon cœur, comme un tambour voilé,
Va battant des marches funèbres.

—Maint joyau dort enseveli
Dans les ténèbres et l'oubli,   10
Bien loin des pioches et des sondes;

Mainte fleur épanche à regret
Son parfum doux comme un secret
Dans les solitudes profondes.

XII. La Vie antérieure

J'ai longtemps habité sous de vastes portiques
Que les soleils marins teignaient de mille feux,
Et que leurs grands piliers, droits et majestueux,
Rendaient pareils, le soir, aux grottes basaltiques.

Les houles, en roulant les images des cieux,   5
Mêlaient d'une façon solennelle et mystique
Les tout-puissants accords de leur riche musique
Aux couleurs du couchant reflété par mes yeux.

C'est là que j'ai vécu dans les voluptés calmes,
Au milieu de l'azur, des vagues, des splendeurs   10
Et des esclaves nus, tout imprégnés d'odeurs,

Qui me rafraîchissaient le front avec des palmes,
Et dont l'unique soin était d'approfondir
Le secret douloureux qui me faisait languir.

XI. Le Guignon

It would need thy courage, Sisyphus, to lift so heavy a burden! Though one have heart for the labour, Art is long and Time is brief.

Far from the famous sepulchers, toward an isolated cemetery, my heart, like a muffled drum, goes beating funereal marches.

—Many a jewel sleeps enshrouded in darkness and oblivion, far from pricks and plummets; many a blossom pours out regretfully its perfume sweet like a secret in the profound solitudes.

XII. Anterior Life

Long since, I lived in lordly porches fronting
With thronged, enormous pillars to the tide,
Where day as in basaltic caverns died
With seaward gleams along the columns shunting.

The surges rolled the reflex of the skies   5
Before my portals, mystically blending
Their consonance of solemn chords unending
With the nacre and rose ignited in mine eyes.

I lay supine through days with amber scented,
Blue-litten by the vast and vagrant wave,   10
Nursing a sombre secret none could know:

On the full bosom of a golden slave
My feet reposed, and sable queens invented
Fantastic love to tease my weary woe.

XIII. Bohémiens en voyage

La tribu prophétique aux prunelles ardentes
Hier s'est mise en route, emportant ses petits
Sur son dos, ou livrant à leurs fiers appétits
Le trésor toujours prêt des mamelles pendantes.

Les hommes vont à pied sous leurs armes luisantes   5
Le long des chariots où les leurs sont blottis,
Promenant sur le ciel des yeux appesantis
Par le morne regret des chimères absentes.

Du fond de son réduit sablonneux, le grillon,
Les regardant passer, redouble sa chanson;   10
Cybèle, qui les aime, augmente ses verdures,

Fait couler le rocher et fleurir le désert
Devant ces voyageurs, pour lesquels est ouvert
L'empire familier des ténèbres futures.

XIV. L'Homme et la mer

Homme libre, toujours tu chériras la mer!
La mer est ton miroir: tu contemples ton âme
Dans le déroulement infini de sa lame,
Et ton esprit n'est pas un gouffre moins amer.

Tu te plais à plonger au sein de ton image;   5
Tu l'embrasses des yeux et des bras, et ton cœur
Se distrait quelquefois de sa propre rumeur
Au bruit de cette plainte indomptable et sauvage.

Vous êtes tous les deux ténébreux et discrets:
Homme, nul n'a sondé le fond de tes abîmes,   10
O mer, nul ne connaît tes richesses intimes,
Tant vous êtes jaloux de garder vos secrets!

Et cependant voilà des siècles innombrables
Que vous vous combattez sans pitié ni remord,
Tellement vous aimez le carnage et la mort,   15
O lutteurs éternels, ô frères implacables!

XIII. Travelling Gypsies

The prophetic tribe with ardent eyes departed yesterday, bearing its little ones on its back, or delivering to their proud appetites the ever-ready treasure of pendant breasts.

The men go on foot beneath their shining arms beside the wagons in which the women squat, turning to the sky their eyes made heavy by mournful regret for absent chimeras.

In the depth of his sandy retreat, the cricket, seeing them pass, redoubles his song; Cybele, who loves them, augments her verdures, and makes the rock flow and the desert blossom before these travellers, for whom there opens the familiar empire of future darkness.

XIV. L'Homme et la mer

Free man, always thou wilt cherish the sea! the sea is thy mirror; thou contemplatest thy soul in the infinite unrolling of the wave; and thy spirit is a gulf that is not less bitter.

It pleases thee to plunge into the bosom of thine image; thou embracest it with eyes and with arms, and thy heart is distracted sometimes from its own clamour by the noise of this indomitable and savage plaint.

Ye are both tenebrous and discreet: man, no one has sounded the depth of thine abysms; O sea, no one knows thine intimate riches, so jealously ye guard your secrets!

And meanwhile there are innumerable cycles in which ye combat each other without pity or remorse, so greatly do ye love carnage and death, O eternal agonists, O implacable brothers!

XV. Don Juan aux enfers

Quand don Juan descendit vers l'onde souterraine
Et lorsqu'il eut donné son obole à Charon,
Un sombre mendiant, l'œil fier comme Antisthène,
D'un bras vengeur et fort saisit chaque aviron.

Montrant leurs seins pendants et leurs robes ouvertes,   5
Des femmes se tordaient sous le noir firmament,
Et, comme un grand troupeau de victimes offertes,
Derrière lui traînaient un long mugissement.

Sganarelle en riant lui réclamait ses gages,
Tandis que don Luis avec un doigt tremblant   10
Montrait à tous les morts errant sur les rivages
Le fils audacieux qui railla son front blanc.

Frissonnant sous son deuil, la chaste et maigre Elvire,
Près de l'époux perfide et qui fut son amant,
Semblait lui réclamer un suprême sourire   15
Où brillât la douceur de son premier serment.

Tout droit dans son armure, un grand homme de pierre
Se tenait à la barre et coupait le flot noir:
Mais le calme héros, courbé sur sa rapière,
Regardait le sillage et ne daignait rien voir.   20

XVI. A Théodore de Banville

Vous avez empoigné les crins de la Déesse
Avec un tel poignet, qu'on vous eût pris, à voir
Et cet air de maîtrise et ce beau nonchaloir,
Pour un jeune ruffian terrassant sa maîtresse.

L'œil clair et plein de feu de la précocité,   5
Vous avez prélassé votre orgueil d'architecte
Dans des constructions dont l'audace correcte
Fait voir qu'elle sera votre maturité.

Poète, notre sang nous fuit par chaque pore;
Est-ce que par hasard la robe du Centaure,   10
Qui changeait toute veine en funèbre ruisseau

XV. Don Juan aux enfers

When Juan came to cross the water subterrene,
Casting an obolus to Charon by the shore,
The sombre alms'-man, haughty-eyed as Antisthenes,
With strong and vengeful arm seized then the whining oar.

Showing their pendant breasts and robes all reft apart,　　　　　5
Beneath the sable heaven writhing went,
Who, herded like a hecatomb in some great mart,
Behind him trailed a long and cattle-like lament.

Now Sganarelle, derisive, claimed the arrears of yore,
The while Don Luis with a palsied finger pointed,　　　　　10
Showing to all the dead far-errant on the shore
Th' audacious son who still his rimy locks affronted.

Shivering with grief, the meagre, chaste Elvira there,
From him long faithless unto her, as unto all,
Was fain to claim again one smile supremely fair　　　　　15
That lit the primal vow with gleams eventual.

Upright in marble armour, a great man of stone
Maintained the helm and clove the black, unflowing tide;
But the calm hero on his rapier leaned alone,
Nor ever deigned to look behind him or beside.　　　　　20

XVI. To Theodore de Banville

You have seized the hair of the Goddess with such a hand, that, seeing this air of mastery and this fine nonchalance, one had taken you for a young ruffian bringing his mistress to the ground.

With a clear eye that is full of the fire of precocity, you have shown the pride of a master-builder in the structures whose correct audacity has made us see what your maturity will be.

Poet, our blood flees from us through each pore; is it that by chance the robe of the Centaur, that turned every vein into a funereal stream, was embrued three times in the subtle foam of the vindictive and monstrous reptiles that were strangled by the infant Hercules in his cradle?

Etait teinte trois fois dans les baves subtiles
De ces vindicatifs et monstrueux reptiles
Que le petit Hercule étranglait au berceau?

XVII. Châtiment de l'orgueil

En ces temps merveilleux où la Théologie
Fleurit avec le plus de sève et d'énergie,
On raconte qu'un jour un docteur des plus grands,
—Après avoir forcé les cœurs indifférents,
Les avoir remués dans leurs profondeurs noires;   5
Après avoir franchi vers les célestes gloires
Des chemins singuliers à lui-même inconnus,
Où les purs Esprits seuls peut-être étaient venus,
—Comme un homme monté trop haut, pris de panique,
S'écria, transporté d'un orgueil satanique: 10
"Jésus, petit Jésus! je t'ai poussé bien haut!
Mais, si j'avais voulu t'attaquer au défaut
De l'armure, ta honte égalerait ta gloire,
Et tu ne serais plus qu'un fœtus dérisoire!"
Immédiatement sa raison s'en alla.   15
L'éclat de ce soleil d'un crêpe se voila;
Tout le chaos roula dans cette intelligence,
Temple autrefois vivant, plein d'ordre et d'opulence,
Sous les plafonds duquel tant de pompe avait lui.
Le silence et la nuit s'installèrent en lui,   20
Comme dans un caveau dont la clef est perdue.
Dès lors il fut semblable aux bêtes de la rue,
Et, quand il s'en allait sans rien voir, à travers
Les champs, sans distinguer les étés des hivers,
Sale, inutile et laid comme une chose usée,   25
Il faisait des enfants la joie et la risée.

XVII. Chastisement of Pride

In those marvellous times when Theology flourished with the most of sap and vigour, it is told that one of the greatest doctors, one day—after having forced the indifferent hearts and stirred them in their black profounds, after having aspired toward the celestial glories of the singular ways unknown to himself, where the pure spirit perhaps may come—it is told that, like a man who has climbed too high and is seized by panic, he cried out, transported by a Satanic pride: "Jesus, little Jesus, I have set thee very high! But if I had wished to attack thee through the flaws of thine armour, thy shame would equal thy glory, and I wouldst be no more than a contemptible foetus!"

Immediately his reason left him. The splendour of the sun was veiled with crepe; the whole of chaos rose and surged in his intelligence, aforetime a living temple, full of order and of opulence, under whose ceilings he had known so much of ceremonial pomp. The silence and the night were installed in him, as in a vault whose key is lost.

From that time he was like the beasts of the street, and when he passed across the fields, without perceiving anything, without distinguishing the winters from the summers, foul, unclean and ugly like a thing outworn, he was the laughter and the joy of children.

XVIII. La Beauté

Je suis belle, ô mortels! comme un rêve de pierre,
Et mon sein, où chacun s'est meurtri tour à tour,
Est fait pour inspirer au poète un amour
Eternel et muet ainsi que la matière.

Je trône dans l'azur comme un sphinx incompris;   5
J'unis un cœur de neige à la blancheur des cygnes;
Je hais le mouvement qui déplace les lignes,
Et jamais je ne pleure et jamais je ne ris.

Les poètes, devant mes grandes attitudes,
Que j'ai l'air d'emprunter aux plus fiers monuments,   10
Consumeront leurs jours en d'austères études;

Car j'ai, pour fasciner ces dociles amants,
De purs miroirs qui font toutes choses plus belles:
Mes yeux, mes larges yeux aux clartés éternelles!

XVIII. L'Idéal

Ce ne seront jamais ces beautés de vignettes,
Produits avariés, nés d'un siècle vaurien,
Ces pieds à brodequins, ces doigts à castagnettes,
Qui sauront satisfaire un cœur comme le mien.

Je laisse à Gavarni, poète des chloroses,   5
Son troupeau gazouillant de beautés d'hôpital,
Car je ne puis trouver parmi ces pâles roses
Une fleur qui ressemble à mon rouge idéal.

Ce qu'il faut à ce cœur profond comme un abîme,
C'est vous, Lady Macbeth, âme puissante au crime,   10
Rêve d'Eschyle éclos au climat des autans;

Ou bien toi, grande Nuit, fille de Michel-Ange,
Qui tords paisiblement dans une pose étrange
Tes appas façonnés aux bouches des Titans!

XVIII. Beauty

Mortals, I am the dream that time has turned to stone!
All who would know my breast are bruised thereon and broken;
But still the poets love me, with an utter love unspoken,
Burning as metals burn in the black earth, alone.

I am a sphinx enthroned amid the infinite;   5
My beauty, white as is the southward-flying swan,
Withholds a heart of boreal snow; I am withdrawn
From laughter and from sorrow in unsullied light.

But on the world my far, prodigious shadow, falling
As might the darkness cast by some great pyramid,   10
Enshrouds my labouring worshippers who weep thereunder:

But never can I lose their love, who come unbid,
And dream they hear my lips of voiceless marble calling,
And witness these mine eyes of moon-excelling wonder.

XIX. The Ideal

No, not among the meagre beauties of vignettes,
The autumn-tainted fruit of a century's decline,
The buskined feet, the fingers hung with castanets,
Can I assuage a heart exorbitant as mine.

I leave to Gavarni, the poet of chloroses,   5
His warbling sickly troupe of charmers, prone to pale and tremble,
For never have I found among these fainting roses
One single flower that doth my red ideal resemble.

Needful wert thou to illumine this abysmal heart,
Lady Macbeth, thou spirit strong in crime, who art   10
An Aeschylean bloom on boreal shores and dim;

Or better thou, great Night, the child of Angelo,
In a strange posture turning peacefully, to show
Thy beauty fashioned for the mouths of Anakim.

XX. La Géante

Du temps que la Nature en sa verve puissante
Concevait chaque jour des enfants monstrueux,
J'eusse aimé vivre auprès d'une jeune géante,
Comme aux pieds d'une reine un chat voluptueux.

J'eusse aimé voir son corps fleurir avec son âme   5
Et grandir librement dans ses terribles jeux;
Deviner si son cœur couve une sombre flamme
Aux humides brouillards qui nagent dans ses yeux;

Parcourir à loisir ses magnifiques formes;
Ramper sur le versant de ses genoux énormes,   10
Et parfois en été, quand les soleils malsains,

Lasse, la font s'étendre à travers la campagne,
Dormir nonchalamment à l'ombre de ses seins,
Comme un hameau paisible au pied d'une montagne.

XXI. Le Masque

Statue allégorique dans le goût de la Renaissance

À Ernest Christophe, statuaire.

Contemplons ce trésor de grâces florentines;
Dans l'ondulation de ce corps musculeux
L'Élégance et la Force abondent, sœurs divines.
Cette femme, morceau vraiment miraculeux,
Divinement robuste, adorablement mince,   5
Est faite pour trôner sur des lits somptueux,
Et charmer les loisirs d'un pontife ou d'un prince.

—Aussi, vois ce souris fin et voluptueux
Où la fatuité promène son extase;
Ce long regard sournois, langoureux et moqueur: 10
Ce visage mignard, tout encadré de gaze,
Dont chaque trait nous dit avec un air vainqueur:
"La Volupté m'appelle et l'Amour me couronne!"
À cet être doué de tant de majesté
Vois quel charme excitant la gentillesse donne!   15
Approchons, et tournons autour de sa beauté.
Ô blasphème de l'art! ô surprise fatale!
La femme au corps divin, promettant le bonheur,
Par le haut se termine en monstre bicéphale!

XX. The Giantess

In times when Nature, filled with fervor limitless,
Conceived and brought to birth many a monstrous child,
I fain had dwelt anigh to some young giantess,
Even as lies a cat, voluptuous and mild,

At a queen's feet. Full happily I would have seen   5
Her soul and body burgeoning in dreadful games;
Divining if her heart behind the matutine
Mists of her eyes concealed a sun of sombre flames.

I would have roamed her mighty rondures at mine ease;
Crawled on the thighward slope of her enormous knees;   10
Or when at whiles, by summer-swollen suns oppressed,

She laid along the field her weary hugeness down,
I would have slumbered in the shadow of one breast
As at a mountain's foot a still and peaceful town.

XXI. Le Masque

Statue allégorique dans le gout de la Renaissance

À Ernest Christophe
Statuaire

Contemplate this treasure of Florentine graces; Elegance and Force, divine sisters, abound in the undulations of this muscular body. This woman, morsel truly miraculous, divinely robust, adorably slender, was meant to be enthroned upon sumptuous beds and to charm the leisures of a pontiff or a prince.

—Also, see this fine and voluptuous smile, where fatuity promenades its ecstasy; this long and sly and languorous and mocking gaze; this delicate visage all enframed with gauze, whose every feature tells us with a victorious air: "Pleasure summons me and love crowns me!" To this being dowered with so much majesty, see what an exciting charm is given by her gracefulness! Approach, and pass about her beauty.

O blasphemy of art! O fatal surprise! The woman with the divine body, promising happiness, terminates above in a bicephalous monster!

—Mais non! Ce n'est qu'un masque, un décor suborneur,   20
Ce visage éclairé d'une exquise grimace,
Et, regarde, voici, crispée atrocement,
La véritable tête, et la sincère face
Renversée à l'abri de la face qui ment.
—Pauvre grande beauté! Le magnifique fleuve   25
De tes pleurs aboutit dans mon cœur soucieux;
Ton mensonge m'enivre, et mon âme s'abreuve
Aux flots que la Douleur fait jaillir de tes yeux!

—Mais pourquoi pleure-t-elle? Elle, beauté parfaite
Qui mettrait à ses pieds le genre humain vaincu,   30
Quel mal mystérieux ronge son flanc d'athlète?
—Elle pleure, insensé, parce qu'elle a vécu!

Et parce qu'elle vit! Mais ce qu'elle déplore
Surtout, ce qui la fait frémir jusqu'aux genoux,
C'est que demain, hélas! il faudra vivre encore!   35
Demain, après-demain et toujours!—comme nous!

XXII. Hymne à la beauté

Viens-tu de ciel profond ou sors-tu de l'abîme,
O Beauté? Ton regard, infernal et divin,
Verse confusément le bienfait et le crime,
Et l'on peut pour cela te comparer au vin.

Tu contiens dans ton œil le couchant et l'aurore;   5
Tu répands des parfums comme un soir orageux;
Tes baisers sont un philtre et ta bouche une amphore
Qui font le héros lâche et l'enfant courageux.

Sors-tu du gouffre noir ou descends-tu des astres?
Le Destin charmé suit tes jupons comme un chien;   10
Tu sèmes au hasard la joie et les désastres,
Et tu gouvernes tout et ne réponds de rien.

Tu marches sur des morts, Beauté, dont tu te moques;
De tes bijoux l'Horreur n'est pas le moins charmant,
Et le Meurtre, parmi tes plus chères breloques,   15
Sur ton ventre orgueilleux danse amoureusement.

L'éphémère ébloui vole vers toi, chandelle,
Crépite, flambe et dit: "Bénissons ce flambeau!"
L'amoureux pantelant incliné sur sa belle
A l'air d'un moribond caressant son tombeau.   20

But no! this is merely a mask, a suborning décor, this visage illumined by an exquisite grimace; and behold, atrociously thrilled, the veritable head and the sincere face reversed in the shelter of the face that lies.—Poor great beauty! the magnificent river of thy tears empties itself in my care-worn heart; thy falsehood inebriates me, and my soul is watered by the waves that grief compels to issue from thine eyes!

 —But why does she weep? she, perfect beauty, who puts at her feet the vanquished human race, what mysterious malady gnaws her athletic flank?

 —She weeps, insensate, because she has lived! and because she lives! But this that she deplores above all, this that makes her tremble even to the knees, is, that tomorrow, alas! it will be needful to live still!—tomorrow, after tomorrow, and forever, like us!

XXII. Hymn to Beauty

Fallest thou from the heavens, or soarest from the abyss,
O Beauty? Thy regard infernal and divine
Pours out, in vast confusion, crime and benefice,
And therefore one might well compare thee unto wine.

The sunset and the dawn in thy deep eyes are holden;   5
Thou sheddest forth perfumes like a tempestuous eve;
Thy mouth, a philtred amphora, doth the child embolden,
And heroes fail in the web thy slow caresses weave.

Comest thou from the black profound, or stars above?
Destiny, like a dog, follows thy scented gown;   10
Sowing, all chancefully, disaster, joy and love,
Thou art the imperatrix of all, the slave of none.

Thou tramplest on the dead with mockeries eternal;
Horror is half thy jewel-laden rosary;
And Murder is a precious amulet infernal   15
That on thy bosom burns and trembles amorously.

The ephemera flies to hail thee, candle of all our night,
And flaming dies, in adoration of its doom;
The lover leans toward the breast of his delight,
Even as a dying man, fain to caress his tomb.   20

Que tu viennes du ciel ou de l'enfer, qu'importe,
O Beauté! monstre énorme, effrayant, ingénu!
Si ton œil, ton souris, ton pied, m'ouvrent la porte
D'un infini que j'aime et n'ai jamais connu?

De Satan ou de Dieu, qu'importe? Ange ou Sirène,   25
Qu'importe, si tu rends,—fée aux yeux de velours,
Rythme, parfum, lueur, ô mon unique reine!—
L'univers moins hideux et les instants moins lourds?

XXIII. Parfum exotique

Quand, les deux yeux fermés, en un soir chaud d'automne,
Je respire l'odeur de ton sein chaleureux,
Je vois se dérouler des rivages heureux
Qu'éblouissent les feux d'un soleil monotone;

Une île paresseuse où la nature donne   5
Des arbres singuliers et des fruits savoureux;
Des hommes dont le corps est mince et vigoureux,
Et des femmes dont l'œil par sa franchise étonne.

Guidé par ton odeur vers de charmants climats,
Je vois un port rempli de voiles et de mâts,   10
Encor tout fatigués par la vague marine,

Pendant que le parfum des verts tamariniers,
Qui circule dans l'air et m'enfle la narine,
Se mêle dans mon âme au chant des mariniers.

XXIV. La Chevelure

O toison, moutonnant jusque sur l'encolure!
O boucles! O parfum chargé de nonchaloir!
Extase! Pour peupler ce soir l'alcôve obscure
Des souvenirs dormant dans cette chevelure,
Je la veux agiter dans l'air comme un mouchoir!   5

La langoureuse Asie et la brûlante Afrique,
Tout un monde lointain, absent, presque défunt,
Vit dans tes profondeurs, forêt aromatique!
Comme d'autres esprits voguent sur la musique,
Le mien, ô mon amour! nage sur ton parfum.   10

Be thou from hell or heaven, say, what matters it,
O Beauty! fearful sphinx ingenuous, if alone
Thine eye, thy foot, thy smile, unbar the infinite
Which I have always loved and never yet have known?

Angel or sorceress, from God or Lucifer,   25
What matter—O my fay with velvet eyes—if thus
Thou renderest, by rhythm, gleam and flying myrrh,
The world less execrable and time less burdenous?

XXIII. Exotic Perfume

At autumn eve, with pillowed lips and closing eyes,
I breathe the perfumes of thy sultry bosom bare,
And find again the forfeit, warm, Lethean air
Of isles eloigned in sleep beneath enchanted skies;

Where the far-lifted suns flame-heavy and unfalling   5
Illume strange arbours pleached with many-savoured fruit,
That arch the simple love and passion absolute
Of sinewy men and candid girls who need no calling.

Yea, wafted on thy body's perfume, I have flown,
And sought the port where many prows are met together,   10
Borne by the black monsoon to find a golden weather.

And subtly there my calm and cradled sense is haunted
By airs compounding the green spice of trees unknown
In one slow philtre with the songs by sailors chanted.

XXIV. The Chevelure

O fleece, curling closely even upon the neck and shoulders! O ringlets! O
perfume charged with nonchalance! Ecstasy! To people this evening the
obscure alcove with the memories dormant in this chevelure, I will shake it in
the air like a handkerchief.

The languorous Asia and the flaming Africa, all of an absent world,
remote, almost defunct, lives in thy profundities, aromatic forest! Even as the
spirits of others may voyage upon music, mine, O my beloved, swims upon thy
perfume.

J'irai là-bas où l'arbre et l'homme, pleins de sève,
Se pâment longuement sous l'ardeur des climats;
Fortes tresses, soyez la houle qui m'enlève!
Tu contiens, mer d'ébène, un éblouissant rêve
De voiles, de rameurs, de flammes et de mâts;   15

Un port retentissant où mon âme peut boire
A grands flots le parfum, le son et la couleur;
Où les vaisseaux, glissant dans l'or et dans la moire,
Ouvrent leurs vastes bras pour embrasser la gloire
D'un ciel pur où frémit l'éternelle chaleur.   20

Je plongerai ma tête amoureuse d'ivresse
Dans ce noir océan où l'autre est enfermé;
Et mon esprit subtil que le roulis caresse
Saura vous retrouver, ô féconde paresse,
Infinis bercements du loisir embaumé!   25

Cheveux bleus, pavillon de ténèbres tendues,
Vous me rendez l'azur du ciel immense et rond;
Sur les bords duvetés de vos mèches tordues
Je m'enivre ardemment des senteurs confondues
De l'huile de coco, du musc et du goudron.   30

Longtemps! toujours! ma main dans ta crinière lourde
Sèmera le rubis, la perle et le saphir,
Afin qu'à mon désir tu ne sois jamais sourde!
N'es-tu pas l'oasis où je rêve, et la gourde
Où je hume à longs traits le vin du souvenir?   35

XXV.

Je t'adore à l'égal de la voûte nocturne,
O vase de tristesse, ô grande taciturne,
Et t'aime d'autant plus, belle, que tu me fuis,
Et que tu me parais, ornement de mes nuits,
Plus ironiquement accumuler les lieues   5
Qui séparent mes bras des immensités bleues.

Je m'avance à l'attaque et je grimpe aux assauts,
Comme après un cadavre un chœur de vermisseaux,
Et je chéris, ô bête implacable et cruelle!
Jusqu'à cette froideur par où tu m'es plus belle!   10

I will take sail for the isles where tree and man, full of sap, faint long beneath the ardour of the climate. Powerful tresses, be the billow that carries me! Thou containest, O sea of ebony, a dazzling dream of sails, of oarsmen, of flames and of masts: a resounding port where my soul can drink in great waves the perfume and sound and colour; where the vessels, gliding in the gold and moire of the waters, open their vast arms to embrace the glory of a pure sky where trembles eternal heat.

Amorous of inebriation, I will plunge my head in this black ocean where the other is enclosed; and there my subtle spirit, caressed by the rolling, will recover a fertile idleness, the infinite cradlings of a balmy leisure.

Blue hair, pavilion of outstretched darkness, you render to me the azure of heavens immense and round; on the downy edges of your twisted curls I inebriate myself ardently with confused odours of cocoanut oil, of musk and of tar.

Long while! forever! my hand in thy heavy locks will sow the ruby, the pearl and the sapphire, so that thou wilt never be deaf to my desire. Art thou not the oasis wherein I dream, and the gourd from which I quaff in long draughts the wine of memory?

XXV.

I adore thee as the equal of the nocturnal vault, O vase of sadness, great and taciturn, and I love thee all the more when thou fleest me, and when thou hast adorned me, ornament of my nights, more ironically accumulate the leagues that separate my arms from thee with blue immensities.

I advance to the attack, and I climb to the assault, like a choir of worms pursuing a cadaver, and I cherish, O cruel and implacable beast! even this coldness, whereby thou art more beautiful to me!

XXVI.

Tu mettrais l'univers entier dans ta ruelle,
Femme impure! L'ennui rend ton âme cruelle.
Pour exercer tes dents à ce jeu singulier,
Il te faut chaque jour un cœur au râtelier.
Tes yeux, illuminés ainsi que des boutiques   5
Et des ifs flamboyants dans les fêtes publiques,
Usent insolemment d'un pouvoir emprunté,
Sans connaître jamais la loi de leur beauté.

Machine aveugle et sourde en cruautés féconde!
Salutaire instrument, buveur du sang du monde,   10
Comment n'as-tu pas honte, et comment n'as-tu pas
Devant tous les miroirs vu pâlir tes appas?
La grandeur de ce mal où tu te crois savante
Ne t'a donc jamais fait reculer d'épouvante,
Quand la nature, grande en ses desseins cachés,   15
De toi se sert, ô femme, ô reine des péchés,
—De toi, vil animal,—pour pétrir un génie?

O fangeuse grandeur! sublime ignominie!

XXVII. *Sed non satiata*

Bizarre déité, brune comme les nuits,
Au parfum mélangé de musc et de havane,
Œuvre de quelque obi, le Faust de la savane,
Sorcière au flanc d'ébène, enfant des noirs minuits,

Je préfère au constance, à l'opium, au nuits,   5
L'élixir de ta bouche où l'amour se pavane;
Quand vers toi mes désirs partent en caravane,
Tes yeux sont la citerne où boivent mes ennuis.

Par ces deux grands yeux noirs, soupiraux de ton âme,
O démon sans pitié! verse-moi moins de flamme;   10
Je ne suis pas le Styx pour t'embrasser neuf fois,

Hélas! et je ne puis, Mégère libertine,
Pour briser ton courage et te mettre aux abois
Dans l'enfer de ton lit devenir Proserpine!

XXVI.

Impure woman, thou would'st bring the entire world into thine alcove! Ennui renders thy soul cruel. To exercise thy teeth in this singular game, thou requirest a heart each day. Thine eyes, illumined like shop-windows, or lamp-stands flaming in the public fetes, use insolently a borrowed power without knowing the law of their beauty. Blind and deaf machine, fecund in cruelties! salutary instrument, thou who drinkest the blood of the world, how is it thou hast known no shame, nor hast seen thy charms pale before all the mirrors? The grandeur of this evil wherein thou believest thyself wise—has it never made thee recoil with fear, when Nature, great in her hidden designs, employs thee, O woman—thou queen of sins—thou vile animal!—to knead and mould a genius?

    O miry grandeur! sublime ignominy!

XXVII. *Sed non satiata*

Strange goddess, with the hues that darkness gave to thee,
And the perfume of musk immingled with havana—
Black magic, made by some black Faust of the savannah—
Night-born enchantress, flanked with burnished ebony,

I choose, rather than eves of opium, faithfully,   5
Thy mouth where passion flaunts, raising a philtered urn;
When thee-ward my desires in caravan return,
Thine eyes become the cistern where my quenched ennui

Is quaffing. . . . From those eyes, through which thy soul suspires,
Pitiless demon, pour me not such torrent fires!   10
My arms are not the Styx to embrace thee and to bear—

Alas! and never, O lewd Megara, is it mine
To break thy pride and put thee to the last despair,
In the hell of thy deep bed a deathless Proserpine!

XXVIII.

Avec ses vêtements ondoyants et nacrés,
Même quand elle marche on croirait qu'elle danse,
Comme ces longs serpents que les jongleurs sacrés
Au bout de leurs bâtons agitent en cadence.

Comme le sable morne et l'azur des déserts,   5
Insensibles tous deux à l'humaine souffrance,
Comme les longs réseaux de la houle des mers,
Elle se développe avec indifférence.

Ses yeux polis sont faits de minéraux charmants,
Et dans cette nature étrange et symbolique   10
Où l'ange inviolé se mêle au sphinx antique,

Où tout n'est qu'or, acier, lumière et diamants,
Resplendit à jamais, comme un astre inutile,
La froide majesté de la femme stérile.

XXIX. Le Serpent qui danse

Que j'aime voir, chère indolente,
        De ton corps si beau,
Comme une étoffe vacillante,
        Miroiter la peau!

Sur ta chevelure profonde   5
        Aux âcres parfums,
Mer odorante et vagabonde
        Aux flots bleus et bruns,

Comme un navire qui s'éveille
        Au vent du matin,   10
Mon âme rêveuse appareille
        Pour un ciel lointain.

Tes yeux, où rien ne se révèle
        De doux ni d'amer,
Sont deux bijoux froids où se mêle   15
        L'or avec le fer.

A te voir marcher en cadence,
        Belle d'abandon,

XXVIII.

With her undulant and nacreous vestments, even when she walks one would believe that she dances, like the long serpents that the sacred jugglers agitate in perfect time at the end of their wands.

Like the mournful sand and azure of the deserts, both insensible to human suffering, like the long web of the waves of the sea, she displays herself indifferently.

Her polished eyes are made of charming minerals, and in this strange and symbolic nature, where the inviolate angel mingles with the antique sphinx, where all is gold and steel and light and diamond, there shines resplendently forever, like some inutile star, the cold majesty of the sterile woman.

XXIX. Le Serpent qui danse

My indolent darling, how I love to see the skin of your beautiful body gleam like a vacillant fabric!

On your deep chevelure with its acrid perfumes, odorous and vagabond sea of blue and dark billows, my soul lifts anchor for a far-off heaven like a vessel that awakens to the wind of morning.

Your eyes, where nothing of sweet or bitter reveals itself, are two chill jewels where gold mingles with iron.

On dirait un serpent qui danse
    Au bout d'un bâton;   20

Sous le fardeau de ta paresse
    Ta tête d'enfant
Se balance avec la mollesse
    D'un jeune éléphant,

Et ton corps se penche et s'allonge   25
    Comme un fin vaisseau
Qui roule sur bord et plonge
    Ses vergues dans l'eau.

Comme un flot grossi par la fonte
    Des glaciers grondants,   30
Quand l'eau de ta bouche remonte
    Au bord de tes dents,

Je crois boire un vin de Bohême,
    Amer et vainqueur,
Un ciel liquide qui parsème   35
    D'étoiles mon cœur!

XXX. Une Charogne

Rappelez-vous l'objet que nous vîmes, mon âme,
    Ce beau matin d'été si doux:
Au détour d'un sentier, une charogne infâme
    Sur un lit semé de cailloux,

Les jambes en l'air, comme une femme lubrique,   5
    Brûlante et suant les poisons,
Ouvrait d'une façon nonchalante et cynique
    Son ventre plein d'exhalaisons.

Le soleil rayonnait sur cette pourriture,
    Comme afin de la cuire à point,   10
Et de rendre au centuple à la grande Nature
    Tout ce qu'ensemble elle avait joint.

Et le ciel regardait la carcasse superbe
    Comme une fleur s'épanouir.
La puanteur était si forte, que sur l'herbe   15
    Vous crûtes vous évanouir.

To see you walk in perfect time, my unconstrained and supple beauty, one would say a serpent that dances at the end of a wand.

Beneath the burden of your indolence, your childish head swings with the gentleness of a young elephant, and your body bends and stretches like a fine vessel that rolls from side to side and plunges its spars in the wave.

When the water of your mouth re-mounts to the verge of your teeth, like a wave increased by the melting of growling glaciers, I believe that I drink a wine of Bohemia, bitter and vanquishing, a liquid heaven that sows my heart full of stars!

XXX. Une Charogne

Remember, my soul, the thing we saw on that beautiful morning of sweet summer: beside the path an infamous carrion on a couch sown with pebbles, its legs in the air like a lascivious woman burning and sweating her poisons, laid open in a cynical and nonchalant manner its belly filled with exhalations.

The sun shone down upon this putrefaction, as if to cook it to a turn, and render back a hundredfold to great nature all that she had joined together; and the sky saw the superb carcass unfold like a flower. The fetor was so powerful that you believed you would swoon on the grass.

Les mouches bourdonnaient sur ce ventre putride,
        D'où sortaient de noirs bataillons
De larves, qui coulaient comme un épais liquide
        Le long de ces vivants haillons.   20

Tout cela descendait, montait comme une vague,
        Ou s'élançait en pétillant;
On eût dit que le corps, enflé d'un souffle vague,
        Vivait en se multipliant.

Et ce monde rendait une étrange musique,   25
        Comme l'eau courante et le vent,
Ou le grain qu'un vanneur d'un mouvement rhythmique
        Agite et tourne dans son van.

Les formes s'effaçaient et n'étaient plus qu'un rêve,
        Une ébauche lente à venire   30
Sur la toile oubliée, et que l'artiste achève
        Seulement par le souvenir.

Derrière les rochers, une chienne inquiète
        Nous regardait d'un œil fâché,
Épiant le moment de reprendre au squelette   35
        Le morceau qu'elle avait lâché.

—Et pourtant vous serez semblable à cette ordure,
        A cette horrible infection,
Étoile de mes yeux, soleil de ma nature,
        Vous, mon ange et ma passion!   40

Oui! telle vous serez, ô la reine des grâces,
        Après les derniers sacrements,
Quand vous irez sous l'herbe et les floraisons grasses
        Moisir parmi les ossements.

Alors, ô ma beauté, dites à la vermine   45
        Qui vous mangera de baisers,
Que j'ai gardé la forme et l'essence divine
        De mes amours décomposés!

The flies hummed on the putrid belly, where issued black battalions of larvæ that flowed along these living tatters like a thick liquid. All these descended and mounted like a wave, or darted forth in sparklings; one would have said the body lived and multiplied, swollen by a vague breath. And this world gave forth a strange music, as of wind and running water, or the grain that a winnower agitates and turns with his fan in rhythmic movements.

The forms withdrew and faded, and were no more than a dream, an outline that is slow to arrive on the forgetful canvas, and is finished by the artist from memory alone.

Behind the rocks a restless bitch regarded us with an angry eye, watching for the moment to retrieve from the skeleton a morsel she had let fall.

—And still you will be like this ordure, this horrible infection, star of my eyes, and sun of my being, you, my angel and my passion! Yes, such you will be, O queen of graces, after the final sacraments, when you have gone, beneath the grass and the rich flowers, to mold among the bones of the dead.

Then, O my beauty! say to the worms who will devour you with kisses, that I have kept in memory the form and the divine essence of my decomposed loves!

XXXI. *De profundis clamavi*

J'implore ta pitié, Toi, l'unique que j'aime,
Du fond du gouffre obscur où mon cœur est tombé.
C'est un univers morne à l'horizon plombé
Où nagent dans la nuit l'horreur et le blasphème;

Un soleil sans chaleur plane au-dessus six mois,   5
Et les six autres mois la nuit couvre la terre;
C'est un pays plus nu que la terre polaire;
Ni bêtes, ni ruisseaux, ni verdure, ni bois!

Or il n'est pas d'horreur au monde qui surpasse
La froide cruauté de ce soleil de glace   10
Et cette immense nuit semblable au vieux Chaos;

Je jalouse le sort des plus vils animaux
Qui peuvent se plonger dans un sommeil stupide,
Tant l'écheveau du temps lentement se dévide!

XXXII. Le Vampire

Toi qui, comme un coup de couteau,
Dans mon cœur plaintif est entrée;
Toi qui, forte comme un troupeau
De démons, vins, folle et parée,

De mon esprit humilié   5
Faire ton lit et ton domaine;
—Infâme à qui je suis lié
Comme le forçat à la chaîne,

Comme au jeu le joueur têtu,
Comme à la bouteille l'ivrogne,   10
Comme aux vermines la charogne,
—Maudite, maudite sois-tu!

J'ai prié le glaive rapide
De conquérir ma liberté,
Et j'ai dit au poison perfide   15
De secourir ma lâcheté.

XXXI. *De profundis clamavi*

I implore Thy pity, Thou, the Unique whom I love, from the depth of the obscure gulf wherein my heart is fallen. It is a universe with a leaden horizon, where horror and blasphemy swim in the night.

A sun without heat hovers above for six months, and night covers the earth for the other six; it is a place more bare, more barren than the polar earth, with neither beasts, nor verdure, nor streams, nor forests.

In all the world there is no horror to surpass the chill cruelty of this sun of ice, and this immense night that resembles old chaos; I am jealous of the fate of the vilest animals, who can plunge into a stupid slumber while the skein of time slowly unwinds.

XXXII. The Vampire

Thou who hast entered my mournful heart like a knife-thrust; who, strong like a troupe of demons, wines, folly and idleness, dost make of my humiliated spirit thy bed and thy domain; infamy to which I am bound like the convict to the chain, like the drunkard to the bottle, like the obstinate gambler to the game, like to the worms the carrion—accursed, accursed be thou!

I have prayed the swift sword to procure my liberty, and I have asked the perfidious poison to succor my cowardice and weakness. Alas! the sword and the poison hold me in disdain and tell me: "Thou art not worthy to be freed from thine accursed slavery. Imbecile—if our efforts should deliver thee, thy kisses would resuscitate the cadaver of thy vampire!"

Hélas! le poison et le glaive
M'ont pris en dédain et m'ont dit:
"Tu n'es pas digne qu'on t'enlève
A ton esclavage maudit,　　　　　　　　　　　　　　20

Imbécile!—de son empire
Si nos efforts te délivraient,
Tes baisers ressusciteraient
Le cadavre de ton vampire!"

XXXIII.

Une nuit que j'étais près d'une affreuse Juive,
Comme au long d'un cadavre un cadavre étendu,
Je me pris à songer près de ce corps vendu
A la triste beauté dont mon désir se prive.

Je me représentai sa majesté native,　　　　　　　　5
Son regard de vigueur et de grâces armé,
Ses cheveux qui lui font un casque parfumé,
Et dont le souvenir pour l'amour me ravive,

Car j'eusse avec ferveur baisé ton noble corps,
Et depuis tes pieds frais jusqu'à tes noires tresses　10
Déroulé le trésor des profondes caresses,

Si, quelque soir, d'un pleur obtenu sans effort
Tu pouvais seulement, ô reine des cruelles!
Obscurcir la splendeur de tes froides prunelles.

XXXIV. Remords posthume

Lorsque tu dormiras, ma belle ténébreuse,
Au fond d'un monument construit en marbre noir,
Et lorsque tu n'auras pour alcôve et manoir
Qu'un caveau pluvieux et qu'une fosse creuse;

Quand la pierre, opprimant ta poitrine peureuse　　5
Et tes flancs qu'assouplit un charmant nonchaloir,
Empêchera ton cœur de battre et de vouloir,
Et tes pieds de courir leur course aventureuse,

XXXIII.

One night when I was lying with a frightful Jewess, like the length of a cadaver outstretched by a cadaver, I began to dream, anigh this vended body, of the sad beauty whereof my desire deprives itself.

I pictured to myself her native majesty, her gaze that is armed with vigour and with graces, her hair that makes for her a perfumed helmet, and whose memory revives my passion.

For I might have kissed thy noble body with fervour, and even from thy fresh feet to thy black hair, have unrolled the treasure of profound caresses, in order some evening, O queen of cruelties! to obscure the splendour of thy cold pupils by a tear obtained without effort.

XXXIV. The Remorse of the Dead

My sable love, when you at last are lain
Unsought upon the lone sepulchral bed,
And darkly keep your brothel with the dead,—
Your roomless vault that weeps with fetid rain;
Yea, when the ponderous carven shaft unshaken
Is the one weight your passionate nipples know,
And grinds you down and will not let you go
To find again your faithless lechers, taken

5

Le tombeau, confident de mon rêve infini,
—Car le tombeau toujours comprendra le poète,—   10
Durant ces grandes nuits d'où le somme est banni,

Te dira: "Que vous sert, courtisane imparfaite,
De n'avoir pas connu ce que pleurent les morts?"
—Et le ver rongera ta peau comme un remords.

XXXV. Le Chat

Viens, mon beau chat, sur mon cœur amoureux:
          Retiens les griffes de ta patte,
Et laisse-moi plonger dans tes beaux yeux,
          Mêlés de métal et d'agate.

Lorsque mes doigts caressent à loisir   5
          Ta tête et ton dos élastique,
Et que ma main s'enivre du plaisir
          De palper ton corps électrique,

Je vois ma femme en esprit. Son regard,
          Comme le tien, aimable bête,   10
Profond et froid, coupe et fend comme un dard,

          Et des pieds jusques à la tête,
Un air subtil, un dangereux parfum
          Nagent autour de son corps brun.

XXXVI. *Duellum*

Deux guerriers ont couru l'un sur l'autre; leurs armes
Ont éclaboussé l'air de lueurs et de sang.
—Ces jeux, ces cliquetis du fer sont les vacarmes
D'une jeunesse en proie à l'amour vagissant.

Les glaives sont brisés! comme notre jeunesse,   5
Ma chère! Mais les dents, les ongles acérés,
Vengent bientôt l'épée et la dague traîtresse.
—O fureur des cœurs mûrs par l'amour ulcérés!

Dans le ravin hanté des chats-pards et des onces
Nos héros, s'étreignant méchamment, ont roulé,   10
Et leur peau fleurira l'aridité des ronces.

By fairer trulls—then, then, O harlot love,
The grave, which has my very voice, will sigh   10
All night about your sleep-derided corse,
Whispering ever: "In the days above,
You dreamt not how the unslumbering wantons lie,
Gnawed by the worms which are the last remorse."

XXXV. The Cat

Come to this enamoured heart, my beautiful cat; withhold the talons of thy feet, and let me dive into thy lovely eyes, where metal and agate are mingled.

When my fingers caress at leisure thy head and thy elastic back, and my hand becomes inebriate with pleasure to feel thy electric body, I behold my mistress in thought. Even as thine, amiable beast, her cold and profound gaze can cut and cleave like a dart; and from head to foot, about her dusky body, there swims a subtle air, a dangerous perfume.

XXXVI. The Duel

Two warriors have met in full encounter; their weapons have spattered the air with gleams and with blood.—These games, these clashings of steel, are the turmoil of youth, preyed upon by puling love.

The swords are broken! like our youth, my dear! But the teeth, the steely nails, will avenge very soon the traitorous sword and dagger.—O fury of ripe hearts, ulcerated by passion!

In the ravine haunted by wildcats and ounces, our heroes have rolled, embracing wickedly, and their skin will flower the barrenness of brambles.

—This gulf is hell, peopled by our friends! Roll therein without remorse, inhuman Amazon, in order to eternize the fervour of our hate!

—Ce gouffre, c'est l'enfer, de nos amis peuplé!
Roulons-y sans remords, amazone inhumaine,
Afin d'éterniser l'ardeur de notre haine!

XXXVII. Le Balcon

Mère des souvenirs, maîtresse des maîtresses,
O toi, tous mes plaisirs! ô toi, tous mes devoirs!
Tu te rappelleras la beauté des caresses,
La douceur du foyer et le charme des soirs,
Mère des souvenirs, maîtresse des maîtresses!   5

Les soirs illuminés par l'ardeur du charbon,
Et les soirs au balcon, voilés de vapeurs roses,
Que ton sein m'était doux! que ton cœur m'était bon!
Nous avons dit souvent d'impérissables choses
Les soirs illuminés par l'ardeur du charbon.   10

Que les soleils sont beaux dans les chaudes soirées!
Que l'espace est profond! que le cœur est puissant!
En me penchant vers toi, reine des adorées,
Je croyais respirer le parfum de ton sang.
Que les soleils sont beaux dans les chaudes soirées!   15

La nuit s'épaississait ainsi qu'une cloison,
Et mes yeux dans le noir devinaient tes prunelles,
Et je buvais ton souffle, ô douceur! ô poison!
Et tes pieds s'endormaient dans mes mains fraternelles.
La nuit s'épaississait ainsi qu'une cloison.   20

Je sais l'art d'évoquer les minutes heureuses,
Et revis mon passé blotti dans tes genoux.
Car à quoi bon chercher tes beautés langoureuses
Ailleurs qu'en ton cher corps et qu'en ton cœur si doux?
Je sais l'art d'évoquer les minutes heureuses!   25

Ces serments, ces parfums, ces baisers infinis,
Renaîtront-ils d'un gouffre interdit à nos sondes,
Comme montent au ciel les soleils rajeunis
Après s'être lavés au fond des mers profondes?
—O serments! ô parfums! ô baisers infinis!   30

XXXVII. The Balcony

Mother of memories, and mistress of mistresses,
O thou, mine every pleasure! thou, my sole devoir!
Thou wilt recall the grace and languor of caresses,
The mellow fire at evening and the mellow star—
Mother of memories, and mistress of mistresses!   5

Those eves illumined by the warmly glowing ember,
Or eves with roseal vapour veiled, i' the balcony!
How dear thy soul! how soft thy bosom! I remember
The imperishable things we said repeatedly,
Those eyes illumined by the ever-glowing ember.   10

Wonderful are the suns in the warm evenings!
Profounder grow the gulfs, and strong the heart unquailing. . . .
In leaning tow'rd thee, queen of all adorèd things,
I breathed a perfume from thy very blood exhaling.
Wonderful were the suns in the warm evenings!   15

The darkness rose and thickened slowly, like a wall;
Mine eyes divined your eyes through the black air vespernal;
I drank the weary sigh, sweet and venefical,
And peacefully thy feet lay in my hands fraternal;
The darkness rose and thickened slowly, like a wall.   20

I know a spell to call the happy hours for us,
And, couching at thy knees, I see the past appear.
Why seek a pensive joy, a beauty languorous,
Save in thy gentle heart and in thy body dear?
I know a spell to call those happy hours for us.   25

The vows, the perfumes, and the kisses infinite,
Can these, from out a gulf we nevermore may sound,
Be born again, as climb to heaven in new light
The suns that have been laved in sombre seas profound?
The vows! the perfumes! and the kisses infinite!   30

XXXVIII. Le Possédé

Le soleil s'est couvert d'un crêpe. Comme lui,
O Lune de ma vie! emmitoufle-toi d'ombre;
Dors ou fume à ton gré; sois muette, sois sombre,
Et plonge tout entière au gouffre de l'Ennui;

Je t'aime ainsi! Pourtant, si tu veux aujourd'hui,   5
Comme un astre éclipsé qui sort de la pénombre,
Te pavaner aux lieux que la Folie encombre,
C'est bien! Charmant poignard, jaillis de ton étui!

Allume ta prunelle à la flamme des lustres!
Allume le désir dans les regards des rustres!   10
Tout de toi m'est plaisir, morbide ou pétulant;

Sois ce que tu voudras, nuit noire, rouge aurore;
Il n'est pas une fibre en tout mon corps tremblant
Qui ne crie: O mon cher Belzébuth, je t'adore!

XXXIX. Un Fantôme

I. Les Ténèbres

Dans les caveaux d'insondable tristesse
Où le destin m'a déjà relégué;
Où jamais n'entre un rayon rose et gai;
Où, seul avec la Nuit, maussade hôtesse,

Je suis comme un peintre qu'un Dieu moqueur   5
Condamne à peindre, hélas! sur les ténèbres;
Où, cuisinier aux appétits funèbres,
Je fais bouillir et je mange mon cœur,

Par instants brille, et s'allonge, et s'étale
Un spectre fait de grâce et de splendeur.   10
A sa rêveuse allure orientale,

Quand il atteint sa totale grandeur,
Je reconnais ma belle visiteuse:
C'est Elle! noire et pourtant lumineuse.

XXXVIII. The Possessed

The sun is covered with crepe. Even as he, O moon of my life, enmuffle thyself with shadow; sleep or smoke if thou wilt be mute, be sombre, and plunge altogether into the gulf of ennui.

I love thee thus. However, it is well, if thou wishest to-day, like an occulted star that comes forth from the penumbra, to flaunt thyself in the places thronged by Folly. Charming poignard, spring from thy sheath!

Enkindle thine eyes with the flame of chandeliers! enkindle desire in the regard of rustics! All of thee pleases me, morbid or petulant; be what thou wilt, black night or crimson dawn, there is no fibre in all my trembling body that does not cry: "O my dear Beelzebub, I adore thee!"

XXXIX. Un Fantôme

I. Les Ténèbres

In the vaults of unfathomable sadness where Destiny has already relegated me; where never enters a gay and rosy beam; where, alone with the Night, my tiresome hostess, I am like a painter condemned by a mocking God to paint upon the darkness; where, like a cook with funereal appetites, I boil and I eat my heart, from moment to moment there shines and lengthens and displays itself a spectre made of grace and of splendour. By her dream-like Oriental allurement, when it has attained its full height, I recognize my lovely visitress: it is She, sombre and yet luminous.

II. Le Parfum

Lecteur, as-tu quelquefois respiré
Avec ivresse et lente gourmandise
Ce grain d'encens qui remplit une église,
Ou d'un sachet le musc invétéré?

Charme profond, magique, dont nous grise   5
Dans le présent le passé restauré!
Ainsi l'amant sur un corps adoré
Du souvenir cueille la fleur exquise.

De ses cheveux élastiques et lourds,
Vivant sachet, encensoir de l'alcôve,   10
Une senteur montait, sauvage et fauve,

Et des habits, mousseline ou velours,
Tout imprégnés de sa jeunesse pure,
Se dégageait un parfum de fourrure.

III. Le Cadre

Comme un beau cadre ajoute à la peinture,
Bien qu'elle soit d'un pinceau très vanté,
Je ne sais quoi d'étrange et d'enchanté
En l'isolant de l'immense nature,

Ainsi bijoux, meubles, métaux, dorure,   5
S'adaptaient juste à sa rare beauté;
Rien n'offusquait sa parfaite clarté,
Et tout semblait lui servir de bordure.

Même on eût dit parfois qu'elle croyait
Que tout voulait l'aimer; elle noyait   10
Dans les baisers du satin et du linge

Sa nudité voluptueusement
Et, lente ou brusque, à chaque mouvement,
Montrait la grâce enfantine du singe.

II. Le Parfum

Reader, hast thou ever respired with drunkenness and slow gluttony the grain of incense that fills a church, or the inveterate musk of a sachet?

Profound and magical charm, whereby the restored Past inebriates us in the present! Thus the lover on an adored body will cull the exquisite flower of memory.

From her heavy and elastic tresses, living sachet, censer of the alcove, an odour mounted, barbarous and wild, and from her clothing, velvet or muslin, all impregnated with her pure youth, there disengaged itself a perfume of fur.

III. Le Cadre

Like a fine frame added to the picture, well though it be the work of a much vaunted pencil, I know not what of strangeness and enchantment serving to isolate it from immense nature, thus jewels, furniture, metals, gilding, all adapted themselves justly to her rare beauty; nothing obscured her perfect radiance, and all things appeared to serve her as a setting.

One had even said sometimes that she believed that all things desired to love her; she drowned in the kisses of satin and of linen her beautiful naked body, full of shiverings, and slow or abrupt, in all her movements she displayed the childish grace of the ape.

IV. Le Portrait

La Maladie et la Mort font des cendres
De tout le feu qui pour nous flamboya.
De ces grands yeux si fervents et si tendres,
De cette bouche où mon cœur se noya,

De ces baisers puissants comme un dictame, 5
De ces transports plus vifs que des rayons,
Que reste-t-il? C'est affreux, ô mon âme!
Rien qu'un dessin fort pâle, aux trois crayons,

Qui, comme moi, meurt dans la solitude,
Et que le Temps, injurieux vieillard, 10
Chaque jour frotte avec son aile rude . . .

Noir assassin de la Vie et de l'Art,
Tu ne tueras jamais dans ma mémoire
Celle qui fut mon plaisir et ma gloire!

XL.

Je te donne ces vers afin que, si mon nom
Aborde heureusement aux époques lointaines,
Et fait rêver un soir les cervelles humaines,
Vaisseau favorisé par un grand aquilon,

Ta mémoire, pareille aux fables incertaines, 5
Fatigue le lecteur ainsi qu'un tympanon,
Et par un fraternel et mystique chaînon
Reste comme pendue à mes rimes hautaines;

Être maudit à qui de l'abîme profond
Jusqu'au plus haut du ciel rien, hors moi, ne répond; 10
—O toi qui, comme une ombre à la trace éphémère,

Foules d'un pied léger et d'un regard serein
Les stupides mortels qui t'ont jugée amère,
Statue aux yeux de jais, grand ange au front d'airain!

IV. Le Portrait

Sickness and Death have turned to ashes the fire that once flamed for us. Of these great eyes so fervent and so tender, of this mouth where my heart was like to drown, of these kisses potent as a balsam, what is there that remains? Naught but a very pale design, in three pencils, which, like me, dies in the solitude, and is rubbed each day by the rude wing of Time, that baneful ancient.

O black assassin of Life and of Art, thou wilt never slay in my memory her who was my pleasure and my glory!

XL.

I give these verses to thee in order that if my name should arrive happily in some far-off epoch, and cause to dream one among the human brains, vessel favored by a great north wind, thy memory, like to uncertain fables, will tire the reader as a dulcimer, and remain attached by a fraternal and mystic chain to my haughty rhymes.

Accursed being to whom, from the profound abyss even to the loftiest height of heaven, nothing, save me, responds!—O thou, like a Shadow with ephemeral trace, who treadest with a light foot and a serene regard among the stupid mortals who judge thee bitter, statue with eyes of jet, great angel with the brazen face!

XLI. *Semper eadem*

"D'où vous vient, disiez-vous, cette tristesse étrange,
  Montant comme la mer sur le roc noir et nu?"
—Quand notre cœur a fait une fois sa vendange,
  Vivre est un mal! C'est un secret de tous connu,

  Une douleur très simple et non mystérieuse,   5
  Et, comme votre joie, éclatante pour tous.
  Cessez donc de chercher, ô belle curieuse!
  Et, bien que votre voix soit douce, taisez-vous!

  Taisez-vous, ignorante! âme toujours ravie!
  Bouche au rire enfantin! Plus encor que la Vie,   10
  La Mort nous tient souvent par des liens subtils.

  Laissez, laissez mon cœur s'enivrer d'un *mensonge*,
  Plonger dans vos beaux yeux comme dans un beau songe
  Et sommeiller longtemps à l'ombre de vos cils!

XLII. Tout entière

  Le Démon, dans ma chambre haute,
  Ce matin est venu me voir,
  Et, tâchant à me prendre en faute,
  Me dit: "Je voudrais bien savoir,

  "Parmi toutes les belles choses   5
  Dont est fait son enchantement,
  Parmi les objets noirs ou roses
  Qui composent son corps charmant,

  "Quel est le plus doux."—O mon âme,
  Tu répondis à l'Abhorré: 10
  —"Puisqu'en Elle tout est dictame,
  Rien ne peut être préféré.

  "Lorsque tout me ravit, j'ignore
  Si quelque chose me séduit.
  Elle éblouit comme l'Aurore   15
  Et console comme la Nuit;

  "Et l'harmonie est trop exquise,
  Qui gouverne tout son beau corps,
  Pour que l'impuissante analyse
  En note les nombreux accords.   20

XLI. *Semper eadem*

"Ah, tell me, whence has risen thy strange melancholy,
  Mounting as ocean mounts upon a bare, black reef?"
  —When time has trampled out the vintage of our folly,
  Life is an evil thing! This is a common grief,

An all-too-simple secret each in turn must prove,
  And plain at last for all, as joy is plain for thee.
  Therefore be mute, and search no more, my curious love—
  Too sweet thy voice to ask this bitter thing of me.

Be mute—and still be ignorant! soul enravished ever!
  Mouth of the childish laugh! For life enchains us never
  With bonds more strong, more subtle than the bonds of doom.

Ah, let, ah, let my heart, grown drunken still with lies,
  Plunge far into the warm, blue dreamland of thine eyes,
  Or sleep long-time beneath thy lashes' golden gloom!

XLII. Tout entière

The Demon has come to see me in my high chamber this morning, and trying to find me at fault, he says to me: "I would know, among all the beautiful things whereof her enchantment is made, among the rose or black objects that compose her charming body, what thing, what object is the sweetest." O my soul, thou respondest to the Abhorred: "Since all in here is like a sovereign balsam, there is naught can be preferred. When all seems to ravish me, I know not if some one part seduces me. She dazzles like the dawn, and consoles like the night, and the harmony that governs all her beautiful body is too exquisite for impotent analysis to note therein the innumerable accords. O mystic metamorphosis of all my senses melted into one! Her breath makes music, even as her voice makes perfume!"

"O métamorphose mystique
De tous mes sens fondus en un!
Son haleine fait la musique,
Comme sa voix fait le parfum!"

XLIII.

Que diras-tu ce soir, pauvre âme solitaire,
Que diras-tu, mon cœur, cœur autrefois flétri,
A la très belle, à la très bonne, à la très chère,
Dont le regard divin t'a soudain refleuri?

—Nous mettrons notre orgueil à chanter ses louanges,   5
Rien ne vaut la douceur de son autorité;
Sa chair spirituelle a le parfum des anges,
Et son œil nous revêt d'un habit de clarté.

Que ce soit dans la nuit et dans la solitude,
Que ce soit dans la rue et dans la multitude,   10
Son fantôme dans l'air danse comme un flambeau.

Parfois il parle et dit: "Je suis belle, et j'ordonne
Que pour l'amour de moi vous n'aimiez que le Beau;
Je suis l'Ange gardien, la Muse et la Madone!"

XLIV. Le Flambeau vivant

Ils marchent devant moi, ces Yeux pleins de lumières
Qu'un Ange très savant a sans doute aimantés;
Ils marchent, ces divins frères qui sont mes frères,
Secouant dans mes yeux leurs feux diamantés.

Me sauvant de tout piège et de tout péché grave,   5
Ils conduisent mes pas dans la route du Beau;
Ils sont mes serviteurs et je suis leur esclave;
Tout mon être obéit à ce vivant flambeau.

Charmants Yeux, vous brillez de la clarté mystique
Qu'ont les cierges brûlant en plein jour; le soleil   10
Rougit, mais n'éteint pas leur flamme fantastique;

Ils célèbrent la Mort, vous chantez le Réveil;
Vous marchez en chantant le réveil de mon âme,
Astres dont nul soleil ne peut flétrir la flamme!

XLIII.

What wilt thou say to-night, poor solitary soul, what wilt thou say, my heart, my heart aforetime withered, to her the very beautiful, the very kind, the very dear, whose divine regard has made thee blossom suddenly?

—We submit our pride to sing her praises, nothing is worth the sweetness of her authority; her spiritual flesh has the perfume of the angels, and her eye invests us with a habit of light and splendour.

Whether in the night and in the solitude, whether in the street and in the multitude, her phantom dances in the air like a torch.

Sometimes it speaks and says: "I am beautiful, and I ordain that for the love of me you must love only the Beautiful; I am the guardian Angel, the Muse and the Madonna!"

XLIV. Le Flambeau vivant

They pass before me, these eyes full of light, that a very wise angel without doubt has magnetized; they pass, these divine brothers who are my brothers, shaking in mine eyes their diamonded fires.

Saving me from every trap and from all grave sin, they conduct my feet in the path of the Beautiful; they are my servitors and I am their slave; all my being obeys this living flambeau.

Charming Eyes, you shine with the mystic light of candles burning in full day; the sun reddens, but does not extinguish their fantastic flame; they celebrate Death, you sing the Awakening, you pass in singing the awakening of my soul, O stars whose flame no sun can ever fade!

XLV. Réversibilité

Ange plein de gaieté, connaissez-vous l'angoisse,
La honte, les remords, les sanglots, les ennuis
Et les vagues terreurs de ces affreuses nuits
Qui compriment le cœur comme un papier qu'on froisse?
Ange plein de gaieté, connaissez-vous l'angoisse? 5

Ange plein de bonté, connaissez-vous la haine,
Les poings crispés dans l'ombre et les larmes de fiel,
Quand la Vengeance bat son infernal rappel,
Et de nos facultés se fait le Capitaine?
Ange plein de bonté, connaissez-vous la haine? 10

Ange plein de santé, connaissez-vous les Fièvres,
Qui, le long des grands murs de l'hospice blafard,
Comme des exilés, s'en vont d'un pied traînard,
Cherchant le soleil rare et remuant les lèvres?
Ange plein de santé, connaissez-vous les Fièvres? 15

Ange plein de beauté, connaissez-vous les rides,
Et la peur de vieillir, et ce hideux tourment
De lire la secrète horreur du dévoûment
Dans des yeux où longtemps burent nos yeux avides!
Ange plein de beauté, connaissez-vous les rides? 20

Ange plein de bonheur, de joie et de lumières,
David mourant aurait demandé la santé
Aux émanations de ton corps enchanté!
Mais de toi je n'implore, ange, que tes prières,
Ange plein de bonheur, de joie et de lumières! 25

XLVI. Confession

Une fois, une seule, aimable et douce femme,
    A mon bras votre bras poli
S'appuya (sur le fond ténébreux de mon âme
    Ce souvenir n'est point pâli).

Il était tard; ainsi qu'une médaille neuve 5
    La pleine lune s'étalait,
Et la solennité de la nuit, comme un fleuve,
    Sur Paris dormant ruisselait.

XLV. Réversibilité

Angel full of gaiety, do you know the anguish, the hate, the remorse, the sobs, the ennuis, and the vague terrors of those frightful nights that compress the heart even as a paper that one crushes? Angel full of gaiety, do you know the anguish?

Angel full of goodness, do you know hate, with fists contracted in the shadow and tears of gall, when Vengeance beats her infernal muster, and makes herself the captain of our faculties? Angel full of goodness, do you know hate?

Angel full of health, do you know the Fevers that trail their lagging feet like exiles the length of the great walls of a dim hospital, searching for the rare sun and moving their lips? Angel full of health, do you know the Fevers?

Angel full of beauty, do you know the wrinkles, and the fear of growing old, and this hideous torrent of reading the secret horror of devotion in eyes wherefrom our avid eyes have drunken long? Angel full of beauty, do you know the wrinkles?

Angel full of happiness and joy and light, the dying David would have asked for health from the emanations of your enchanted body; but I will implore nothing from thee except thy prayers, angel full of happiness and joy and light!

XLVI. Confession

Once, and once only, sweet and amiable woman, your polished arm leaned on my arm (in the tenebrous depth of my soul this memory has nowise paled).

It was late; the full moon displayed itself like a new medal, and the solemnity of night, like a river, poured upon slumbering Paris. And along the houses, beneath the carriage gates, the cats went furtively by, with alert ears, or accompanied us slowly, like dear shadows.

Et le long des maisons, sous les portes cochères,
    Des chats passaient furtivement,   10
L'oreille au guet, ou bien, comme des ombres chères,
    Nous accompagnaient lentement.

Tout à coup, au milieu de l'intimité libre
    Éclose à la pâle clarté,
De vous, riche et sonore instrument où ne vibre   15
    Que la radieuse gaîté,

De vous, claire et joyeuse ainsi qu'une fanfare
    Dans le matin étincelant,
Une note plaintive, une note bizarre
    S'échappa, tout en chancelant.   20

Comme une enfant chétive, horrible, sombre, immonde
    Dont sa famille rougirait,
Et qu'elle aurait longtemps, pour la cacher au monde,
    Dans un caveau mise au secret!

Pauvre ange, elle chantait, votre note criarde: 25
    "Que rien ici-bas n'est certain,
Et que toujours, avec quelque soin qu'il se farde,
    Se trahit l'égoïsme humain;

"Que c'est un dur métier que d'être belle femme,
    Et que c'est le travail banal   30
De la danseuse folle et froide qui se pâme
    Dans son sourire machinal;

"Que bâtir sur les cœurs est une chose sotte;
    Que tout craque, amour et beauté,
Jusqu'à ce que l'Oubli les jette dans sa hotte   35
    Pour les rendre à l'Eternité!"

J'ai souvent évoqué cette lune enchantée,
    Ce silence et cette langueur,
Et cette confidence horrible chuchotée
    Au confessionnal du cœur.   40

All at once, in the midst of the free intimacy that had blossomed in the pale light, from you, rich and sonorous instrument where vibrates only radiant gaiety, from you, clear and joyous like a fanfare in the sparkling dawn, there escaped a bizarre note, a plaintive note, all in stumbling like a sorry child, horrible, sombre, unclean, at which its family would redden, and which they had longtime put in a secret cellar, to conceal it from the world.

Dear angel, it sang, your crying note: "How nothing here below is certain, and how always, with whatever care it is painted over, the human egoism betrays itself; how it is a hard profession to be a beautiful woman, and is like the banal labour of the cold and frivolous dancer who faints with a mechanical smile; how it is a foolish thing to build upon the hearts; how all things lie and prevaricate, even love and beauty, till Oblivion flings them in his basket to render them to Eternity!"

I have often evoked this enchanted moon, this silence and this lentor, and this horrible confidence whispered at the confessional of the heart.

XLVII. L'Aube spirituelle

Quand chez les débauchés l'aube blanche et vermeille
Entre en société de l'Idéal rongeur,
Par l'opération d'un mystère vengeur
Dans la brute assoupie un ange se réveille.

Des Cieux Spirituels l'inaccessible azur,   5
Pour l'homme terrassé qui rêve encore et souffre,
S'ouvre et s'enfonce avec l'attirance du gouffre.
Ainsi, chère Déesse, Etre lucide et pur,

Sur les débris fumeux des stupides orgies,
Ton souvenir plus clair, plus rose, plus charmant,   10
A mes yeux agrandis voltige incessamment.

Le soleil a noirci la flamme des bougies;
Ainsi, toujours vainqueur, ton fantôme est pareil,
Ame resplendissante, à l'immortel Soleil!

XLVIII. L'Harmonie du soir

Voici venir les temps où vibrant sur sa tige
Chaque fleur s'évapore ainsi qu'un encensoir;
Les sons et les parfums tournent dans l'air du soir,
—Valse mélancolique et langoureux vertige!—

Chaque fleur s'évapore ainsi qu'un encensoir,   5
Le violon frémit comme un cœur qu'on afflige;
Valse mélancolique et langoureux vertige!
Le ciel est triste et beau comme un grand reposoir.

Le violon frémit comme un cœur qu'on afflige,
Un cœur tendre, qui hait le néant vaste et noir!   10
Le ciel est triste et beau comme un grand reposoir,
Le soleil s'est noyé dans son sang qui se fige.

Un cœur tendre, qui hait le néant vaste et noir,
Du passé lumineux recueille tout vestige!
Le soleil s'est noyé dans son sang qui se fige . . .   15
Ton souvenir en moi luit comme un ostensoir!

XLVII. The Spiritual Dawn

When breaks upon the debauchee the sworded morn,
Leagued with the Ideal that gnaws as gnaws a mordant worm,
Some dark and vengeful mystery fulfills its term,
And a grieving angel from the sottish beast is born.

In their attainless blue the spiritual skies,   5
For the downfallen dreamer prostrate in the pit,
Open and gape with the gulf's allurement infinite.
O dear and pure and lucid Goddess, in like wise,

Above the foully fuming wrack of orgies stale,
Thy memory more clear, more roseate and fair,   10
Floats on my vision and reveals a larger air;

The sun has blackened all the blazing tapers pale;
And thus, O soul resplendent, evermore prevailing,
Thy phantom is the peer of the far sun unfailing.

XLVIII. Evening Harmony

Now, see, the time is come when solemnly and slow
The flowers on their stem like shaken censers fume;
When sounds and odors, trembling, turn upon the gloom:
A melancholy valse, a languorous vertigo!

The flowers on their stem like shaken censers fume;   5
The violin's a heart all tremulous with woe;
A melancholy valse, a languorous vertigo!
The fair, sad heavens like a darkling altar loom.

The violin's a heart all tremulous with woe,
A tender heart, that hates the nothingness of doom;   10
The fair, sad heavens like a darkling altar loom;
Drowned in his frozen blood, the sun lies far and low.

A tender heart, that hates the nothingness of doom,
Re-culls each faint and fallen gleam from the long ago;
Drowned in his frozen blood, the sun lies far and low;   15
In me thy memory like a monstrance doth relume.

XLIX. Le Flacon

Il est de forts parfums pour qui toute matière
Est poreuse. On dirait qu'ils pénètrent le verre.
En ouvrant un coffret venu de l'Orient
Dont la serrure grince et rechigne en criant,

Ou dans une maison déserte quelque armoire   5
Pleine de l'âcre odeur des temps, poudreuse et noire,
Parfois on trouve un vieux flacon qui se souvient,
D'où jaillit toute vive une âme qui revient.

Mille pensers dormaient, chrysalides funèbres,
Frémissant doucement dans les lourdes ténèbres,   10
Qui dégagent leur aile et prennent leur essor,
Teintés d'azur, glacés de rose, lamés d'or.

Voilà le souvenir enivrant qui voltige
Dans l'air troublé; les yeux se ferment; le vertige
Saisit l'âme vaincue et la pousse à deux mains   15
Vers un gouffre obscurci de miasmes humains;

Il la terrasse au bord d'un gouffre séculaire,
Où, Lazare odorant déchirant son suaire,
Se meut dans son réveil le cadavre spectral
D'un vieil amour ranci, charmant et sépulcral.   20

Ainsi, quand je serai perdu dans la mémoire
Des hommes, dans le coin d'une sinistre armoire,
Quand on m'aura jeté, vieux flacon désolé,
Décrépit, poudreux, sale, abject, visqueux, fêlé,

Je serai ton cercueil, aimable pestilence!   25
Le témoin de ta force et de ta virulence,
Cher poison préparé par les anges! liqueur
Qui me ronge, ô la vie et la mort de mon cœur!

XLIX. Le Flacon

There are strong perfumes for which all matter is porous. One would say that they penetrate the glass. In opening a coffer brought from the Orient, whose lock grates and cries out sullenly, or a cupboard in some deserted house, a cupboard full of the acrid odour of Time, dusty and black, sometimes one finds an old flagon that remembers wherefrom there springs to life a returning soul.

A thousand thoughts have slept, funereal chrysalides, trembling sweetly in the heavy darkness, who disengage their wings and take their flight, all tinted with azure, shot with rose, or plated with gold.

Behold the inebriating memory that hovers in the troubled air! Vertigo seizes the vanquished soul, and pushes it toward a gulf obscured by human miasmas; it is thrown to earth on the edge of a secular gulf, where like a perfumed Lazarus tearing his shroud, there stands in its resurrection the spectral cadaver of an old love, charming, rancid, and sepulchral.

[*Balance missing or not translated.*]

L. Le Poison

Le vin sait revêtir le plus sordide bouge
       D'un luxe miraculeux,
Et fait surgir plus d'un portique fabuleux
       Dans l'or de sa vapeur rouge,
Comme un soleil couchant dans un ciel nébuleux.   5

L'opium agrandit ce qui n'a pas de bornes,
       Allonge l'illimité,
Approfondit le temps, creuse la volupté,
       Et de plaisirs noirs et mornes
Remplit l'âme au delà de sa capacité.   10

Tout cela ne vaut pas le poison qui découle
       De tes yeux, de tes yeux verts,
Lacs où mon âme tremble et se voit à l'envers . . .
       Mes songes viennent en foule
Pour se désaltérer à ces gouffres amers.   15

Tout cela ne vaut pas le terrible prodige
       De ta salive qui mord,
Qui plonge dans l'oubli mon âme sans remord,
       Et, charriant le vertige,
La roule défaillante aux rives de la mort!   20

LI. Ciel brouillé

On dirait ton regard d'une vapeur couvert;
Ton œil mystérieux,—est-il bleu, gris ou vert?—
Alternativement tendre, rêveur, cruel,
Réfléchit l'indolence et la pâleur du ciel.

Tu rappelles ces jours blancs, tièdes et voiles   5
Qui font se fondre en pleurs les cœurs ensorcelés,
Quand, agités d'un mal inconnu qui les tord,
Les nerfs trop éveillés raillent l'esprit qui dort.

Tu ressembles parfois à ces beaux horizons
Qu'allument les soleils des brumeuses saisons . . .   10
—Comme tu resplendis, paysage mouillé
Qu'enflamment les rayons tombant d'un ciel brouillé!

L. The Poison

Wine can invest the most sordid hovel with a miraculous luxury, and can build many a fabulous portico in its red and golden vapors, like a sun setting in a cloudy heaven.

Opium can aggrandize the things that have no bourn, can lengthen the illimitable, deepen time and voluptuousness, and fill the soul with dark and mournful pleasures beyond its capacity.

But these things are less than the poison flowing from thine eyes, from thy green eyes, those lakes whereat my soul trembles, seeing therein its own inverted image. . . . My dreams for ever come in throngs to quench their thirst at those gulfs of bitter emerald.

But these things are less than the dire prodigy of thy mordant saliva, that plunges my soul into oblivion without remorse, and rolls it, falling and fainting, home in a chariot of vertigo, to the very shores of Death!

LI. Doubtful Skies

Thine eyes are opals through some veiling vapor seen:
Mysterious, changeful, are they blue or grey or green?
Dream they of death or love? or are they but the glass
Where languidly the pale and indolent heavens pass?

Thou dost recall the muffled mornings, cool and wan,   5
When into tears dissolve the hearts by sorcery drawn;
When, darkly wrung and tortured by some unknown ill,
The nerves too wakeful mock the soul that slumbers still.

And sometimes thou art like the horizon-land whereon
Strange lustres kindle to the mist-enfolded sun. . . .   10
O splendor of a storm-wet dale, suddenly bright
Under a sunset heaven where fires and clouds unite!

O femme dangereuse! ô séduisants climats!
Adorerai-je aussi ta neige et vos frimas
Et saurai-je tirer de l'implacable hiver   15
Des plaisirs plus aigus que la glace et le fer?

LII. Le Chat

I

Dans ma cervelle se promène
Ainsi qu'en son appartement,
Un beau chat, fort, doux et charmant.
Quand il miaule, on l'entend à peine,

Tant son timbre est tendre et discret;   5
Mais que sa voix s'apaise ou gronde,
Elle est toujours riche et profonde:
C'est là son charme et son secret.

Cette voix, qui perle et qui filtre
Dans mon fond le plus ténébreux,   10
Me remplit comme un vers nombreux
Et me réjouit comme un philtre.

Elle endort les plus cruels maux
Et contient toutes les extases;
Pour dire les plus longues phrases   15
Elle n'a pas besoin de mots.

Non, il n'est pas d'archet qui morde
Sur mon cœur, parfait instrument,
Et fasse plus royalement
Chanter sa plus vibrante corde,   20

Que ta voix, chat mystérieux,
Chat séraphique, chat étrange,
En qui tout est, comme en un ange,
Aussi subtil qu'harmonieux!

II

De sa fourrure blonde et brune   25
Sort un parfum si doux, qu'un soir
J'en fus embaumé, pour l'avoir
Caressée une fois, rien qu'une.

O dangerous woman! doubtful and seductive clime!
Must I adore likewise thy latter snow and rime,
And, drawn from love's implacable winter, shall I feel   15
The pleasures more acute than pointed glass and steel?

LII. Le Chat

I

In my brain there promenades, as in his apartment, a strong and sweet and
charming and beautiful cat. When he miawls, one hardly hears him, so tender
and discreet is his tone; but if his voice abates or mutters, it is always rich and
deep. Therein is his charm and his secret.

This voice, that pearls and filters into my darkest depth, can fill me like an
harmonious verse and rejoice me like a magistral. It lulls asleep the most cruel
ills, and contains all the ecstasies; to utter the longest phrases, it has no need of
words.

There is no bow that gnaws my heart, that perfect instrument, and makes
more royally sing its most vibrant chord, than thy voice, cat mysterious and
seraphic and strange, in whom, as in an angel, all is no less subtle than
harmonious!

II

From his blond and brown fur there emerges a perfume so sweet that I was
scented therewith for having caressed it once, once only.

C'est l'esprit familier du lieu;
Il juge, il préside, il inspire   30
Toutes choses dans son empire;
Peut-être est-il fée, est-il dieu?

Quand mes yeux, vers ce chat que j'aime,
Tirés comme par un aimant,
Se retournent docilement,   35
Et que je regarde en moi-même,

Je vois avec étonnement
Le feu de ses prunelles pâles,
Clairs fanaux, vivantes opales,
Qui me contemplent fixement.   40

LIII. Le Beau Navire

Je veux te raconter, ô molle enchanteresse!
Les diverses beautés qui parent ta jeunesse;
        Je veux te peindre ta beauté
Où l'enfance s'allie à la maturité.

Quand tu vas balayant l'air de ta jupe large,   5
Tu fais l'effet d'un beau vaisseau qui prend le large,
        Chargé de toile, et va roulant
Suivant un rythme doux, et paresseux, et lent.

Sur ton cou large et rond, sur tes épaules grasses,
Ta tête se pavane avec d'étranges grâces;   10
        D'un air placide et triomphant
Tu passes ton chemin, majestueuse enfant.

Je veux te raconter, ô molle enchanteresse,
Les diverses beautés qui parent ta jeunesse;
        Je veux te peindre ta beauté   15
Où l'enfance s'allie à la maturité.

Ta gorge qui s'avance et qui pousse la moire,
Ta gorge triomphante est une belle armoire
        Dont les panneaux bombés et clairs
Comme les boucliers accrochent des éclairs;   20

He is the familiar spirit of the place; he judges, he presides, he inspires all things in his empery; perhaps he is a fay, perhaps he is a god.

When mine eyes, drawn as if by a lodestone, turn docilely toward this cat that I love, I see with astonishment the fire of these pale eyeballs, clear beacons, living opals, that contemplate me fixedly.

LIII. Le Beau Navire

O soft enchantress, I wish to recount for thee the various beauties that adorn thy youth; I wish to depict for thee thy beauty, where childhood allies itself to maturity.

When thou goest sweeping the air with thy large gown, thou hast the effect of a fine vessel that takes the open sea, laden with sails, and rolls onward, following a sweet and slow and idle rhythm.

On thy large and round neck, on thine ample shoulders, thy head flaunts itself with strange graces; with a tranquil and triumphant air thou passest on thy way, majestic child.

O soft enchantress, I wish to recount for thee the various beauties that adorn thy youth; I wish to depict for thee thy beauty, where childhood allies itself to maturity.

Boucliers provoquants, armés de pointes roses!
Armoire à doux secrets, pleine de bonnes choses,
    De vin, de parfums, de liqueurs
Qui feraient délirer les cerveaux et les cœurs!

Quand tu vas balayant l'air de ta jupe large,   25
Tu fais l'effet d'un beau vaisseau qui prend le large,
    Chargé de toile, et va roulant
Suivant un rythme doux, et paresseux, et lent.

Tes nobles jambes sous les volants qu'elles chassent,
Tourmentent les désirs obscurs et les agacent   30
    Comme deux sorcières qui font
Tourner un philtre noir dans un vase profond.

Tes bras, qui se joueraient des précoces hercules,
Sont des boas luisants les solides émules,
    Faits pour serrer obstinément   35
Comme pour l'imprimer dans ton cœur, ton amant.

Sur ton cou large et rond, sur tes épaules grasses,
Ta tête se pavane avec d'étranges grâces;
    D'un air placide et triomphant
Tu passes ton chemin, majestueuse enfant.   40

LIV. L'Invitation au voyage

    Mon enfant, ma sœur,
    Songe à la douceur
D'aller là-bas vivre ensemble!
    Aimer à loisir
    Aimer et mourir   5
Au pays qui te ressemble!
    Les soleils mouillés
    De ces ciels brouillés
Pour mon esprit ont les charmes
    Si mystérieux   10
    De tes traîtres yeux,
Brillant à travers leurs larmes.

Là, tout n'est qu'ordre et beauté,
Luxe, calme et volupté.

Thy bosom that advances and pushes forward the moire, thy triumphant bosom is a beautiful cupboard whose clear and arching panels catch the light like bucklers; provocative bucklers, armed with rosy points! cupboard of sweet secrets, full of good things, of wines, of perfumes, of liquors, that would make delirious the brain and the heart!

When thou goest sweeping the air with thy large gown, thou hast the effect of a fine vessel that takes the open sea, laden with sails, and rolls onward, following a sweet and slow and idle rhythm.

Thy noble legs, beneath the flounces that pursue them, torment and tease the obscure desires, like two sorceresses who make a black philtre turn and eddy in a deep vase.

Thine arms, that would make sport of the precocious Hercules, are the firm rivals of shining boas, made to embrace thy lover obstinately, as if to imprint him in thy heart.

On thy large and round neck, on thine ample shoulders, thy head flaunts itself with strange graces; with a tranquil and triumphant air thou passest upon thy way, majestic child.

LIV. L'Invitation au voyage

My child, my sister, dream of the sweetness of going there to live together! to love at leisure, to love and die in the country that is like thyself! The rainy suns of these variable heavens hold for me the mysterious charm of thy traitorous eyes, that sparkle through their tears.

There, all is order, beauty, luxury, tranquillity and pleasure.

Des meubles luisants, 15
Polis par les ans,
Décoreraient notre chambre,
Les plus rares fleurs
Mêlant leurs odeurs
Aux vagues senteurs de l'ambre, 20
Les riches plafonds,
Les miroirs profonds,
La splendeur orientale,
Tout y parlerait
A l'âme en secret 25
Sa douce langue natale.

Là, tout n'est qu'ordre et beauté,
Luxe, calme et volupté.

Vois sur ces canaux,
Dormir ces vaisseaux 30
Dont l'humeur est vagabonde;
C'est pour assouvir
Ton moindre désir
Qu'ils viennent du bout du monde.
—Les soleils couchants 35
Revêtent les champs,
Les canaux, la ville entière,

D'hyacinthe et d'or;
Le monde s'endort
Dans une chaude lumière. 40

Là, tout n'est qu'ordre et beauté,
Luxe, calme et volupté.

The shining furniture polished by the years will adorn our chamber; the rarest flowers, mingling their odours with vague scents of amber, the rich ceilings, the profound mirrors, the Oriental splendour, all will speak there to the soul in secret her fair natal language.

There, all is order, beauty, luxury, tranquillity and pleasure.

See, on the canals, there slumber the vagabond vessels; it is to satisfy thy least desire that they come from the end of the world.—The setting suns revest the canals, the fields, the entire town, with hyacinth and gold; the world falls asleep in a warm radiance.

There, all is order, beauty, luxury, tranquillity and pleasure.

LV. L'Irréparable

I

Pouvons-nous étouffer le vieux, le long Remords,
      Qui vit, s'agite et se tortille,
Et se nourrit de nous comme le ver des morts,
      Comme du chêne la chenille?
Pouvons-nous étouffer l'implacable Remords?   5

Dans quel philtre, dans quel vin, dans quelle tisane,
      Noierons-nous ce vieil ennemi,
Destructeur et gourmand comme la courtisane,
      Patient comme la fourmi?
Dans quel philtre? dans quel vin? dans quelle tisane?   10

Dis-le, belle sorcière, oh! dis, si tu le sais,
      A cet esprit comblé d'angoisse,
Et pareil au mourant qu'écrasent les blessés,
      Que le sabot du cheval froisse,
Dis-le, belle sorcière, oh! dis, si tu le sais,   15

A cet agonisant que le loup déjà flaire
      Et que surveille le corbeau,
A ce soldat brisé! s'il faut qu'il désespère
      D'avoir sa croix et son tombeau;
Ce pauvre agonisant que déjà le loup flaire!   20

Peut-on illuminer un ciel bourbeux et noir?
      Peut-on déchirer des ténèbres
Plus denses que la poix, sans matin et sans soir,
      Sans astres, sans éclairs funèbres?
Peut-on illuminer un ciel bourbeux et noir?   25

L'espérance qui brille aux carreaux de l'Auberge
      Est soufflé, est morte à jamais!
Sans lune et sans rayons, trouver où l'on héberge
      Les martyrs d'un chemin mauvais!
Le Diable a tout éteint aux carreaux de l'Auberge!   30

Adorable sorcière, aimes-tu les damnés?
      Dis, connais-tu l'irrémissible?
Connais-tu le Remords, aux traits empoisonnés,
      A qui notre cœur sert de cible?
Adorable sorcière, aimes-tu les damnés?   35

LV. The Irreparable

I

Ah, can we stifle this the old, the long Remorse,
Who lives and moves full tortuously,
Who feeds upon us like the worm upon the corse,
The caterpillar on the tree?
Ah, can we stifle now the implacable Remorse?   5

What wine, what magistral, what philtre known to man
Will drown our olden enemy,
Gluttonous and destructive like the courtesan,
Still moving ant-wise, patiently?
What wine?—what magistral?—what philtre known to man?   10

Tell it, fair sorceress, if haply thou dost know,
To one with anguish overborne,
And like a dying man, with all his wounds aflow,
By hoofs of horses bruised and torn;
Tell it, fair sorceress, if haply thou dost know,   15

To him the prowling wolves have scented from afar,
And crows have marked within the gloom—
A broken soldier who despairs, in some lost war,
Of cross or cenotaph or tomb,
This fallen man the wolves have scented from afar!   20

Can one illuminate the muddy murk of heaven,
Or tear the tenebrific pall
Intenser still than pitch, with neither morn nor even,
Nor stars, nor gleams funereal?
Can one illuminate the muddy murk of heaven?   25

Our hope, that burned for us behind the hostel panes,
Is long outblown, is dead for aye!
With neither moon nor lamp, to lodge in dark domains
The martyrs of an evil way!
The Devil has put out all the far tavern panes!   30

Dost love the damned, O sorceress adorable?
Ah, tell me, knowest thou the lost?
Dost know Remorse, whose venom-dripping darts from hell
Into the targe of souls are tossed?
Dost love the damned, O sorceress adorable?   30

L'irréparable ronge avec sa dent maudite
   Notre âme, piteux monument,
Et souvent il attaque, ainsi que le termite,
   Par la base le bâtiment.
L'Irréparable ronge avec sa dent maudite!   40

II

J'ai vu parfois, au fond d'un théâtre banal
   Qu'enflammait l'orchestre sonore,
Une fée allumer dans un ciel infernal
   Une miraculeuse aurore;
J'ai vu parfois au fond d'un théâtre banal   45

Un être qui n'était que lumière, or et gaze
   Terrasser l'énorme Satan;
Mais mon cœur, que jamais ne visite l'extase,
   Est un théâtre où l'on attend
Toujours, toujours en vain, l'Être aux ailes de gaze.   50

LVI. Causerie

Vous êtes un beau ciel d'automne, clair et rose!
Mais la tristesse en moi monte comme la mer,
Et laisse, en refluant, sur ma lèvre morose
Le souvenir cuisant de son limon amer.

—Ta main se glisse en vain sur mon sein qui se pâme: 5
Ce qu'elle cherche, amie, est un lieu saccagé
Par la griffe et la dent féroce de la femme.
Ne cherchez plus mon cœur; les bêtes l'ont mangé.

Mon cœur est un palais flétri par la cohue;
On s'y soûle, on s'y tue, on s'y prend aux cheveux.   10
—Un parfum nage autour de votre gorge nue! . . .

O Beauté, dur fléau des âmes, tu le veux!
Avec tes yeux de feu, brillants comme des fêtes,
Calcine ces lambeaux qu'ont épargnés les bêtes!

The Nevermore-to-be gnaws with accursed teeth,
Freting our soul's frail monument,
And often, like the moiling termite, delves beneath
To eat the ruinous fundament;
The Nevermore-to-be gnaws with accursed teeth.   40

II

I have seen, sometimes, within the common theatre,
Aflame with music sonorous,
A Fay, from heavens dark as is the sepulchre,
Call forth a dawn miraculous;
I have seen, sometimes, within the common theatre,   45

A Being, wholly wrought of gold and gauze and light,
Cast a great Satan down in scorn;
But my heart, long unvisited of all delight,
Is like a theatre forlorn
That waits, always in vain, the Being winged with light.   50

LVI. Causerie

Thou art the rose and silver of an autumn sun;
But murmurous in my blood a mounting sorrow flows,
Sea-like and refluent, leaves upon my lip morose
The lentored memory of salt and slime outrun.

In vain, belov'd, thy supple fingers pause or fleeten,   5
Gliding within this bosom sacked and desolate
By fang and claw of women, sphinxes delicate:
Seek not my heart; it is a thing the beasts have eaten!

My heart, it is a palace fleering crowds have captured—
Grown bold with blood and wine, they hale me by the hair!   10
—A perfume swims and mounts upon thy body bare! . . .

Have done, have done, O Beauty, scourge of souls enraptured!
With eyes of fire, that have outshone forgotten feasts,
Consume these mumbled orts, forborne by all the beasts!

LVII. Chant d'automne

I

Bientôt nous plongerons dans les froides ténèbres;
Adieu, vive clarté de nos étés trop courts!
J'entends déjà tomber avec des chocs funèbres,
Le bois retentissant sur le pavé des cours.

Tout l'hiver va rentrer dans mon être: colère,   5
Haine, frissons, horreur, labeur dur et forcé,
Et, comme le soleil dans son enfer polaire,
Mon cœur ne sera plus qu'un bloc rouge et glacé.

J'écoute en frémissant chaque bûche qui tombe;
L'echafaud qu'on bâtit n'a plus d'écho plus sourd.   10
Mon esprit est pareil à la tour qui succombe
Sous les coups du bélier infatigable et lourd.

Il me semble, bercé par ce choc monotone,
Qu'on cloue en grande hâte un cercueil quelque part . . .
Pour qui? . . .—C'était hier l'été; voici l'automne!   15
Ce bruit mystérieux sonne comme un départ.

II

J'aime de vos longs yeux la lumière verdâtre,
Douce beauté, mais tout aujourd'hui m'est amer,
Et rien, ni votre amour, ni le boudoir, ni l'âtre,
Ne me vaut le soleil rayonnant sur la mer.   20

Et pourtant aimez-moi, tendre cœur! soyez mère,
Même pour un ingrat, même pour un méchant;
Amante ou sœur, soyez la douceur éphémère
D'un glorieux automne ou d'un soleil couchant.

Courte tâche! La tombe attend; elle est avide!   25
Ah! laissez-moi, mon front posé sur vos genoux,
Goûter, en regrettant l'été blanc et torride,
De l'arrière-saison le rayon jaune et doux!

LVII. Song of Autumn

I

Soon shall the night enfold us like a frozen pall. . . .
The summer sinks from us, too radiant and short:
Even now, with harsh, funereal shock, I hear the fall
Of fagots that resound upon the paven court.

All the long winter comes to invade my being: choler,   5
Tremblings of hate and horror, toil too forced and rude,
And, like the sun in his pale hell of shadows polar,
My heart will be no more than crimson ice and blood.

I hear with frightful tremors every block that falls;
A builded scaffold echoes not more leadenly.   10
My soul is like a lonely tower whose ruinous walls
Go down to a battering-ram wielded unweariably.

It seems to me, half-lulled as by monotonous blows,
That, nailed somewhere in sullen haste, a coffin rings.
For whom?—'Twas yesterday the summer; summer goes.   15
This sound is like the rumor of departing things.

II

I love the light of your great eyes of green and amber!
But all the day is only bitterness to me,
And from your love I turn, and from the fire-lit chamber,
To watch the sun that shines far off upon the sea.   20

Yet love me still, and be as a mother, mild and tender,
For one who does you wrong, for this ungrateful one,
Sweetheart or sister, be the soft, ephemeral splendor
Of the full-risen autumn or the setting sun.

Brief task! the tomb awaits, yawning and ravenous.   25
My brow upon your knees, in half-regretful dreams
I would relume the hot white summer flown from us,
And taste this aftermath of sweet and yellow beams.

LVIII. A une Madone

Ex-voto dans le goût espagnol

Je veux bâtir pour toi, Madone, ma maîtresse,
Un autel souterrain au fond de ma détresse,
Et creuser dans le coin le plus noir de mon cœur,
Loin du désir mondain et du regard moqueur,
Une niche, d'azur et d'or tout émaillée,   5
Où tu te dresseras, Statue émerveillée.
Avec mes Vers polis, treillis d'un pur métal
Savamment constellé de rimes de cristal,
Je ferai pour ta tête une énorme Couronne;
Et dans ma jalousie, ô mortelle Madone,   10
Je saurai te tailler un Manteau, de façon
Barbare, roide et lourd, et doublé de soupçon,
Qui, comme une guérite, enfermera tes charmes;
Non de Perles brodé, mais de toutes mes Larmes!
Ta Robe, ce sera mon Désir, frémissant,   15
Onduleux, mon Désir qui monte et qui descend,
Aux pointes se balance, aux vallons se repose,
Et revêt d'un baiser tout ton corps blanc et rose.
Je te ferai de mon Respect de beaux Souliers
De satin, par tes pieds divins humiliés,   20
Qui, les emprisonnant dans une molle étreinte,
Comme un moule fidèle en garderont l'empreinte.
Si je ne puis, malgré tout mon art diligent,
Pour Marchepied tailler une Lune d'argent,
Je mettrai le Serpent qui me mord les entrailles   25
Sous tes talons, afin que tu foules et railles,
Reine victorieuse et féconde en rachats,
Ce monstre tout gonflé de haine et de crachats.
Tu verras mes Pensers, rangés comme les Cierges
Devant l'autel fleuri de la Reine des Vierges,   30
Etoilant de reflets le plafond peint en bleu,
Te regarder toujours avec des yeux de feu;
Et comme tout en moi te chérit et t'admire,
Tout se fera Benjoin, Encens, Oliban, Myrrhe,
Et sans cesse vers toi, sommet blanc et neigeux,   35
En vapeurs montera mon Esprit orageux.

LVIII. A une Madone

I would build for thee, Madonna, my mistress, a subterranean altar in the depth of my sorrow, and hollow out in the blackest corner of my heart, far from mundane desire and mocking eyes, a niche, all enamelled with gold and with azure, where thou wilt stand erect, O marvellous Statue. With my polished Verses, a trellis of pure metal learnedly constellated with crystal rhymes, I shall make for thy head an enormous Crown, and from my Jealousy, O mortal Madonna, I shall weave for thee a Mantle, barbaric in fashion, stiff and heavy, and lined with my suspicion, which, like a watch-tower, will enclose thy charms—a mantle not broidered with Pearls, but with all my Tears! Thy robe will be my Desire, that mounts and descends, that poises on the peaks and reposes in the valleys, and revests with a kiss the whole of thy rose and white body. From my Respect I shall make for thee beautiful shoes of satin, which, humiliated by thy divine feet, will imprison them in a soft embrace and keep their mould like a faithful imprint. If, despite my diligent art, I cannot carve a Moon of silver for thy Footstool, I shall put beneath thy heels the serpent that gnaws my entrails, so that thou canst tread down and deride, O Queen victorious and fecund in ransoms, this monster overswollen with hate and with spittles. Thou wilt see my Thoughts, arranged like Tapers before the flowery altar of the Queen of Virgins, starring with their reflections the ceiling painted in blue, and gazing upon thee forever with eyes of fire, and, as if all things in me should cherish and admire thee, all will become Benzoin, Frankincense, Olibanum, and Myrrh; and ceaselessly toward thee, O white and snowy summit, my stormy Spirit will mount in vapours.

* * * * *

Enfin, pour compléter ton rôle de Marie,
Et pour mêler l'amour avec la barbarie,
Volupté noire! des sept Péchés capitaux,
Bourreau plein de remords, je ferai sept Couteaux   40
Bien affilés, et, comme un jongleur insensible,
Prenant le plus profond de ton amour pour cible.
Je les planterai tous dans ton Cœur pantelant,
Dans ton Cœur sanglotant, dans ton Cœur ruisselant!

LIX. Chanson d'après-midi

Quoique tes sourcils méchants
Te donnent un air étrange
Qui n'est pas celui d'un ange,
Sorcière aux yeux alléchants,

Je t'adore, ô ma frivole,   5
Ma terrible passion!
Avec la dévotion
Du prêtre pour son idole.

Le désert et la forêt
Embaument tes tresses rudes,   10
Ta tête a les attitudes
De l'énigme et du secret.

Sur ta chair le parfum rôde
Comme autour d'un encensoir;
Tu charmes comme le soir,   15
Nymphe ténébreuse et chaude.

Ah! les philtres les plus forts
Ne valent pas ta paresse,
Et tu connais la caresse
Ou fait revivre les morts!   20

Tes hanches sont amoureuses
De ton dos et de tes seins,
Et tu ravis les coussins
Par tes poses langoureuses.

At last, to complete thy role of Mary, and to mingle love with barbarity, in black voluptuousness! from the seven capital Sins, executioner full of remorse, I shall make seven sharp Knives, and like an insensible juggler, taking the profoundest depth of thy love for target, I shall plant them all in thy heaving Heart, thy sobbing and streaming Heart!

LIX. Chanson d'après-midi

Although thy wicked brows have given thee a strange air, an air not that of an angel, O sorceress with alluring eyes, I adore thee, my frivolous, my terrible passion, with the devotion of a priest for his idol.

The desert and the forest perfume thy rude tresses; thy head has the attitude of things enigmatical and secret; on thy flesh a perfume wanders as about a censer; thou charmest me like the evening, O warm and tenebrous nymph.

Ah! the stongest philtres are not worth thine indolence, and thou knowest the caress that causes the dead to revive!

Thy hips are amorous of thy back and thy breasts, and thou ravishest the cushions by thy languid poses.

Quelquefois, pour apaiser   25
Ta rage mystérieuse,
Tu prodigues, sérieuse,
La morsure et le baiser;

Tu me déchires, ma brune,
Avec un rire moqueur,   30
Et puis tu mets sur mon cœur
Ton œil doux comme la lune.

Sous tes souliers de satin,
Sous tes charmants pieds de soie,
Moi, je mets ma grande joie,   35
Mon génie et mon destin,

Mon âme par toi guérie,
Par toi, lumière et couleur!
Explosion de chaleur
Dans ma noire Sibérie!   40

LX. Sisina

Imaginez Diane en galant équipage,
Parcourant les forêts ou battant les halliers,
Cheveux et gorge au vent, s'enivrant de tapage,
Superbe et défiant les meilleurs cavaliers!

Avez-vous vu Théroigne, amante du carnage,   5
Excitant à l'assaut un peuple sans souliers,
La joue et l'œil en feu, jouant son personnage,
Et montant, sabre au poing, les royaux escaliers?

Telle la Sisina! Mais la douce guerrière
A l'âme charitable autant que meurtrière;   10
Son courage, affolé de poudre et de tambours,

Devant les suppliants sait mettre bas les armes,
Et son cœur, ravagé par la flamme, a toujours,
Pour qui s'en montre digne, un réservoir de larmes.

At whiles, to mollify thy mysterious rage, thou bestowest prodigally, gravely, the bite and the kiss; thou tearest me, my dark love, with a mocking laugh, and then thou turnest on my heart thine eye sweet like the moon. Under thy shoes of satin, under thy charming feet of silk, I cast my great joy, my genius and my destiny, and my soul that is healed by thee—by thee, light and colour! an explosion of warmth in my black Siberia!

LX. Sisina

Imagine Diana in gallant equipage, roaming through the forests or beating the thickets, with hair and breast to the wind, inebriate with noise, and superbly defying the best cavaliers!

Have you seen Theroigne, lover of carnage, exciting to the assault a people without shoes, with face and eye on fire, hazarding her person, and mounting, sabre in hand, the royal stairways?

Such the Sisina! But the sweet warrior has a soul that is charitable as well as murderous; her courage, maddened by powder and by drums, knows how to lay down its arms before the suppliants; and her heart, ravaged by flame, has always a reservoir of tears for those who are proven worthy.

LXI. Vers pour le portrait d'Honoré Daumier

Celui dont nous t'offrons l'image,
Et dont l'art, subtil entre tous,
Nous enseigne à rire de nous,
Celui-là, lecteur, est un sage.

C'est un satirique, un moqueur;   5
Mais l'énergie avec laquelle
Il peint le Mal et sa séquelle
Prouve la beauté de son cœur.

Son rire n'est pas la grimace
De Melmoth ou de Méphisto   10
Sous la torche de l'Alecto
Qui les brûle, mais qui nous glace.

Leur rire, hélas! de la gaîté
N'est que la douloureuse charge;
Le sien rayonne, franc et large,   15
Comme un signe de sa bonté!

LXII. *Franciscæ meæ laudes*

Vers composés pour une modiste érudite et dévote

Novis te cantabo chordis
O novelletum quod ludis
In solitudine cordis.

Esto sertis implicata,
O femina delicate   5
Per quam solvuntur peccata.

Sicut beneficum Lethe
Hauriam oscula de te,
Quæ imbuta es magnete.

Quum vitiorum tempestas   10
Turbabat omnes semitas,
Apparuisti, Deitas,

Velut stella salutaris
In naufragiis amaris . . .
Suspendam cor tuis aris!   15

LXI. Vers pour le portrait d'Honoré Daumier

He whose image we present to you, and whose art, subtle among all, teaches us to laugh at ourselves, he, reader, is a sage.

He is a satirist, a mocker; but the energy wherewith he depicts Evil and its sequel seems to prove the fineness of his heart.

His laughter is not the grimace of Melmoth or of Mephistopheles beneath the torch of Alecto, which burns them but freezes us.

Their laughter, alas! is no more than the sorrowful caricature of gaiety; but his irradiates, free and frank, and broad and liberal, like a token of his goodness.

LXII. *Franciscæ meæ laudes*

[*Not translated by Smith.*]

Piscina plena virtutis,
Fons æternæ juventutis,
Labris vocem redde mutis!

Quod erat spurcum, cremasti;
Quod rudius, exæquasti; 20
Quod debile, confirmasti.

In fame mea taberna,
In nocte mea lucerna,
Recte me semper guberna.

Adde nunc vires viribus, 25
Dulce balneum suavibus
Unguentatum odoribus!

Meos circa lumbos mica,
O castitatis lorica,
Aqua tincta seraphica; 30

Patera gemmis corusca,
Panis salsus, mollis esca,
Divinum vinum, Francisca!

LXIII. A une Dame créole

Au pays parfumé que le soleil caresse,
J'ai connu sous un dais d'arbres tout empourprés
Et de palmiers, d'où pleut sur les yeux la paresse,
Une dame créole aux charmes ignorés.

Son teint est pâle et chaud; la brune enchanteresse 5
A dans le col des airs noblement maniérés;
Grande et svelte en marchant comme une chasseresse,
Son sourire est tranquille et ses yeux assurés.

Si vous alliez, Madame, au vrai pays de gloire,
Sur les bords de la Seine ou de la verte Loire, 10
Belle, digne d'orner les antiques manoirs,

Vous feriez, à l'abri des ombreuses retraites,
Germer mille sonnets dans le cœur des poètes,
Que vos grands yeux rendraient plus soumis que vos noirs.

LXIII. To a Creole Lady

In a perfumed land that the sun caresses, I have known, beneath a canopy of empurpled trees and of palms wherefrom idleness rains upon the eyes, a Creole lady whose charms are unknown to the world.

Her complexion is pale and warm; the dark enchantress has in her neck the airs that are nobly affected; stately and light in her walk, like a huntress, her smile is tranquil and her eyes are assured.

If you should go, Madame, to the true countries of glory, on the banks of the Seine or of the green Loire, belle worthy to ornament the olden manors, you would cause in the shelter of umbrageous retreats a thousand sonnets to bud in the heart of poets, whom your great eyes would render more submissive than your slaves.

LXIV. *Mœsta et errabunda*

Dis-moi, ton cœur, parfois, s'envole-t-il, Agathe,
Loin du noir océan de l'immonde cité,
Vers un autre océan où la splendeur éclate,
Bleu, clair, profond, ainsi que la virginité?
Dis-moi, ton cœur, parfois, s'envole-t-il, Agathe?   5

La mer, la vaste mer, console nos labeurs!
Quel démon a doté la mer, rauque chanteuse
Qu'accompagne l'immense orgue des vents grondeurs,
De cette fonction sublime de berceuse?
La mer, la vaste mer, console nos labeurs!   10

Emporte-moi, wagon! enlève-moi, frégate!
Loin! loin! ici la boue est faite de nos pleurs!
—Est-il vrai que parfois le triste cœur d'Agathe
Dise: Loin des remords, des crimes, des douleurs,
Emporte-moi, wagon! enlève-moi, frégate!   15

Comme vous êtes loin, paradis parfumé,
Où sous un clair azur tout n'est qu'amour et joie,
Où tout ce que l'on aime est digne d'être aimé,
Où dans la volupté pure le cœur se noie!
Comme vous êtes loin, paradis parfumé!   20

Mais le vert paradis des amours enfantines,
Les courses, les chansons, les baisers, les bouquets,
Les violons vibrant derrière les collines,
Avec les brocs de vin, le soir, dans les bosquets,
—Mais le vert paradis des amours enfantines,   25

L'innocent paradis, plein de plaisirs furtifs,
Est-il déjà plus loin que l'Inde et que la Chine?
Peut-on le rappeler avec des cris plaintifs,
Et l'animer encor d'une voix argentine,
L'innocent paradis plein de plaisirs furtifs?   30

LXIV. *Mœsta et errabunda*

Agatha, say, is thy heart not often fain to go,
Far from the sombre city's black and impure sea,
To another ocean where the splendors fall and flow
All blue, profound and clear as is virginity?
Agatha, say, is thy heart not often fain to go?   5

The sea, the sempiternal sea, consoles our pain!
What kindly demon gave to this enchantress hoarse,
Who sings to the grumbling organs of the hurricane,
Her power to cradle us like some titanic nurse?
The sea, the sempiternal sea, consoles our pain!   10

O wagon, carry me! frigate, waft me, far away!
For here the mud is made of human tears and dust.
Will the sad heart of Agatha not often say:
"From crime and from remorse, from sorrow and from lust,
O wagon, carry me, frigate, waft me, far away!"   15

How art thou flown from us, O perfumed paradise,
Where, 'neath a cloudless azure, only love and joy
Abide, and those we love are worthy, fair and wise!
Where the heart drowns in pure delights that never cloy!
How art thou flown from us, O perfumed paradise!   20

But the green paradise of childish amorettes,
The games, the songs, the kisses, and the gathered flowers,
The flasks of wine that lengthened out the warm sunsets,
The throbbing violins, the silence of the bowers—
But the green paradise of childish amorettes,   25

The fangless paradise, replete with hidden joys,
Is it already more remote than Taprobane?
Can one recall it with a supplicating voice,
Or with an argent music make it live again—
The fangless paradise, replete with hidden joys?   30

LXV. Le Revenant

Comme les anges à l'œil fauve,
Je reviendrai dans ton alcôve
Et vers toi glisserai sans bruit
Avec les ombres de la nuit;

Et je te donnerai, ma brune,   5
Des baisers froids comme la lune
Et des caresses de serpent
Autour d'une fosse rampant.

Quand viendra le matin livide,
Tu trouveras ma place vide,   10
Où jusqu'au soir il fera froid.

Comme d'autres par la tendresse,
Sur ta vie et sur ta jeunesse,
Moi, je veux régner par l'effroi!

LXVI. Sonnet d'automne

Ils me disent, tes yeux, clairs comme le cristal:
"Pour toi, bizarre amant, quel est donc mon mérite?"
—Sois charmante et tais-toi! Mon cœur, que tout irrite,
Excepté la candeur de l'antique animal,

Ne veut pas te montrer son secret infernal,   5
Berceuse dont la main aux longs sommeils m'invite,
Ni sa noire légende avec la flamme écrite.
Je hais la passion et l'esprit me fait mal!

Aimons-nous doucement. L'Amour dans sa guérite,
Ténébreux, embusqué, bande son arc fatal.   10
Je connais les engins de son vieil arsenal:

Crime, horreur et folie!—O pâle marguerite!
Comme moi n'es-tu pas un soleil automnal,
O ma si blanche, ô ma si froide Marguerite?

LXV. The Phantom

Like an ill angel tawny-eyed,
I will return, and stilly glide
With shadows of the lunar dusk
Into thy chamber aired with musk,

And I will give thee, ere I go,   5
The kisses of a moon of snow,
And long caresses, chill, unsleeping,
Of serpents on the marbles creeping.

When lifts again the bloodless dawn,
From out thy bed I shall be gone—   10
Where all, till eve, is void and drear:

Let others reign by love and ruth
Over thy life and all thy youth,
But I am fain to rule by fear.

LXVI. Sonnet d'automne

They say to me, thine eyes, clear like the crystal: "For thee, strange lover, what is then my worth?" Be lovely and be still! My heart, that all things irritate, except the candour of the antique animal, would not reveal its infernal secret to thee whose lulling hand invites me to long slumbers, nor would wish to write its black legend for thee in flame. I hate all passion, and the spirit does me wrong!

Let us love softly. Love, ambushed and darkling, bends his fatal bow from his sentry-tower. I know the snares of his old arsenal—crime, horror and folly! O pale marguerite, art thou not, like me, an autumnal sun, O my so white, O my so frigid Marguerite?

LXVII. Tristesses de la lune

Ce soir, la Lune rêve avec plus de paresse;
Ainsi qu'une beauté, sur de nombreux coussins,
Qui, d'une main distraite et légère, caresse
Avant de s'endormir, le contour de ses seins,

Sur le dos satiné des molles avalanches,   5
Mourante, elle se livre aux longues pâmoisons,
Et promène ses yeux sur les visions blanches
Qui montent dans l'azur comme des floraisons.

Quand parfois sur ce globe, en sa langueur oisive,
Elle laisse filer une larme furtive,   10
Un poète pieux, ennemi du sommeil,

Dans le creux de sa main prend cette larme pâle,
Aux reflets irisés comme un fragment d'opale,
Et la met dans son cœur loin des yeux du soleil.

LXVIII. Les Chats

Les amoureux fervents et les savants austères
Aiment également dans leur mûre saison,
Les chats puissants et doux, orgueil de la maison,
Qui, comme eux, sont frileux et comme eux sédentaires.

Amis de la science et de la volupté,   5
Ils cherchent le silence et l'horreur des ténèbres;
L'Érèbe les eût pris pour ses coursiers funèbres,
S'ils pouvaient au servage incliner leur fierté.

Ils prennent en songeant les nobles attitudes
Des grands sphinx allongés au fond des solitudes,   10
Qui semblent s'endormir dans un rêve sans fin;

Leurs reins féconds sont pleins d'étincelles magiques,
Et des parcelles d'or, ainsi qu'un sable fin,
Étoilent vaguement leurs prunelles mystiques.

LXVII. Tristesses de la lune

This evening, the moon dreams most indolently, like a beautiful woman couched upon numberless cushions, who, with a hand distraught and light, caresses ere she sleep the contour of her breasts.

On the satin back of soft avalanches, dying, she delivers herself to long swoons, and turns her eyes on the white visions that mount in the azure like flowerings.

When sometimes on the earth, in her idle languor, she lets a furtive tear descend, some pious poet, enemy of slumber, takes in the hollow of his hand this pale tear, irised with reflections like a fragment of opal, and puts it in his heart, far from the eyes of the sun.

LXVIII. The Cats

The fervent lovers and austere savants, in their ripe season, love equally the mild and powerful cats, pride of the mansion, who, even as themselves, are timid and sedentary.

The friends of science and of pleasure, they search the silence and horror of night; Erebus would have taken them for his funereal coursers, if he had been able to incline their pride to service.

They assume in dreaming the noble posture of great sphinxes outstretched in the heart of solitudes, who seem to slumber in a dream without end; their fertile loins are full of magic sparklings, and particles of gold, like a fine sand, bestar vaguely the pupils of their mystic eyes.

LXIX. Les Hiboux

Sous les ifs noirs qui les abritent
Les hiboux se tiennent rangés,
Ainsi que des dieux étrangers,
Dardant leur œil rouge. Ils méditent.

Sans remuer ils se tiendront,   5
Jusqu'à l'heure mélancolique
Où, poussant le soleil oblique,
Les ténèbres s'établiront.

Leur attitude au sage enseigne
Qu'il faut en ce monde qu'il craigne   10
Le tumulte et le mouvement;

L'homme ivre d'une ombre qui passe
Porte toujours le châtiment
D'avoir voulu changer de place.

LXX. La Pipe

Je suis la pipe d'un auteur;
On voit, à contempler ma mine
D'Abyssinienne ou de Cafrine,
Que mon maître est un grand fumeur.

Quand il est comblé de douleur,   5
Je fume comme la chaumine
Où se prépare la cuisine
Pour le retour du laboureur.

J'enlace et je berce son âme
Dans le réseau mobile et bleu   10
Qui monte de ma bouche en feu,

Et je roule un puissant dictame
Qui charme son cœur et guérit
De ses fatigues son esprit.

LXIX. The Owls

In shelter of the vaulted yews,
Like alien gods who shun the world,
The flown owls wait with feathers furled,
Darting red eyes. They dream and muse.

In rows unmoving they remain   5
Till the sad hour that they remember,
When, treading down the sun's last ember,
The towering night resumes its reign.

Their attitude will teach the seer
How wise, how needful is the fear   10
Of movement and of travailment:

For shadow-drunken wanderers bear
On all their ways the chastisement
Of having wished to wend elsewhere.

LXX. La Pipe

I am the pipe of an author; one sees, to contemplate my mien of an
Abyssinienne or a Caffress, that my master is a great smoker.

When he is overwhelmed with sorrow, I fume like the hut where a meal is
prepared for the return of the husbandman.

I enlace and cradle his soul in the blue and mobile web that mounts from
my mouth on fire, and I provide a potent balsam that charms his heart and
heals his spirit of its fatigue.

LXXI. La Musique

La Musique parfois me prend comme une mer!
  Vers ma pâle étoile,
Sous un plafond de brume ou dans un vaste éther,
  Je mets à la voile;

La poitrine en avant et les poumons gonflés   5
  Comme de la toile,
J'escalade le dos des flots amoncelés
  Que la nuit me voile;

Je sens vibrer en moi toutes les passions
  D'un vaisseau qui souffre;   10
Le bon vent, la tempête et ses convulsions

  Sur l'immense gouffre
Me bercent.—D'autres fois, calme plat, grand miroir
  De mon désespoir!

LXXII. Sépulture

Si par une nuit lourde et sombre
Un bon chrétien, par charité,
Derrière quelque vieux décombre
Enterre votre corps vanté,

A l'heure où les chastes étoiles   5
Ferment leurs yeux appesantis,
L'araignée y fera ses toiles,
Et la vipère ses petits;

Vous entendrez toute l'année
Sur votre tête condamnée   10
Les cris lamentables des loups

Et des sorcières faméliques,
Les ébats des vieillards lubriques
Et les complots des noirs filous.

LXXI. Music

Music full often lifts me like a swelling sea:
After my star long-flown
Through vaulted mist or ethers of immensity
I set my sail, alone.

With bosom forward borne, suspiring to the wind   5
Like the great cloth outblown,
I climb the ridges of the piling billows blind
Through veils of night unknown.

I feel vibrate in me the torture and revulsion
Of a storm-torn caravel;   10
The soft wind, or monsoon with thunderous long convulsion,

Cradles me on the swell
That is, at other times, the mirror calm and fair
Of my unplumbed despair.

LXXII. Sépulture

[*Not translated by Smith.*]

LXXIII. Une Gravure fantastique

Ce spectre singulier n'a pour toute toilette,
Grotesquement campé sur son front de squelette,
Qu'un diadème affreux sentant le carnaval.
Sans éperons, sans fouet, il essouffle un cheval,
Fantôme comme lui, rosse apocalyptique,   5
Qui bave des naseaux comme un épileptique.
Au travers de l'espace ils s'enfoncent tous deux,
Et foulent l'infini d'un sabot hasardeux.
Le cavalier promène un sabre qui flamboie
Sur les foules sans nom que sa monture broie,   10
Et parcourt, comme un prince inspectant sa maison,
Le cimetière immense et froid, sans horizon,
Où gisent, aux lueurs d'un soleil blanc et terne,
Les peuples de l'histoire ancienne et moderne.

LXXIV. Le Mort joyeux

Dans une terre grasse et pleine d'escargots
Je veux creuser moi-même une fosse profonde,
Où je puisse à loisir étaler mes vieux os
Et dormir dans l'oubli comme un requin dans l'onde.

Je hais les testaments et je hais les tombeaux;   5
Plutôt que d'implorer une larme du monde,
Vivant, j'aimerais mieux inviter les corbeaux
A saigner tous les bouts de ma carcasse immonde.

O vers! noirs compagnons sans oreille et sans yeux,
Voyez venir à vous un mort libre et joyeux;   10
Philosophes viveurs, fils de la pourriture.

A travers ma ruine allez donc sans remords,
Et dites-moi s'il est encor quelque torture
Pour ce vieux corps sans âme et mort parmi les morts.

LXXIII. Une Gravure fantastique

This singular spectre has for toilette only a frightful diadem that senses the carnival, grotesquely seated on his skeleton brow. Without spurs and without whip, he winds his horse, a phantom resembling the apocalyptic jade, who foams at the nostrils like an epileptic. They plunge through space and tread the infinite with a venturous foot. The cavalier turns a flashing sabre on the nameless throngs that are beaten down by his mount, and travels, like a prince inspecting his household, the immense and cold cemetery, without horizon, where lie the peoples of ancient and modern history, beneath the glimmers of a white and tarnished sun.

LXXIV. Le Mort joyeux

In the rich earth that is full of snails I would hollow for myself a profound grave, where at leisure I could outspread my old bones and sleep in oblivion like a shark in the waters of the sea.

I hate the testaments and I hate the tombs; and rather than supplicate one tear from the world, I would hold it better, still living, to invite the crows, whose filthy beaks would ensanguine all the extremities of my unclean carcass.

O Worms! dark companions without ears and without eyes—behold, there comes to you a free and joyous cadaver! Therefore, you philosophic beings, you children of corruption, go unremorsefully across my diminishing ruin, and tell me if there is still the pang of some new torture, the renewal of any torment for this old, outworn and soulless body, dead among the dead!

LXXV. Le Tonneau de la haine

La Haine est le tonneau des pâles Danaïdes;
La Vengeance éperdue aux bras rouges et forts
A beau précipiter dans ses ténèbres vides
De grands seaux pleins du sang et des larmes des morts,

Le Démon fait des trous secrets à ces abîmes,　　　　　　5
Par où fuiraient mille ans de sueurs et d'efforts,
Quand même elle saurait ranimer ses victimes,
Et pour les pressurer ressusciter leur corps.

La Haine est un ivrogne au fond d'une taverne,
Qui sent toujours la soif naître de la liqueur　　　　　　10
Et se multiplier comme l'hydre de Lerne.

—Mais les buveurs heureux connaissent leur vainqueur,
Et la Haine est vouée à ce sort lamentable
De ne pouvoir jamais s'endormir sous la table.

LXXVI. La Cloche fêlée

Il est amer et doux, pendant les nuits d'hiver,
D'écouter près du feu qui palpite et qui fume
Les souvenirs lointains lentement s'élever
Au bruit des carillons qui chantent dans la brume.

Bienheureuse la cloche au gosier vigoureux　　　　　　5
Qui, malgré sa vieillesse, alerte et bien portante,
Jette fidèlement son cri religieux,
Ainsi qu'un vieux soldat qui veille sous la tente!

Moi, mon âme est fêlée, et lorsqu'en ses ennuis
Elle veut de ses chants peupler l'air froid des nuits,　　　　　　10
Il arrive souvent que sa voix affaiblie

Semble le râle épais d'un blessé qu'on oublie
Au bord d'un lac de sang, sous un grand tas de morts,
Et qui meurt, sans bouger, dans d'immenses efforts.

LXXV. The Barrel of Hate

Hate is the barrel of the pale Danaides; desperate Vengeance, with strong and reddened arms, has flung into its empty darkness her great pails full of blood and the tears of the dead.

The Devil has made secret holes in these abysses, where a thousand years of sweat and effort would flee away, even if she should learn to re-animate her victims, and resuscitate their bodies to make them bleed again.

Hate is a drunkard in the midst of a tavern, who feels forever the thirst born of the liquor, that multiplies itself like the Lernean hydra.

—But the happy drinkers know their defeat, and Hate is vowed to the lamentable doom of one who can never sleep beneath the table.

LXXVI. La Cloche fêlée

It is bitter and sweet to hear, during the nights of winter, beside the fire that palpitates and smokes, the far-off memories that slowly rise to the sound of chimes that sing in the mist.

Blessed is the bell with vigorous throat, who, despite his age, alert and hale and lusty, utters faithfully his religious cry like an old soldier who watches anear the tent.

My soul is flawed, and when in her ennuis she would people with her songs the frore night air, it happens often that her feeble voice is like the thick death-rattle of a wounded man, who lies forgotten on the shore of a lake of blood, beneath a great heap of dead, and dies without stirring, in immense efforts!

LXXVII. Spleen

Pluviôse, irrité contre la ville entière,
De son urne à grands flots verse un froid ténébreux
Aux pâles habitants du voisin cimetière
Et la mortalité sur les faubourgs brumeux.

Mon chat sur le carreau cherchant une litière   5
Agite sans repos son corps maigre et galeux;
L'âme d'un vieux poète erre dans la gouttière
Avec la triste voix d'un fantôme frileux.

Le bourdon se lamente, et la bûche enfumée
Accompagne en fausset la pendule enrhumée,   10
Cependant qu'en un jeu plein de sales parfums,

Héritage fatal d'une vieille hydropique,
Le beau valet de cœur et la dame de pique
Causent sinistrement de leurs amours défunts.

LXXVIII. Spleen

J'ai plus de souvenirs que si j'avais mille ans.

Un gros meuble à tiroirs encombré de bilans,
De vers, de billets doux, de procès, de romances,
Avec de lourds cheveux roulés dans des quittances,
Cache moins de secrets que mon triste cerveau.   5
C'est une pyramide, un immense caveau,
Qui contient plus de morts que la fosse commune.
—Je suis un cimetière abhorré de la lune,
Où, comme des remords, se traînent de longs vers
Qui s'acharnent toujours sur mes morts les plus chers.   10
Je suis un vieux boudoir plein de roses fanées,
Où gît tout un fouillis de modes surannées,
Où les pastels plaintifs et les pâles Boucher,
Seuls, respirent l'odeur d'un flacon débouché.
Rien n'égale en longueur les boiteuses journées,   1`5
Quand sous les lourds flocons des neigeuses années
L'ennui, fruit de la morne incuriosité,
Prend les proportions de l'immortalité.
—Désormais tu n'es plus, ô matière vivante!
Qu'un granit entouré d'une vague épouvante,   20

LXXVII. Spleen

Pluvious, angered against all life, pours a gloomy cold from his urn in great waves on the wan inhabitants of the neighbouring cemetery, and the mortals in the wintry suburbs.

My cat, searching a litter on the floor, agitates his lean and mangy body without repose; the soul of an old poet wanders in the gutter-spout with the sad voice of a timid phantom.

A great bell complains, and the fuming firewood accompanies in falsetto the rheumy pendulum, while in a game full of vile perfumes, inevitable heritage of a dropsical old woman, the handsome knave of hearts and the queen of spades are chatting dismally about their dead loves.

LXXVIII. Spleen

I have more memories than if I had lived a thousand years.

A great secretary with drawers full of balances, of verses, of billets doux, of songs, of processes, with heavy locks of hair enfolded in letters of parting, holds fewer secrets than my sad brain. It is a pyramid, an immense vault, containing more of the dead than a common grave.

I am a cemetery abhorred by the moon, where, like remorse, forever trail the long worms that feed implacably on the dearest of my dead. I am an old boudoir full of faded roses, where lies an entire medley of superannuated modes, where the plaintive pastels and the pale Bouchers, all alone, exhale the odours of an open flask.

Nothing is equal in tedious length to the lame days, when, under the heavy flakes of years of snow, Ennui, fruit of dull and mournful incuriosity, assumes the proportions of an immortal thing.

—Henceforth, O living matter, thou art no more than a granite block environed with a vague fear, that drowses in the depth of a wintry Sahara! an old sphinx unknown to the careless world, and forgotten on the chart, and whose sullen humour is to sing only beneath the rays of the setting sun.

Assoupi dans le fond d'un Sahara brumeux!
Un vieux sphinx ignoré du monde insoucieux,
Oublié sur la carte, et dont l'humeur farouche
Ne chante qu'aux rayons du soleil qui se couche.

LXXIX. Spleen

Je suis comme le roi d'un pays pluvieux,
Riche, mais impuissant, jeune et pourtant très vieux,
Qui, de ses précepteurs méprisant les courbettes,
S'ennuie avec ses chiens comme avec d'autres bêtes.
Rien ne peut l'égayer, ni gibier, ni faucon,   5
Ni son peuple mourant en face du balcon.
Du bouffon favori la grotesque ballade
Ne distrait plus le front de ce cruel malade;
Son lit fleurdelisé se transforme en tombeau,
Et les dames d'atour, pour qui tout prince est beau,   10
Ne savent plus trouver d'impudique toilette
Pour tirer un souris de ce jeune squelette.
Le savant qui lui fait de l'or n'a jamais pu
De son être extirper l'élément corrompu,
Et dans ces bains de sang qui des Romains nous viennent,   15
Et dont sur leurs vieux jours les puissants se souviennent,
Il n'a su réchauffer ce cadavre hébété
Où coule au lieu de sang l'eau verte du Léthé.

LXXX. Spleen

Quand le ciel bas et lourd pèse comme un couvercle
Sur l'esprit gémissant en proie aux longs ennuis,
Et que de l'horizon embrassant tout le cercle
Il nous verse un jour noir plus triste que les nuits;

Quand la terre est changée en un cachot humide,   5
Où l'Espérance, comme une chauve-souris,
S'en va battant les murs de son aile timide,
Et se cognant la tête à des plafonds pourris;

Quand la pluie étalant ses immenses traînées
D'une vaste prison imite les barreaux,   10
Et qu'un peuple muet d'infâmes araignées
Vient tendre ses filets au fond de nos cerveaux,

LXXIX. Spleen

I am like the king of a rainy land, who is rich but impotent, and young but somehow very old, and who, despising the servility of his preceptors, grows tired of his dogs as of other beasts. Nothing can divert him, neither game nor falcon nor his people dying beneath his balcony. The grotesque ballad of his favourite buffoon no longer distracts the cruel invalid; his lilied bed is transformed into a tomb, and the ladies of the bedchamber, for whom all princes are admirable, can find no longer the shameless toilets that will draw a smile from this young skeleton. The savant who takes his gold is unable to extirpate from his being the corrupted element, and even the baths of blood, that came from the Romans, and were remembered by the strong in their old days, have never served to rewarm this dull cadaver wherein the green water of Lethe flows in lieu of blood.

LXXX. Spleen

When the low sky weighs oppressive like a coffin-cover
Upon the groaning spirit, prey to long ennuis;
When all the horizons, and the charnel clouds that hover,
Pour out a black day sadder than the darknesses;

When the earth is turned into a sodden prison-house 5
Where Hope, with futile fearful wing, time after time,
Beats on the dripping wall as might a flittermouse,
Or soars to meet the ceiling's rottenness and grime;

When like the bars of some great dungeon dolorous
Close down implacably the enormous grilles of rain; 10
When a silent race of sinister spiders infamous
Have spun their webs within the chambers of our brain;—

Des cloches tout à coup sautent avec furie
Et lancent vers le ciel un affreux hurlement,
Ainsi que des esprits errants et sans patrie   15
Qui se mettent à geindre opiniâtrement.

—Et de longs corbillards, sans tambours ni musique,
Défilent lentement dans mon âme; l'Espoir,
Vaincu, pleure, et l'Angoisse atroce, despotique,
Sur mon crâne incliné plante son drapeau noir.   20

LXXXI. Obsession

Grands bois, vous m'effrayez comme des cathédrales;
Vous hurlez comme l'orgue; et dans nos cœurs maudits,
Chambres d'éternel deuil où vibrent de vieux râles,
Répondent les échos de vos *De profundis*.

Je te hais, Océan! tes bonds et tes tumultes,   5
Mon esprit les retrouve en lui! Ce rire amer
De l'homme vaincu, plein de sanglots et d'insultes,
Je l'entends dans le rire énorme de la mer.

Comme tu me plairais, ô Nuit! sans ces étoiles
Dont la lumière parle un langage connu!   10
Car je cherche le vide, et le noir, et le nu!

Mais les ténèbres sont elles-mêmes des toiles
Où vivent, jaillissant de mon œil par milliers,
Des êtres disparus aux regards familiers!

LXXXII. Le Goût du néant

Morne esprit, autrefois amoureux de la lutte,
L'Espoir, dont l'éperon attisait ton ardeur,
Ne veut plus t'enfourcher! Couche-toi sans pudeur,
Vieux cheval dont le pied à chaque obstacle butte.

Résigne-toi, mon cœur; dors ton sommeil de brute.   5

Esprit vaincu, fourbu! Pour toi, vieux maraudeur,
L'amour n'a plus de goût, non plus que la dispute;
Adieu donc, chants du cuivre et soupirs de la flûte!
Plaisirs, ne tentez plus un cœur sombre et boudeur!

Le Printemps adorable a perdu son odeur!   10

Then the bells leap in sudden rage from every steeple
And hurl to heaven a clamor frightful as the howling
Of some importunate, unfed demonian people   15
Who whine for blood and souls, above the city prowling;

—And the long hearses, with no music and no drums,
Defile with lentor through my mournful soul; Despair
Weeps, even as Hope, and dire, despotic Anguish comes
To hang her stifling sable draperies everywhere.   20

LXXXI. Obsession

Great woods, you frighten me like some cathedral's gloom!
You howl as howls an organ; through the undying dole
And long death-rattles in my heart's accursed room,
Responding echoes of your De Profundis roll.

I hate you, Ocean! all your rampant rage and vain   5
Tumult resounds within my soul; the laughter drear
Of a vanquished man, with insults filled and sobs of pain,
This ever in the sea's enormous laugh I hear.

How you would pleasure me, O Night, without the stars,
Whose wan or flameful splendor speaks a language known: 10
For I seek the null, the bare, the tenebrous alone.

But, dwelling past the lifted curtains and drawn bars
Of darkness, on my ken in teeming myriads rise
The vanished Beings with vigilant familiar eyes.

LXXXII. Le Goût du néant

[*Not translated by Smith.*]

Et le Temps m'engloutit minute par minute,
Comme la neige immense un corps pris de roideur;
—Je contemple d'en haut le globe en sa rondeur,
Et je n'y cherche plus l'abri d'une cahute!

Avalanche, veux-tu m'emporter dans ta chute?   15

LXXXIII. Alchimie de la douleur

L'un t'éclaire avec son ardeur,
L'autre en toi met son deuil, Nature!
Ce qui dit à l'un: Sépulture!
Dit à l'autre: Vie et splendeur!

Hermès inconnu qui m'assistes   5
Et qui toujours m'intimidas,
Tu me rends l'égal de Midas,
Le plus triste des alchimistes;

Par toi je change l'or en fer
Et le paradis en enfer;   10
Dans le suaire des nuages

Je découvre un cadavre cher,
Et sur les célestes rivages
Je bâtis de grands sarcophages.

LXXXIV. Horreur sympathique

"De ce ciel bizarre et livide,
Tourmenté comme ton destin,
Quels pensers dans ton âme vide
Descendent?—Réponds, libertin."

—Insatiablement avide   5
De l'obscur et de l'incertain,
Je ne geindrai pas comme Ovide
Chassé du paradis latin.

Cieux déchirés comme des grèves,
En vous se mire mon orgueil!   10
Vos vastes nuages en deuil

Sont les corbillards de mes rêves,
Et vos lueurs sont le reflet
De l'Enfer où mon cœur se plaît!

LXXXIII. Alchemy of Sorrow

One with his fervor shall inform
The world, and one with all his sorrow:
One sees a glad, unsetting morrow,
One hears the whisper of the worm.

Hermes unknown, whose hand assists   5
My toil, and fills my dreams with fear,
Through thee I am the mournful peer
Of Midas, first of alchemists.

Fine gold to iron corruptible
I turn, and paradise to hell;   10
In winding-sheets of cloud and levin

A dear cadaver I descry;
And build upon the shores of heaven
Towering proud sarcophagi.

LXXXIV. Sympathetic Horror

"From this bizarre and livid sky,
Tormented like your doom and mine,
On your void spirit passing by,
What thoughts descend, O libertine?"

—Athirst for mortal things unsung   5
In shadowy realms of lone surmise,
I will not whine like Ovid, flung
From out the Latin paradise.

Skies torn like strands of ocean-streams,
In you is mirrored all my pride!   10
Your slow, enormous clouds abide

The dolent hearses of my dreams;
Your glimmers mock with fluctuant lights
The hell wherein my heart delights.

LXXXV. Le Calumet de paix

Imité de Longfellow

I

Or Gitche Manito, le Maître de la Vie,
Le Puissant, descendit dans la verte prairie,
Dans l'immense prairie aux coteaux montueux;
Et là, sur les roches de la Rouge Carrière,
Domnant tout l'espace et baigné de lumière,   5
Il se tenait debout, vaste et majetueux.

Alors il convoqua les peuples innombrales,
Plus nombreux que ne sont les herbes et les sables.
Avec sa main terrible il rompit un morceau
Du rocher, dont il fit une pipe superbe,   10
Puis, au bord du ruisseau, dans une énorme gerbe,
Pour s'en faire un tuyau, choisit un long roseau.

Pour la bourrer il prit au saule son écorce;
Et lui, le Tout-Puissant, Créateur de la Force,
Debout, il alluma, comme un divin fanal,   15
La Pipe de la Paix. Debout sur la Carrière
Il fumait, droit, superbe et baigné de lumière.
Or pour les nations c'était le grand signal.

Et lentement montait la divine fumée
Dans l'air doux du matin, onduleuse, embaumée.   20
Et d'abord ce ne fut qu'un sillon ténébreux:
Puis la vapeur se fit plus bleue et plus épaisse,
Puis blanchit; et montant, et grossissant sans cesse,
Elle alla se briser au dur plafond des cieux.

Des plus lointains sommets des Montagnes Rocheuses,   25
Depuis les lacs du Nord aux ondes tapageuses,
Depuis Tawasentha, le vallon sans pareil,
Jusqu'à Tuscaloosa, la forêt parfumée,
Tous virent le signal et l'immense fumée
Montant paisiblement dans le matin vermeil.   30

LXXXV. Le Calumet de paix

Imité de Longfellow

I

Now Gitchie Manitou, the Master of Life, the Puissant One, descended in the green prairie, in the immense prairie with mountainous hills; and there, on the rocks of the Red Quarry, dominating the whole of space immersed in light, he reared himself upright, majestical and vast.

Then he convoked the innumerable peoples, more numerous than the grasses and the sands. With his terrible hand he broke off a fragment of rock, and made from it a superb pipe. Then, on the bank of the stream, from an enormous sheaf, he chose a long reed to make a stem therefor. To fill it, he took the bark of the willow, and he, the All-powerful, Creator of Force, lit then the calumet of peace, like a divine signal-light. Standing on the Quarry, he smoked, erect, superb and bathed with splendour. This, for the nations, was the great signal.

And slowly mounted the divine smoke in the sweet air of morning, undulous and balsamed. And at first it was no more than a dark furrow; then the vapour became more blue and thick, then whitened; and mounting and increasing without cessation, it went to break on the hard ceiling of the heavens.

From the remotest summits of the Rocky Mountains, from the northern lakes with their noisy waters, from Tawasentha, the incomparable valley, to Tuscaloosa, the perfumed forest, all saw the signal and the immense smoke mounting peacefully in the vermeil morn.

Les Prophètes disaient: "Voyez-vous cette bande
De vapeur, qui semblable à la main qui commande.
Oscille et se détache en noir sur le soleil?
C'est Gitche Manito, le Maître de la Vie,
Qui dit aux quatre coins de l'immense prairie: 35
'Je vous convoque tous, guerriers, à mon conseil!'"

Par le chemin des eaux, par la route des plaines,
Par les quatres côtés d'où soufflent les haleines
Du vent, tous les guerriers de chaque tribu, tous,
Comprenant le signal du nuage qui bouge,   40
Vinrent docilement à la Carrière Rouge
Où Gitche Manito leur donnait rendez-vous.

Les guerriers se tenaient sur la verte prairie,
Tous équipés en guerre, et la mine aguerrie,
Bariolés ainsi qu'un feuillage automnal;   45
Et la haine qui fait combattre tous les êtres,
La haine qui brûlait les yeux de leurs ancêtres
Incendiait encor leurs yeux d'un feu fatal.

Et leur yeux étaient pleins de haine héréditaire.
Or Gitche Manito, le Maître de la Terre,   50
Les considérait tous avec compassion.
Comme un père très-bon, ennemi du désordre,
Qui voit ses chers petits batailler et se mordre!
Tel Gitche Manito pour toute une nation.

Il entendit sur eux sa puissante main droite   55
Pour subjuguer leur cœur et leur nature étroite,
Pour rafraîchir leur fièvre à l'ombre de sa main
Puis il leur dit avec sa voix majestueuse,
Comparable à la voix d'une eau tumultueuse
Qui tombe et rend un son monstrueux, surhumain: 60

II

—"O ma postérité, déplorable et chérie!
O mes fils! écoutez la divine raison.
C'est Gitche Manito, le Maître de la Vie,
Qui vous parle! Celui qui dans votre patrie
A mis l'ours, le castor, le renne et le bison.   65

The Prophets said: "Do you see this strip of vapour, which, even as a commanding hand, oscillates and detaches itself in black on the sun? 'Tis Gitchie Manitou, the Master of Life, who says to the four corners of the immeasurable prairie: 'I summon you all, O warriors, to my council!'"

By the way of the waters, by the route of the plains, from the four sides whence blow the four winds, all the warriors of each tribe, comprehending the signal of the moving cloud, came docilely to the Red Quarry where Gitchie Manitou had given them a rendez-vous.

The warriors stood on the green prairie, all equipped for war, with disciplined mien, motley like an autumnal foliage, and the hate that causes all beings to combat each other, the hate that fired the eyes of their ancestors, awakened their eyes with a fatal flame.

And their eyes were full of hereditary [. . .]

[*Balance missing or not translated.*]

"Je vous ai fait la chasse et la pêche faciles,
Pourquoi donc le chasseur devient-il assassin?
La marais fut par moi peuplé de volatiles;
Pourquoi n'êtes-vous pas contents, fils indociles?
Pourquoi l'homme fait-il la chasse à son voisin?   70

"Je suis vraiment las de vos horribles guerres.
Vos prières, vos vœux mêmes sont des forfaits!
Le péril est pour vous dans vos humeurs contraires,
Et c'est dans l'union qu'est votre force. En frères
Vivez donc, et sachez vous maintenir en paix.   75

"Bientôt vous recevrez de ma main un Prophète
Qui viendra vous instruire et souffrir avec vous.
Sa parole fera de la vie une fête;
Mais si vous méprisez sa sagesse parfaite,
Pauvres enfants maudits, vous disparaîtrez tous!   80

"Effacez dans les flots vos couleurs meurtrières.
Les roseaux sont nombreux et le roc est épais;
Chacun en peut tirer sa pipe. Plus de guerres,
Plus de sang! Désormais vivez comme des frères,
Et tous, unis, fumez le Calumet de Paix!"   85

III

Et soudain tous, jetant leurs armes sur la terre,
Lavent dans le ruisseau les couleurs de la guerre
Qui luisaient sur leurs fronts cruels et triomphants.
Chacun creuse une pipre et cueille sur la rive
Un long roseau qu'avec adresse il enjolive.   90
Et l'esprit souriait à ses pauvres enfants!

Chacun s'en retourna l'âme calme et ravie,
Et Gitche Manito, le Maître de la Vie,
Remonta par la porte entr'ouverte des cieux.
—A travers la vapeur splendide du nuage   95
Le Tout-Puissant montait, content de son ouvrage,
Immense, parfumé, sublime, radieux!

LXXXVI. La Prière d'un païen

Ah! ne ralentis pas tes flammes;
Réchauffe mon cœur engourdi,
Volupté, torture des âmes!
Diva! supplicem exaudi!

Déesse dans l'air répandue,   5
Flamme dans notre souterrain!
Exauce une âme morfondue,
Qui te consacre un chant d'airan.

Volupté, sois toujours ma reine!
Prends le masque d'un sirène   10
Faite de chair et de velours,

Ou verse-moi tes sommmeils lourds
Dans le vin informe et mystique,
Volupté, fantôme élastique!

LXXXVII. Le Couvercle

En quelque lieu qu'il aille ou sur mer ou sur terre,
Sous un climat de flamme ou sous un soleil blanc,
Serviteur de Jésus, courtisan de Cythère,
Mendiant ténébreux ou Crésus rutilant,

Citadin, campagnard, vagabond, sédentaire,   5
Que son petit cerveau soit actif ou soit lent,
Partout l'homme subit la terreur du mystère,
Et ne regarde en haut qu'avec un œil tremblant.

En haut, le Ciel! ce mur de caveau qui l'étouffe,
Plafond illuminé pour un opéra bouffe,   10
Où chaque histrion foule un sol ensanglanté;

Terreur du libertin, espoir du fol ermite;
Le Ciel! couvercle noir de la grande marmite
Où bout l'imperceptible et vaste Humanité.

LXXXVI. A Pagan's Prayer

Ah! slacken not thy flames! Pleasure, torture of souls, re-warm my benumbed and torpid heart! *Diva! supplicem exaudi!*

Goddess diffused in the air, flame that burns in our subterrene vault! Give ear to a chilled and cheated soul, that consecrates to thee a brazen song.

Pleasure, be always my queen! Assume the masque of a siren, made of flesh and of velvet, or pour for me thy heavy slumber in the formless and mystic wine, O pleasure, elastic phantom!

LXXXVII. The Cover

In whatever place he fare, on sea or on land, beneath a climate of flame or beneath a white sun; servitor of Jesus, courtier of Cythera, dark beggar or rutilent Croesus, peasant, citizen, vagabond, student; whether his little brain be slow or active, everywhere man suffers the terror of mystery, and peers above with an eye that trembles.

Above, the sky! this wall of a stifling cavern, ceiling illuminated for an opera bouffe, where each actor treads an ensanguined soil; terror of the libertine, hope of the mad hermit; the sky! black lid of the enormous pot where boils the vast and imperceptible human race.

LXXXVIII. L'Imprévu

Harpagon, qui veillait son père agonisant,
Se dit, rêveur, devant ces lèvres déjà blanches:
"Nous avons au grenier un nombre suffisant,
    Ce me semble, de veilles planches?"

Célimène roucoule et dit: "Mon cœur est bon,   5
Et naturellement, Dieu m'a faite très belle."
—Son cœur! cœur racorni, fumé comme un jambon,
    Recuit à la flamme éternelle!

Un gazetier fumeux, quise croit un flambeau,
Dit au pauvre, qu'il a noyé dans les ténèbres: 10
"Où donc l'aperçois-tu, ce créateur du Beau,
    Ce Redresseur que tu célèbres?"

Mieux que tous, je connais certain voluptueux
Qui bâille nuit et jour, et se lamente et pleure,
Répétant, l'impuissant et le fat: "Oui, je veux   15
    Être vertueux, dans un heure!"

L'horloge, à son tour, dit à voix basse: "Il est mûr
Le damné! J'avertis en vain la chair infecte.
L'homme est aveugle, sourd, fragile, comme un mur
    Qu'habite et que ronge un insecte!"   20

Et puis, Quelqu'un paraît, que tous avaient nié,
Et qui leur dit, railleur et fier: "Dans mon ciboire,
Vous avez, que je crois, assez communié,
    A la joyeuse Messe noire?

"Chacun de vous m'a fait un temple dans son cœur;   25
Vous avez, en secret, baisé ma fesse immonde.
Reconnaissez Satan à son rire vainqueur,
    Enorme et laid comme le monde!

"Avez-vous donc pu croire, hypocrites surpris,
Qu'on se moque du maître, et qu'avec lui l'on triche,   30
Et qu'il soit naturel de recevoir deux prix,
    D'aller au Ciel et d'être riche?

LXXXVIII. L'Imprévu

Harpagon, who watched his father dying, said dreamily to himself, before these lips already white: "We have, it seems to me, a sufficient number of old planks in the loft!"

Celimene coos and says: "My heart is good, and naturally, God has made me very beautiful!" Her heart! heart that is dry as horn, smoked like a ham, re-cooked at the eternal flame!

A smoky gaslight, that believed itself a flambeau, said to the poor, whom it had drowned in the darkness: "Where, then, perceivest thou this creator of the beautiful, this redresser whom thou celebratest?"

Better than all, I know certain voluptuaries who yawn day and night, and lament and weep, repenting, the impotent and the fatuous: "Yes, I will be virtuous, in an hour!"

The clock, in its tower, says with a low voice: "It is ripe, the damned soul! I advise in vain the infected flesh. Man is blind, deaf and fragile, like a wall that an insect inhabits and gnaws!"

And then Someone appears, whom all had denied, and tells them, proudly and mockingly: "You have, I believe, communed sufficiently in my ciborium at the joyous Black Mass! Each of you has reared me a temple in his heart; in secret, you have kissed my unclean buttock; acknowledge Satan with his triumphant laugh, enormous and hideous like the world!

"Have you, then, been able to believe, surprising hypocrites, that you can mock the master and cheat him, and that it will be natural to receive the two prizes of going to heaven and being rich?

"Il faut que le gibier paye le vieux chasseur
Qui se morfond longtemps à l'affût de la proie.
Je vais vous emporter à traveurs l'épaisseur,   35
      Compagnons de ma triste joie,

"A travers l'épaisseur de la terre et du roc,
  A travers les amas confus de votre cendre,
Dans un palais aussi grand que moi, d'un seul bloc,
      Et qui n'est pas de pierre tendre: 40

"Car il est fait avec l'universel Péché,
  Et contient mon orgueil, ma douleur, et ma gloire!"
—Cependant, tout en haut de l'univers juché,
      Un ange sonne la victoire

De ceux dont le cœur dit: "Que béni soit ton fouet,   45
Seigneur! que la douleur, ô Père, soit bénie!
Mon âme dans tes mains n'est pas un vain jouet,
      Et ta prudence est infinie."

Le son de la trompette est si délicieux,
Dans ces soirs solennels de célestes vendanges,   50
Qu'il s'infiltre comme une extase dans tous ceux
      Dont elle chante les louanges.

LXXXIX. L'Examen de minuit

La pendule sonnant minuit
Ironiquement nous engage
A nous rappeler quel usage
Nous fîmes du jour qui s'enfuit:
—Aujourd'hui, date fatidique,   5
Vendredi, treize, nous avons,
Malgré tout ce que nous savons,
Mené le train d'un hérétique.

Nous avons blasphémé Jésus,
Des Dieux le plus incontestable!   10
Comme un parasite à la table
De quelque monstrueux Crésus,
Nous avons, pour plaire à la brute,
Digne vassale des Démons,
Insulté ce que nous aimons   15
Et flatté ce qui nous rebute;

"It is needful that the game should recompense the old hunter who vainly waits longtime in watching for the prey. Companions of my sad joy, I would carry you across the thickness of the earth and rock, across the confused mass of your ashes, into a palace great as myself, made from one sole block, and which is not of tender stone, but it is built of universal Sin, and contains my pride, my sorrow and my glory!"

—Meanwhile, perched above the universe, an angel proclaims the victory of those whose heart can say: "How blessed is thy whip, O Lord! How blessed, O Father, is sorrow! My soul in Thy hands is not a vain plaything, and Thy prudence is infinite."

The sound of the trumpet is so delicious in the solemn evenings of celestial vintages, that it penetrates like an ecstasy all those of whom it sings the praises.

LXXXIX. Examination at Midnight

The pendulum with brazen din
Proclaims the midnight; we begin
To call to mind, ironically,
What uses we have made of this
Dead day that drops to the abyss: 5
Today—O, date prophetical,
Friday, thirteenth, in sombre folly,
Despite the truth our heart maintains,
We, seeing still the light that sains,
Have walked in ways heretical.   10

We have blasphemed the might of Jesus,
The most irrefutable Lord,
And like a parasite at the board
Of some abominable Croesus,
To please the monstrous animal,   15
True servitor of Asmodai,

Contristé, servile bourreau,
Le faible qu'à tort on méprise;
Salué l'énorme Bêtise,
La Bêtise au front de taureau;   20
Baisé la stupide Matière
Avec grande dévotion,
Et de la putréfaction
Béni la blafarde lumière.

Enfin, nous avons, pour noyer   25
Le vertige dans le délire,
Nous, prêtre orgeuilleux de la Lyre,
Dont la gloire est de déployer
L'ivresse des choses funèbres,
Bu sans soif et mangé sans faim! . . .   30
—Vite soufflons la lampe, afin
De nous cacher dans les ténèbres!

XC. Madrigal triste

I

Que m'importe que tu sois sage?
Sois belle! et sois triste! Les pleurs
Ajoutent un charme au visage,
Comme le fleuve au paysage;
L'orage rajeunit les fleurs.   5

Je t'aime surtout quand la joie
S'enfuit de ton front terrassé;
Quand ton cœur dans l'horreur se noie;
Quand sur ton présent se déploie
Le nuage affreux du passé.   10

Je t'aime quand ton grand œil verse
Une eau chaude comme le sang,
Quand, malgré ma main qui te berce,

We have denied and flouted all
The things we love, repeatedly,
And all the things that we despise
Greeted with slavish flattery;   20
A servile executioner,
Bemoaned the wrong of our mesprise;
Bowed to immense Stupidity,
Stupidity, the minotaur;
Kissed with devotion prodigal   25
The brainless Matter's red and white,
And praised the dim phosphoric light
That is corruption's final pall.

Likewise, to drown the vertigo
Of vision, dream and dolor febrile,   30
We, the proud servant of the Lyre,
The Lyre whose glory is to show
The drunkenness of things funebral,
Again have drunk with no desire,
Have eaten still with no delight. . . .   35
Swiftly blow out the lamp, for we
Would shroud us in the secrecy
And dark indifference of night!

XC. Madrigal of Sorrow

What do I care if thou art wise? Be beautiful! and be sad! Thy tears but add one
more allurement to thy face, like the river to the landscape; the storm
rejuvenates the flowers.

I love thee most of all when joy has fled from thy downcast brow; when
thy heart is drowned in horror; when upon thy present there deploys itself the
frightful shadow of the past.

I love thee most of all when thy great eye pours out a water hot as blood;
when, despite my hand that lulls thee, thine anguish, all too heavy to be borne,
breaks forth like the sob of the dying.

Ton angoisse, trop lourde, perce
Comme un râle d'agonisant. 15

J'aspire, volupté divine!
Hymne profond, délicieux!
Tous les sanglots de ta poitrine,
Et crois que ton cœur s'illumine
Des perles que versent tes yeux! 20

II

Je sais que ton cœur, qui regorge
De vieux amours déracinés,
Flamboie encor comme une forge,
Et que tu couves sous ta gorge
Un peu de l'orgeuil des damnés; 25

Mais tant, ma chère, que tes rêves
N'auront pas reflété l'Enfer,
Et qu'en un cauchemar sans trêves,
Songeant de poisons et de glaives,
Éprise de poudre et de fer, 30

N'ouvrant à chacun qu'avec crainte,
Déchiffrant le malheur partout,
Te convulsant quand l'heure tinte,
Tu n'auras pas senti l'étreinte
De l'irrésistible Dégoût, 35

Tu ne pourras, esclave reine
Qui ne m'aimes qu'avec effroi,
Dans l'horreur de la nuit malsaine
Me dire, l'âme de cris pleine:
"Je suis ton égale, ô mon Roi!" 30

XCI. L'Avertisseur

Tout homme digne de ce nom
A dans le cœur un Serpent jaune,
Installé comme sur un trône,
Qui, s'il dit: "Je veux!" répond: "Non!"

Plonge tes yeux dans les yeux fixes 5
Des Satyresses ou des Nixes,
La Dent dit: "Pense à ton devoir!"

Divine voluptuousness, profound and delicious hymn! I respire all the sobs of thy bosom, and believe that thy heart shines with the pearls that thine eyes pour forth!

I know thy heart, which overflows with old, uprooted loves, still burns and flames like a forge, and that thou nurturest in thy bosom a little of the pride of the damned.

But insomuch, my dear, as thy dreams have not reflected the fires of hell, nor in a truceless nightmare, dreaming of poisons and of swords, enamoured of powder and of steel, opening to none except with fear, deciphering evil everywhere, and trembling when the hour strikes, thou hast not felt the embrace of irresistible disgust—therefore, O slave and queen, who lovest me only with terror, thou canst not ever say to me, thy spirit full of cries, in the horror of the noisome night: "I am thine equal, O my king!"

XCI. The Adviser

Each man worthy of the name has in his heart a yellow serpent, installed as if upon a throne, who, if he says: "I would!" replies always: "No!"

Plunge thine eyes in the insistent eyes of satyresses or of nixies, and the Fang will say: "Think of thy duty!"

Beget children, plant trees, polish verses, chisel marbles, and the Fang says: "Wilt thou live to-night?"

Whatever he hopes or whatever he designs, man does not live for a moment without suffering the advice of the insupportable Viper.

Fais des enfants, plante des arbres,
Polis des vers, sculpte des marbres,
La Dent dit: "Vivras-tu ce soir?"   10

Quoi qu'il ébauche ou qu'il espère,
L'homme ne vit pas un moment
Sans subir l'avertissement
De l'insupportable vipère.

XCII. A une Malabaraise

Tes pieds sont aussi fins que tes mains, et ta hanche
Est large à faire envie à la plus belle blanche;
A l'artiste pensif ton corps est doux et cher;
Tes grands yeux de velours sont plus noirs que ta chair.
Aux pays chauds et bleus où ton Dieu t'a fait naître   5
Ta tâche est d'allumer la pipe de ton maître,
De pourvoir les flacons d'eaux fraîches et d'odeurs,
De chasser loin du lit les moustiques rôdeurs,
Et, dès que le matin fait chanter les platanes,
D'acheter au bazar ananas et bananes.   10
Tout le jour, où tu veux, tu mènes tes pieds nus,
Et fredonnes tout bas de vieux airs inconnus;
Et quand descend le soir au manteau d'écarlate,
Tu poses doucement ton corps sur une natte,
Où tes rêves flottants sont pleins de colibris,   15
Et toujours, comme toi, gracieux et fleuris.
Pourquoi l'heureuse enfant, veux-tu voir notre France,
Ce pays trop peuplé que fauche la souffrance,
Et, confiant ta vie aux bras forts des marins,
Faire de grands adieux à tes chers tamarins?   20
Toi, vêtue à moitié de mousselines frêles,
Frissonnante là-bas sous la neige et les grêles,
Comme du pleurerais tes loisirs doux et francs,
Si, le corset brutal emprisonnant tes flancs,
Il te fallait glaner ton souper dans nos fanges   25
Et vendre le parfum de tes charmes étranges,
L'œil pensif, et suivant, dans nos sales brouillards,
Des cocotiers absents les fantômes épars!

XCII. To a Malabaress

Thy feet are fine as thy hands, and thy hip is large enough to make envious the most beautiful white woman; to the pensive artist thy body is dear and sweet; thy great eyes of velvet are blacker than thy flesh. In the blue and warm countries where thy God has caused thee to be born, thy task is to light the pipe of thy master, to procure flagons of fresh water and perfumes, to chase the wandering mosquitoes far away from the bed, and when the morning makes the platanes sing, to purchase bananas and pineapples in the bazaar. All day, wherever thou wilt, thou turnest thy bare feet, and hummest old and unknown airs; and when the evening descends with her mantle of scarlet, thou layest thy body softly on a mat, where thy floating dreams are full of humming-birds, and always, like thyself, are gracious and agreeable.

Happy child, why wishest thou to see our France, that overpeopled land where suffering reaps its harvest, and confiding thy life to the strong arms of the ocean, bid a grand adieu to thy dear tamarinds? Only half-clothed in frail muslins, and shivering there beneath the snow and the hail, how thou would'st weep and lament thy free soft leisures, if, with the brutal corset imprisoning thy flanks, it were needful for thee to glean thy supper in our mire, and vend the perfume of thy strange charms, pursuing with a pensive eye, in our unclean fog, the sparse phantoms of the absent cocoa-palms!

XCIII. La Voix

Mon berceau s'adossait à la bibliothèque,
Babel sombre, où roman, science, fabliau,
Tout, la cendre latine et la poussière grecque,
Se mêlaient. J'étais haut comme un in-folio.
Deux voix me parlaient. L'une, insidieuse et ferme, 5
Disait: "La Terre est un gâteau plein de douceur;
Je puis (et ton plaisir serait alors sans terme!)
Te faire un appétit d'une égale grosseur."
Et l'autre: "Viens! oh! viens voyager dans les rêves,
Au delà du possible, au delà du connu!" 10
Et celle-là chantait comme le vent des grèves,
Fantôme vagissant, on ne sait d'où venu,
Qui caresse l'oreille et cependant l'effraie.
Je te répondis: "Oui! douce voix!" C'est d'alors
Que date ce qu'on peut, hélas! nommer ma plaie 15
Et ma fatalité. Derrière les décors
De l'existence immense, au plus noir de l'abîme,
Je vois distinctement des mondes singuliers,
Et, de ma clairvoyance extatique victime,
Je traîne des serpents qui mordent mes souliers. 20
Et c'est depuis ce temps que, pareil aux prophètes,
J'aime si tendrement le désert et la mer;
Que je ris dans les deuils et pleure dans les fêtes,
Et trouve un goût suave au vin le plus amer;
Que je prends très souvent les faits pour des mensonges, 25
Et que, les yeux au ciel, je tombe dans des trous.
Mais la Voix me console et dit: "Garde tes songes;
Les sages n'en ont pas d'aussi beaux que les fous!"

XCIV. Hymne

À la très chère, à la très belle
Qui remplit mon cœur de clarté,
À l'ange, à l'idole immortelle,
Salut en l'immortalité!

Elle se répand dans ma vie 5
Comme un air imprégné de sel,
Et dans mon âme inassouvie
Verse le goût de l'éternel.

XCIII. The Voice

My cradle backed itself against the library, a sombre Babel where myth and science and romance, the Latin cinders and the Greek dust, were all commingled. I was tall as an infolio. Two voices spoke to me. One was both insidious and emphatic, saying: "The Earth is a honeycomb full of sweetness, and I am able (thy pleasure in that case will be endless) to make for thee an appetite of sufficient capacity." And the other said to me: "Come, oh, come, to voyage into dreams, beyond all that is possible, beyond all that is known!" I answered: "Yes, sweet voice!" From that moment there dates the thing one might well call my curse and my fatality. Behind the decors of illimitable life, in the darkest gulfs of the abyss, I behold distinctly what singular worlds; and becoming the ecstatic victim of my own clairvoyance, I trail henceforward the hissing serpents that sting my heels. It is since that time that I, like the olden prophets, love so tenderly the desert and the sea; that I laugh at funerals and weep at feasts, and find a smooth savor in the bitterest wine; that I take often the most patent verities for lies, and with eyes upraised to heaven, stumble into pitfalls. But the Voice consoles me, saying: "Cherish thy dreams, for those of the sages are less beautiful than those of the fools and the madmen."

XCIV. Hymn

To her the very dear, the very fair, who fills my heart with light, to the angel, to the immortal idol, an immortal salutation!

She pervades my life like an air impregnated with salt, and in my insatiate soul she pours out the taste of eternal things.

Sachet toujours frais qui parfume
L'atmosphère d'un cher réduit,   10
Encensoir oublié qui fume
En secret à travers la nuit,

Comment, amour incorruptible,
T'exprimer avec vérité?
Grain de musc qui gis, invisible,   15
Au fond de mon éternité!

A la très bonne, à la très belle
Qui fait ma joie et ma santé,
A l'ange, à l'idole immortelle,
Salut en l'immortalité!   20

XCV. Le Rebelle

Un Ange furieux fond du ciel comme un aigle,
Du mécréant saisit à plein poing les cheveux,
Et dit, le secouant: "Tu connaîtras la règle!
(Car je suis ton bon Ange, entends-tu?) Je le veux!

"Sache qu'il faut aimer, sans faire la grimace,   5
Le pauvre, le méchant, le tortu, l'hébété,
Pour que tu puisses faire à Jésus, quand il passe,
Un tapis triomphal avec ta charité.

"Tel est l'Amour! Avant que ton cœur ne se blase,
A la gloire de Dieu rallume ton extase;   10
C'est la Volupté vraie aux durables appas!"

Et l'Ange, châtiant autant, ma foi! qu'il aime,
De ses poings de géant torture l'anathème;
Mais le damné réponds toujours: "Je ne veux pas!"

XCVI. Les Yeux de Berthe

Vous pouvez mépriser les yeux les plus célèbres,
Beaux yeux de mon enfant, par où filtre et s'enfuit
Je ne sais quoi de bon, de doux comme la Nuit!
Beaux yeux, versez sur moi vos charmantes ténèbres!

Sachet eternally fresh that perfumes the atmosphere of a dear retreat, forgotten censer that fumes in secret across the night, O incorruptible love, how shall one hope to express thee with verity? Thou grain of musk that lies, invisible, at the heart of my eternity!

To her the very kind, the very fair, who is my health and my delight, to the angel, to the immortal idol, an immortal salutation!

XCV. The Rebel

A furious Angel darts from the heavens like an eagle, seizes the hair of the miscreant in a full hand, and says, shaking him: "Thou must know the law! (For I am thy good angel, dost thou hear?) It is my will!

"Know that it is necessary to love the poor, the wretched, the misshapen, the stupid, without making a wry face, so that thou canst weave for Jesus, when he passes, a triumphal carpet with thy charity.

"Such is the heavenly love! Before thy heart is dulled and surfeited, re-kindle thine ecstasy at the glory of God; it is the true Pleasure with enduring charms!"

And the Angel, chastising as much as he loves, torments the anathemized with his giant hands. But the damned replies forever: "I will not!"

XCVI. The Eyes of Bertha

You can set at naught the most renowned eyes, beautiful eyes of my child, wherefrom there filters and flees I know not what of goodness, of sweetness like the night! Beautiful eyes, pour upon me your charming darkness!

Grands yeux de mon enfant, arcanes adorés,   5
Vous ressemblez beaucoup à ces grottes magiques
Où, derrière l'amas des ombres léthargiques,
Scintillent vaguement des trésors ignorés!

Mon enfant a des yeux obscurs, profond et vastes,
Comme toi, Nuit immense, éclairés comme toi!   10
Leurs feux sont ces pensers d'Amour, mêlés de Foi,
Qui pétilllent au fond, voluptueux ou chastes.

XCVII. Le Jet d'eau

Tes beaux yeux sont las, pauvre amante!
Reste longtemps, sans les rouvrir,
Dans cette pose nonchalante
Où t'a surprise le plaisir.
Dans la cour le jet d'eau qui jase   5
Et ne se tait ni nuit ni jour,
Entretient doucement l'extase
Où ce soir m'a plongé l'amour.

> La gerbe épanouie
>   En mille fleurs,
>   Où Phœbé réjouie   10
>   Met ses couleurs,
>   Tombe comme une pluie
>   De larges pleurs.

Ainsi ton âme qu'incendie   15
L'éclair brûlant des voluptés
S'élance, rapide et hardie,
Vers les vastes cieux enchantés.
Puis, elle s'épanche, mourante,
En un flot de triste langueur,   20
Qui par une invisible pente
Descend jusqu'au fond de mon cœur.

> La gerbe épanouie
>   En mille fleurs,
>   Où Phœbé réjouie   25
>   Met ses couleurs,
>   Tombe comme une pluie
>   De larges pleurs.

Great eyes of my child, adored arcanums, you resemble enchanted grottoes, where behind a mass of lethargic shadows there scintillate vaguely the unknown treasures.

My child has eyes obscure, profound and vast, even as thou, immense night, and lit as thou art lit! Their fires are thoughts of love, immingled with faith and fidelity, that sparkle to the very depth, voluptuous or chaste.

XCVII. The Fountain

Poor love, thy beautiful eyes are tired! Remain for a long while without re-opening them, in this nonchalant pose whose pleasure has taken thee by surprise. In the court the fountain that babbles and is never still by night or day, maintains and nurtures sweetly the rapture wherein love has immersed me this evening.

The sheaf full-blown in a thousand flowers, where joyous Phoebe puts her colours, falls like a rain of large tears.

Thus thy soul, enkindled by the burning levin of pleasures, flings herself boldly and swiftly toward the vast enchanted heavens; then, dying, she pours herself out in a wave of sad languor, which descends by an invisible slope even to the bottom of my heart.

The sheaf full-blown in a thousand flowers, where joyous Phoebe puts her colours, falls like a rain of large tears.

O toi, que la nuit rend si belle,
Qu'il m'est doux, penché vers tes seins,   30
D'écouter la plainte éternelle
Qui sanglote dans les bassins!
Lune, eau sonore, nuit bénie,
Arbres qui frissonez autour,
Votre pure mélancolie   35
Est le miroir de mon amour.

      La gerbe épanouie
          En mille fleurs,
    Où Phœbé réjouie
          Met ses couleurs,
    Tombe comme une pluie   40
          De larges pleurs.

XCVIII. La Rançon

L'homme a, pour payer sa rançon,
Deux champs au tuf profond et riche,
Qu'il faut qu'il remue et défriche
Avec le fer de la raison;

Pour obtenir la moindre rose,   5
Pour extorquer quelques épis,
Des pleurs salés de son front gris
Sans cesse il faut qu'il les arrose.

L'un est l'Art, et l'autre l'Amour.
—Pour rendre le juge propice,   10
Lorsque de la stricte justice
Paraîtra le terrible jour,

Il faudra lui montrer des granges
Pleines de moissons, et des fleurs
Dont les formes et les couleurs   15
Gagnent le suffrage des Anges.

O thou, whom the night has rendered so beautiful, how sweet it is to me, leaning toward thy breasts, to hear the eternal plaint that sobs in the pools: moon, sonorous water, blessed night, and trees that tremble around us, your pure melancholy is the mirror of my love.

The sheaf full-blown in a thousand flowers, where joyous Phoebe puts her colours, falls like a rain of large tears.

XCVIII. La Rançon

Man has, wherewith to pay his ransom, two fields of profound and rich turf, that he must clear and turn with the iron of thought; to obtain the least rose, to extort therefrom some ears of corn, the salt tears of his hoary head must water them without cessation.

One is Art, and the other Love.—To render the judge propitious, when the terrible day of strict justice appears, it will be needful to show him the barns full of harvests, and the flowers whose forms and colours win the suffrage of the angels.

XCIX. Bien loin d'ici

C'est ici la case sacrée
Où cette fille très parée,
Tranquille et toujours préparée,

D'une main éventant ses seins,
Et son coude dans les coussins,   5
Ecoute pleurer les bassins:

C'est la chambre de Dorothée.
—La brise et l'eau chantent au loin
Leur chanson de sanglots heurtée
Pour bercer cette enfant gâtée.   10

Du haut en bas, avec grand soin,
Sa peau délicate est frottée
D'huile odorante et de benjoin.
—Des fleurs se pâment dans un coin.

C. Le Coucher du Soleil romantique

Que le Soleil est beau quand tout frais il se lève,
Comme une explosion nous lançant son bonjour!
—Bienheureux celui-là qui peut avec amour
Saluer son coucher plus glorieux qu'un rêve!

Je me souviens! . . . J'ai vu tout, fleur, source, sillon,   5
Se pâmer sous son œil un cœur qui palpite . . .
—Courons vers l'horizon, il est tard, courons vite,
Pour attraper au moins un oblique rayon!

Mais je poursuis en vain le Dieu qui se retire;
L'irrésistible Nuit établi son empire,   10
Noire, humide, funeste et pleine de frissons;

Une odeur de tombeau dans les ténèbres nage,
Et mon pied peureux froisse, au bord du marécage,
Des crapauds imprévus et de froids limaçons.

XCIX. Very Far from Here

Here is the consecrated chamber, wherein this idle girl, ever prepared and tranquil, with her elbow in the cushions fans her breasts with her hand and hears the fountains weep.

It is Dorothy's chamber.— The wind and water sing far-off their song of harsh sobs to lull the petted child.

From head to foot, with great care, her delicate skin has been rubbed with odorous oil and benzoin.—And flowers faint in a corner.

C. Le Coucher du Soleil romantique

Beautiful is the sun, fresh-risen from the dew,
And flinging down his flame all boisterous and tender!
—Full happy he that hails with love the sunset-splendour
Like an angel's dream emblazoned on the blue!

These I recall, the flower, the furrow, and the stream,   5
Fainting as faints a tremulous heart, beneath the sun . . .
Run tow'rd the horizon, it is late, ah, swiftly run,
Retrieving at the least one low and fallen beam.

But I pursue in vain the god who flees afar;
Strong darkness takes the land, and brings nor moon nor star,   10
But black and evil mist with tremors filled and bale;
A tomb-born odour swims my hopeless brow to meet,
And, on the marshes' edges, I bruise with fearful feet
The unforseen slow toad, the chill and sudden snail.

CI. Sur *Le Tasse en Prison* d'Eugène Delacroix

Le poète au cachot, débraillé, maladif,
Roulant un manuscrit sous son pied convulsif,
Mesure d'un regard que la terreur enflamme
L'escalier de vertige où s'abîme son âme.

Les rires enivrants dont s'emplit la prison   5
Vers l'étrange et l'absurde invitent sa raison,
Le Doute l'environne, et la Peur ridicule,
Hideuse et multiforme, autour de lui circule.

Ce génie enfermé dans un taudis malsain,
Ces grimaces, ces cris, ces spectres dont l'essaim   10
Tourbillonne, ameuté derrière son oreille,

Ce rêveur que l'horreur de son logis réveille,
Voilà vien ton emblème, Ame aux songes obscurs,
Que le Réel étouffe entre ses quatres murs!

CII. Le Gouffre

Pascal avait son gouffre, avec lui se mouvant.
—Hélas! tout est abîme,—action, désir, rêve,
Parole! et sur mon poil qui tout droit se relève
Mainte fois de la Peur je sens passer le vent.

En haut, en bas, partout, la profondeur, la grève,   5
Le silence, l'espace affreux et captivant . . .
Sur le fond de mes nuits Dieu de son doigt savant
Dessine un cauchemar multiforme et sans trêve.

J'ai peur du sommeil comme on a peur d'un grand trou,
Tout plein de vague horreur, menant on ne sait où;   10
Je ne vois qu'infini par toutes les fenêtres,

Et mon esprit, toujours du vertige hanté,
Jalouse du néant l'insensibilité.
—Ah! ne jamais sortir des Nombres et des Êtres!

CI. On "Tasso in Prison" by Eugène Delacroix

The poet in his dungeon, ill, dishevelled, and rolling a manuscript under his convulsive foot, measures with a regard inflamed by terror the staircase of vertigo whereon his soul is engulfed.

The drunken laughters that fill the gaol invite his reason toward the strange and the absurd; Doubt surrounds him, and Fear, ridiculous, hideous, multiform, circles about him.

This genius confined in a noisome den, these grimaces, these cries, these spectres whose legion whirls and eddies, aroused behind his ear, this dreamer awakened by the horror of his dwelling-place—behold therein thine emblem, Soul of obscure dreams, that the Real stifles amid four walls!

CII. The Gulf

Pascal had his gulf, that moved always with him. Alas! all is abysmal—action, dream, desire, speech! and on my hair that lifts upright, full many a time I feel the passing of the wind of Fear.

Above, below, and everywhere, within the abyss and upon the shore, the silence, the space that is frightful and captivating. On the depth of my nights God with His wise finger designs a nightmare multiform and without truce.

I fear slumber, as one fears a great hole, full of vague horror, leading one knows not where. I see infinitude through all the windows, and my spirit, forever haunted by vertigo, envies the insensibility of nothingness.—Ah, to win free from the midst of Numbers and of Entities!

CIII. Les Plaintes d'un Icare

Les amants des prostituées
Sont heureux, dispos et repus;
Quant à moi, mes bras sont rompus
Pour avoir étreint des nuées.

C'est grâce aux astres nonpareils,   5
Qui tout au fond du ciel flamboient,
Que mes yeux consumés ne voient
Que des souvenirs de soleils.

En vain j'ai voulu de l'espace
Trouver la fin et le milieu;   10
Sous je ne sais quel œil de feu
Je sens mon aile qui se casse;

Et brûlé par l'amour du beau,
Je n'aurai pas l'honneur sublime
De donner mon nom à l'abîme   15
Qui me servira de tombeau.

CIV. Receuillement

Sois sage, ô ma Douleur, et tiens-toi plus tranquille.
Tu réclamais le Soir; il descend; le voici:
Une atmosphère obscure enveloppe la ville,
Aux uns portant la paix, aux autres le souci.

Pendant que des mortels la multitude vile   5
Sous le fouet du Plaisir, ce bourreau sans merci,
Va cueillir des remords dans la fête servile,
Ma Douleur, donne-moi la main; viens par ici,

Loin d'eux, vois se pencher les défuntes années
Sur les blacons du Ciel, en robes surannées;   10
Surgir du fond des eaux le Regret Souriant;

Le Soleil moribond s'endormir sous une arche,
Et, comme un long linceul traînant à l'Orient,
Entends, ma chère, entends la douce nuit qui marche.

CIII. The Lament of Icarus

The lovers of prostitutes are happy and lusty and reputable; as for me, my arms are broken through having embraced the clouds.

Because of the peerless luminaries that flame in the heart of heaven, my consumed eyes can see nothing more than the dazzling memories of suns.

In vain I have sought to find the end and the middle of space; under I know not what eye of fire, I feel my pinions melt; and, blasted by the love of beauty, I shall not have the sublime honour of giving my name to the abyss that will serve me for a tomb.

CIV. Contemplation

Be wise, my Sorrow, and be tranquil; thou would'st reclaim the evening; it descends; behold: an obscure atmosphere envelopes the city, bearing peace to some and care to others.

While the mortals of the vile multitude, beneath the whip of Pleasure, merciless executioner, go forth to cull remorse from the servile feast, my Sorrow, give me thy hand; and come away, far from them. See, the dead years lean from the balconies of the sky, in superannuated robes; Regret, smiling, arises from the depth of the waters. The dying sun has fallen asleep beneath an arch, and like a long shroud trailing in the East, dost hear, my Sorrow, dost hear the coming of the mild sweet night?

CV. *L'Héautontimorouménos*

À J. G. F.

Je te frapperai sans colère
Et sans haine,—comme un boucher!
Comme Moïse le rocher,
—Et je ferai de ta paupière,

Pour abreuver mon Sahara,   5
Jaillir les eaux de la souffrance,
Mon désir gonflé d'espérance
Sur tes pleurs salés nagera

Comme un vaisseau qui prend le large,
Et dans mon cœur qu'ils soûleront   10
Tes chers sanglots retentiront
Comme un tambour qui bat la charge!

Ne suis-je pas un faux accord
Dans la divine symphonie,
Grâce à la vorace Ironie   15
Qui me secoue et qui me mord?

Elle est dans ma voix, la criarde!
C'est tout mon sang, ce poison noir!
Je suis le sinistre miroir
Où la mégère se regarde.   20

Je suis la plaie et le couteau!
Je suis le soufflet et la joue!
Je suis les membres et la roue,
Et la victime et le bourreau!

Je suis de mon cœur le vampire,   25
—Un de ces grands abandonnés
Au rire éternel condamnés,
Et qui ne peuvent plus sourire!

CV. *L'Héautontimorouménos*

À J. G. F.

I will strike thee without anger and without hate, like a butcher, like Moses smiting the rock! And I will make the waters of suffering spring from thine eyelid to refresh my Sahara. My desire, inflated with aspiration, will swim on thy salt tears like a vessel that takes the open sea, and in my heart, grown drunken therewith, thy dear sobs will resound like a drum that beats the charge!

Am I not a false chord in the divine symphony, thanks to the voracious Irony that shakes and gnaws me?

A shrew is in my voice! It is all my blood, this black poison! I am the sinister mirror in which Maegara sees herself!

I am the wound and the knife! I am the blow and the cheek! I am the limbs and the wheel, and the victim and the executioner! I am the vampire of my own heart—one of these grand profligates who are condemned to eternal laughter, and who can never smile!

CVI. L'Irrémédiable

I

Une Idée, une Forme, un Être
Parti de l'azur et tombé
Dans un Styx bourbeux et plombé
Où nul œil du Ciel ne pénètre;

Un Ange, imprudent voyageur   5
Qu'a tenté l'amour du difforme,
Au fond d'un cauchemar énorme
Se débattant comme un nageur,

Et luttant, angoisses funèbres!
Contre un gigantesque ramous   10
Qui va chantant comme les fous
Et pirouettant dans les ténèbres;

Un malheureux ensorcelé
Dans ses tâtonnements futiles,
Pour fuir d'un lieu plein de reptiles,   15
Cherchant la lumière et la clé;

Un damné descendant sans lampe,
Au bord d'un gouffre dont l'odeur
Trahit l'humide profondeur,
D'éternels escaliers sans rampe,   20

Où veillent des monstres visqueux
Dont les larges yeux de phosphore
Font une nuit plus noire encore
Et ne rendent visibles qu'eux;

Un navire pris dans le pôle,   25
Comme en un piège de cristal,
Cherchant par quel détroit fatal
Il est tombé dans cette geôle;

—Emblèmes nets, tableau parfait
D'une fortune irrémédiable,   30
Qui donne à penser que le Diable
Fait toujours bien tout ce qu'il fait!

CVI. The Irremediable

I

An Entity, an Eidolon,
Fallen from out some azure clime
Into a Styx of lead and slime
Nor star nor sun has looked upon;

A wandering angel indiscreet,   5
Lost in the love of things difform,
Who down abysmal dreams of harm
Falls beating as great swimmers beat,

And fights in mortal anguish stark
Some eddy of a demon sea   10
That sings and shouts deliriously
And dances in the whirling dark;

A hapless man, bewitched, bewrayed,
Whose futile gropings fain would find
In reptile-swarming darkness blind   15
The lost light and the key mislaid;

A lost soul without lamp descending,
To whom the gulf-arisen smell
Betrays a dank, profounder hell
And railless fall of stairs unending   20

Where slimy monsters ward the way,
Whose eyes of phosphor, luminous, large,
Make darker still the nighted marge,
Burning in bulks obscure for aye;

A vessel at the frozen pole   25
As in a trap of crystal caught;
And searching how her keel was brought
Thereto by fatal strait and shoal:—

Clear emblems, perfect similes
Of an irremediable doom,   30
That prove how well the Devil's loom
Can weave our sombre destinies!

II

Tête-à-tête sombre et limpide
Qu'un cœur devenu son miroir!
Puits de Vérité, clair et noir,   35
Où tremble une étoile livide,

Un phare ironique, infernal,
Flambeau des grâces sataniques,
Soulagement et gloire uniques,
—La conscience dans le Mal!   40

CVII. L'Horloge

Horloge! dieu sinistre, effrayant, impassible,
Dont le doigt nous menace et nous dit: *Souviens-toi!*
Les vibrantes Douleurs dans ton cœur plein d'effroi
Se planteront bientôt comme dans une cible;

Le Plaisir vaporeux fuira vers l'horizon   5
Ainsi qu'une sylphide au fond de la coulisse;
Chaque instant te dévore un morceau du délice
A chaque homme accordé pour toute sa saison.

Trois mille six cents fois par heure, la Seconde
Chuchote: *Souviens-toi!*—Rapide, avec sa voix   10
D'insecte, Maintenant dit: Je suis Autrefois,
Et j'ai pompé ta vie avec ma trompe immonde!

Remember! Souviens-toi! prodigue! *Esto memor!*
(Mon gosier de métal parle toutes les langues.)
Les minutes, mortel folâtre, sont des gangues   15
Qu'il me faut pas lâcher sans en extraire l'or!

Souviens-toi que le Temps est un joueur avide
Qui gagne sans tricher, à tout coup! c'est la loi.
Le jour décroît; la nuit augmente, *Souviens-toi!*
Le gouffre a toujours soif; le clepsydre se vide.   20

Tantôt sonnera l'heure où le divin Hasard,
Où l'auguste Vertu, ton épouse encor vierge,
Où le Repentir même (oh! la dernière auberge!),
Où tout te dira: "Meurs, vieux lâche! Il est trop tard!"

II

Self-mirrored, in close colloquy,
The heart its image sees in sooth:
The dark and lucid well of Truth   35
Where a star trembles lividly,

Flambeau of grace from sullen hells,
Pharos ironic and infernal,
Sole glory, solacement eternal—
A Conscience still in Evil dwells.   40

CVII. The Clock

Clock! impassible, sinister, frightful god, whose menacing finger says to us: "Remember! the vibrant Sorrows will implant themselves very soon in thy heart full of terror, as in a target; vaporous Pleasure will flee toward the horizon, like a sylph in the wings of a theatre; each moment devours a morsel of the delight accorded to each man for all his season.

"Three thousand six hundred times every hour, the Second whispers: 'Remember!' With a rapid voice like the voice of an insect, the present says: 'I am Aforetime, and I have sucked up thy life with my impure proboscis!'

"Remember! *souviens-toi!* prodigal! *esto memor!* (For my metal tongue speaks all the languages!) The minutes, O foolish mortal, are gangues from which to extract the gold it is needful that one should not tire or weaken.

"Remember that Time is a covetous player, who wins without trickery, and at once! It is the law. The day decreases; the night augments; remember that the gulf is ever thirsty; the clepsydra empties itself.

"Sometime the hour will sound when the divine Hazard, when the august Virtue, thy spouse who is yet virgin, when even Repentance itself, (oh, the last hostelry!) when all of these will say to thee: 'Die, old weakling, it is too late!'"

Tableaux Parisiens

CVIII. Paysage

Je veux, pour composer chastement mes églogues,
Coucher auprès du ciel, comme les astrologues,
Et, voisin des clochers, écouter en rêvant
Leurs hymnes solennels emportés par le vent.
Les deux mains au menton, du haut de ma mansarde,   5
Je verrai l'atelier qui chante et qui bavarde;
Les tuyaux, les clochers, ces mâts de la cité,
Et les grands ciels qui font rêver d'éternité.

Il est doux, à travers les brumes, de voir naître
L'étoile dans l'azur, la lampe à la fenêtre,   10
Les fleuves de charbon monter au firmament
Et la lune verser son pâle enchantement.
Je verrai les printemps, les étés, les automnes;
Et quand viendra l'hiver aux neiges monotones,
Je fermerai partout portières et volets   15
Pour bâtir dans la nuit mes féeriques palais.

Alors je rêverai des horizons bleuâtres,
Des jardins, des jets d'eau pleurant dans les albâtres,
Des baisers, des oiseaux chantant soir et matin,
Et tout ce que l'Idylle a de plus enfantin.   20
L'Émeute, tempêtant vainement à ma vitre,
Ne fera pas lever mon front de mon pupitre;
Car je serai plongé dans cette volupté
D'évoquer le Printemps avec ma volonté,
De tirer un soleil de mon cœur et de faire   25
De mes pensers brûlants une tiède atmosphère.

CVIII. Paysage

To compose chastely my eclogues, I would sleep near the heavens, like astrologers, and, neighboured by the belfries, would listen dreamily to their solemn hymns borne on the wind. With chin upon my hands, on high in my garret, I will watch the laborer who sings and chatters, the chimneys, the steeples, those masts of the city, and the great heavens that make us dream of eternity.

It is sweet, across the mist, to see the birth of the star in the azure, of the lamp in the window, to watch the rivers of smoke that mount to the firmament, and the moon that pours down her pale enchantment. I will see the springtimes, the summers, the autumns; and when winter comes with monotonous snow, I will close all the portieres and shutters, to build in the night my faery palaces. And then I will dream of bluish horizons, of fountains weeping in the alabasters, of kisses, of birds singing at eve and morn, of all that is most childlike in things idyllic. The tumult, storming vainly at my window, will not make me lift my brow from my writing-table; for I will plunge myself in this pleasure of summoning the spring with my volition, of drawing a sun from my heart and creating with ardent thoughts a warm atmosphere.

CIX. Le Soleil

Le long du vieux faubourg, où pendent aux masures
Les persiennes, abri des secrètes luxures,
Quand le soleil cruel frappe à traits redoublés
Sur la ville et les champs, sur les toits et les blés,
Je vais m'exercer seul à ma fantasque escrime,   5
Flairant dans tous les coins les hasards de la rime,
Trébuchant sur les mots comme sur les pavés,
Heurtant parfois des vers depuis longtemps rêvés.

Ce père nourricier, ennemi des chloroses,
Éveille dans les champs les vers comme les roses;   10
Il fait s'évaporer les soucis vers le ciel,
Et remplit les cerveaux et les ruches le miel.
C'est lui qui rajeunit les porteurs de béquilles
Et les rend gais et doux comme des jeunes filles,
Et commande aux moissons de croître et de mûrir   15
Dans le cœur immortel qui toujours veut fleurir!

Quand, ainsi qu'un poète, il descend dans les villes,
Il ennoblit le sort des choses les plus viles,
Et s'introduit en roi, sans bruit et sans valets,
Dans tous les hôpitaux et dans tous les palais.   20

CX. Lola de Valence

Inscription pour le tableau d'Édouard Manet

Entre tant de beautés que partout on peut voir
Je comprends bien, amis, que le désir balance;
Mais on voit scintiller en Lola de Valence
Le charme inattendu d'un bijou rose et noir.

CIX. The Sun

Along the old suburb, where hang the venetian blinds on the tumble-down mansions, covering secret luxuries, when the cruel sun strikes with redoubled darts on the town and the fields, on the roofs and the grain, I go forth alone to exercise myself at my fantastic sword-play, scenting in every corner the chances of the rhyme, stumbling upon words as upon the pavements, and meeting at whiles the verses dreamt from of old time.

This foster-father, enemy of chloroses, awakens the worms in the field even as the flowers; he compels all care to evaporate toward the heavens, and fills the brains and the hives with honey. It is he who rejuvenates the bearers of crutches, and renders them gay and agreeable like young girls, and commands the harvests to grow and ripen in the immortal heart that would blossom forever!

When, even a poet, he descends into the towns, he ennobles the fate of the vilest things, and introduces himself like a king, silently and without valets, in all the hospitals and in all the palaces.

CX. Lola de Valence

Inscription pour le tableau d'Edouard Monet

Among so many beauties that are to be seen everywhere, I understand well, my friends, how desire will hesitate; but in Lola de Valence there scintillates the unlooked-for charm of a rose and black jewel.

CXI. La Lune offensée

O Lune qu'adoraient discrètement nos pères,
Du haut des pays bleus où, radieux sérail,
Les astres vont se suivre en pimpant attirail,
Ma vieille Cynthia, lampe de nos repaires,

Vois-tu les amoureux sur leurs grabats prospères,   5
De leur bouche en dormant montrer le frais émail?
Le poète buter du front sur son travail?
Ou sous les gazons secs s'accoupler les vipères?

Sous ton domino jaune, et d'un pied clandestin,
Vas-tu, comme jadis, du soir jusqu'au matin,   10
Baiser d'Endymion les grâces surannées?

—"Je vois ta mère, enfant de ce siècle appauvri,
Qui vers son miroir penche un lourd amas d'années,
Et plâtre artistement le sein qui t'a nourri!"

CXII. A une Mendiante rousse

Blanche fille aux cheveux roux,
Dont la robe par ses trous
Laisse voir la pauvreté
        Et la beauté,

Pour moi, poète chétif,   5
Ton jeune corps maladif
Plein de taches de rousseur
        A sa douceur.

Tu portes plus galamment
Qu'une reine de roman   10
Ses cothurnes de velours
        Tes sabots lourds.

Au lieu d'un haillon trop court
Qu'un superbe habit de cour
Traîne à plis bruyants et longs   15
        Sur tes talons;

En place de bas troués,
Que pour les yeux des roués
Sur ta jambe un poignard d'or
        Reluise encor;   20

CXI. La Lune offensée

O moon that our fathers adored discreetly, on high in the blue domain where the stars, a radiant seraglio, follow thee in trim array, my old Cynthia, lamp of our squalid lairs, dost thou see the lovers on their prosperous beds, revealing in sleep the fresh enamel of their mouths? Dost thou see the poet beat his brow in travail? Or, under the dry grass, the coupling of the vipers?

Beneath thy yellow domino, with clandestine foot, dost thou go as of old time, to kiss from evening till morn the superannuated graces of Endymion?

"—I see thy mother, child of this impoverished age, who turns toward her mirror a heavy mass of years, and paints artistically the bosom that has nurtured thee!"

CXII. A une Mendiante rousse

White girl with russet hair, whose garment through its holes has permitted one to see thy poverty and thy beauty, for me, a sorry poet, thy youthful and sickly and freckled body has its charm.

Thou wearest thy heavy sabots more bravely than a queen of romance her velvet buskins. In lieu of tatters too short, let a superb and courtly costume trail in long and rustling folds about thy feet; in lieu of torn stockings, let a golden poignard gleam on thy leg for the eyes of roués; let ribbons loosely tied unveil for our sins thy two beautiful breasts, radiant like eyes; let thine arms, ere thou undress thyself, pretend to pray and chase with stubborn blows the wanton fingers—pearls of the purest water, sonnets of master Boileau ceaselessly offered by thy gallants driven to the sword, the rabblery of rhymers dedicating their first books to thee and watching thy feet on the stairway—and many a page enamoured of peril, many a lord and many a Ronsard would spy out for his pleasure thy cool retreat! and thou would'st count in thy bed more kisses than lilies, and subdue beneath thy laws more than one Valois!

Que des nœuds mal attachés
Dévoilent pour nos péchés
Tes deux beaux seins, radieux
      Comme des yeux;

Que pour te déshabiller   25
Tes bras se fassent prier
Et chassent à coups mutins
      Les doigts lutins,

Perles de la plus belle eau,
Sonnets de maître Belleau   30
Par tes galants mis aux fers
      Sans cesse offerts,

Valetaille de rimeurs
Te dédiant leurs primeurs
Et contemplant ton soulier   35
      Sous l'escalier,

Maint page épris du hasard,
Maint seigneur et maint Ronsard
Epieraient pour le déduit
      Ton frais réduit!   40

Tu compterais dans tes lits
Plus de baisers que de lis
Et rangerais sous tes lois
      Plus d'un Valois!

—Cependant tu vas gueusant   45
Quelque vieux débris gisant
Au seuil de quelque Véfour
      De carrefour;

Tu vas lorgnant en dessous
Des bijoux de vingt-neuf sous   50
Dont je ne puis, oh! pardon!
      Te faire don.

Va donc, sans autre ornement,
Parfum, perles, diamant,
Que ta maigre nudité!   55
    O ma beauté!

Meanwhile thou wanderest begging the old rubbish that lies at the threshold of some Vefour of the cross-ways; thou lookest with an artful eye at jewels of twenty-nine sous, of which (forgive me!) I cannot make thee a gift.

Go, then, O my beauty, with no other ornament, perfume, pearl or diamond than thy meagre nudity!

CXIII. Le Cygne

À Victor Hugo

I

Andromaque, je pense à vous!—Ce petit fleuve,
Pauvre et triste miroir où jadis resplendit
L'immense majesté de vos douleurs de veuve,
Ce Simoïs menteur qui par vos pleurs grandit,

A fécondé soudain ma mémoire fertile,   5
Comme je traversais le nouveau Carrousel.
—Le vieux Paris n'est plus (la forme d'une ville
Change plus vite, hélas! que le cœur d'un mortel);

Je ne vois qu'en esprit tout ce camp de baraques,
Ces tas de chapiteaux ébauchés et de fûts,   10
Les herbes, les gros blocs verdis par l'eau des flaques
Et, brillant aux carreaux, le bric-à-brac confus.

Là s'étalait jadis une ménagerie;
Là je vis, un matin, à l'heure où sous les cieux
Froids et clairs le Travail s'éveille, où la voirie   15
Pousse un sombre ouragan dans l'air silencieux,

Un cygne qui s'était évadé de sa cage,
Et, de ses pieds palmés frottant le pavé sec,
Sur le sol raboteux traînait son blanc plumage.
Près d'un ruisseau sans eau la bête ouvrant le bec   20

Baignait nerveusement ses ailes dans la poudre,
Et disait, le cœur plein de son beau lac natal:
"Eau, quand donc pleuvras-tu? quand tonneras-tu, foudre?"
Je vois ce malheureux, mythe étrange et fatal,

Vers le ciel quelquefois, comme l'homme d'Ovide,   25
Vers le ciel ironique et cruellement bleu,
Sur son cou convulsif tendant sa tête avide,
Comme s'il adressait des reproches à Dieu!

CXIII. Le Cygne

À Victor Hugo

I

Andromache, I think of you!—The little stream, the poor, sad mirror where shone of old the immense majesty of your vidual sorrows, the lying Simois swollen by your tears, has fecundated suddenly my fertile memory, as I crossed the new Carrousel. Old Paris is no more (the form of a town changes more swiftly, alas, than the heart of a mortal) and I see only in thought the camp of booths, the heap of rough capitals and columns, the grass, the big blocks that were greened by the water of pools, and the confused debris shining with tiles.

There, a menagerie once displayed itself; there, one morning, at the hour when Labour wakens under the clear and cold heavens, when the highway puts forth a sombre storm on the silent air, I saw a swan who had escaped from his cage, and, who, brushing the dry pavement with his webbed feet, trailed his white plumage on the uneven soil. Opening his beak beside a waterless stream, the creature bathed vigorously his wings in the dust, and said, with his heart full of his beautiful native lake: "Water, when wilt thou fall? Thunder, when wilt thou strike?" I see this hapless being, strange and fatal myth, like the man of Ovid, holding sometimes his eager head on a convulsive neck toward the heavens ironical and cruelly blue, as if he addressed reproaches to God!

II

Paris change, mais rien dans ma mélancolie
N'a bougé! palais neufs, échafaudages, blocs,   30
Vieux faubourgs, tout pour moi devient allégorie,
Et mes chers souvenirs sont plus lourds que des rocs.

Aussi devant ce Louvre une image m'opprime:
Je pense à mon grand cygne, avec ses gestes fous,
Comme les exilés, ridicule et sublime,   35
Et rongé d'un désir sans trêve! Et puis à vous,

Andromaque, des bras d'un grand époux tombée,
Vil bétail, sous la main du superbe Pyrrhus,
Auprès d'un tombeau vide en extase courbée;
Veuve d'Hector, hélas! et femme d'Hélénus!   40

Je pense à la négresse, amaigrie et phtisique,
Piétinant dans la boue, et cherchant, l'œil hagard,
Les cocotiers absents de la superbe Afrique
Derrière la muraille immense du brouillard;

A quiconque a perdu ce qui ne se retrouve   45
Jamais! jamais! à ceux qui s'abreuvent de pleurs
Et tettent la Douleur comme une bonne louve!
Aux maigres orphelins séchant comme des fleurs!

Ainsi dans la forêt où mon esprit s'exile
Un vieux Souvenir sonne à plein souffle du cor!   50
Je pense aux matelots oubliés dans une île,
Aux captifs, aux vaincus! . . . à bien d'autres encor!

II

Paris changes, but nothing has changed in my melancholy! New palaces, scaffoldings, blocks, old suburbs, all turn to allegory for me, and my dear memories are heavier than rocks. Thus before the Louvre an image oppresses me, I think of my great swan, with his mad gestures, as of exiles, ridiculous and sublime, and gnawed by a truceless desire! and then of you, Andromache, fallen from the arms of a great spouse, beneath the hand of proud Pyrrhus, and bowed in ecstasy beside an empty tomb—widow of Hector, alas! and woman of Helenus! I think of the negress, emaciated and phthisical, tramping the mud and seeking with haggard eyes the absent palms of her superb Africa behind the immense rampart of the mist; of those who lose that which they can never retrieve; of those who drink of tears and tug the teats of the good she-wolf, Sorrow! of meagre orphans withering like flowers!

Thus in the forest where my soul withdraws, an old Memory sounds like a blowing horn. I think of sailors forgotten on some isle, of captives, of the vanquished . . . and of many others!

CXIV. Les Sept Vieillards

À Victor Hugo

Fourmillante cité, cité pleine de rêves,
Où le spectre en plein jour raccroche le passant!
Les mystères partout coulent comme des sèves
Dans les canaux étroits du colosse puissant.

Un matin, cependant que dans la triste rue   5
Les maisons, dont la brume allongeait la hauteur,
Simulaient les deux quais d'une rivière accrue,
Et que, décor semblable à l'âme de l'acteur,

Un brouillard sale et jaune inondait tout l'espace,
Je suivais, roidissant mes nerfs comme un héros   10
Et discutant avec mon âme déjà lasse,
Le faubourg secoué par les lourds tombereaux.

Tout à coup, un vieillard dont les guenilles jaunes
Imitaient la couleur de ce ciel pluvieux,
Et dont l'aspect aurait fait pleuvoir les aumônes,   15
Sans la méchanceté qui luisait dans ses yeux,

M'apparut. On eût dit sa prunelle trempée
Dans le fiel; son regard aiguisait les frimas,
Et sa barbe à longs poils, roide comme une épée,
Se projetait, pareille à celle de Judas.   20

Il n'était pas voûté, mais cassé, son échine
Faisant avec sa jambe un parfait angle droit,
Si bien que son bâton, parachevant sa mine,
Lui donnait la tournure et le pas maladroit

D'un quadrupède infirme ou d'un juif à trois pattes.   25
Dans la neige et la boue il allait s'empêtrant,
Comme s'il écrasait des morts sous ses savates,
Hostile à l'univers plutôt qu'indifférent.

Son pareil le suivait: barbe, œil, dos, bâton, loques,
Nul trait ne distinguait, du même enfer venu,   30
Ce jumeau centenaire, et ces spectres baroques
Marchaient du même pas vers un but inconnu.

CXIV. Les Sept Vieillards

Swarming city, city full of dreams, where the phantom in full day picks up the passer! Mysteries flow everywhere like sap in the narrow ducts of the mighty Colossus.

One morning, while in the sad streets the houses, whose height was increased by the fog, resembled the two quays of a fallen river, and a foul and yellow mist had inundated space,—a setting like the soul of an actor,—I went forth, stiffening my nerves like a hero and debating with my soul already tired, to follow the streets of the suburb shaken by heavy dust-carts.

All at once, there appeared to me an old man whose yellow tatters imitated the colour of the watery sky, and whose aspect would have brought down a rain of alms without the malignity that glittered in his eyes. One would have said that his pupils were drenched in gall; frost sharpened his regard, and his beard of long hairs, stiff as a sword, projected like the beard of Judas.

He was not bowed but broken, his spine making a perfect right angle with his leg, so that his walking-stick, which served to complete the picture, gave him the figure and the awkward pace of an infirm quadruped or a Jew with three feet. He went on, impeded by the snow and the mire, as if he crushed the dead beneath his broken-out shoes; hostile to the universe rather than indifferent.

His double followed him; beard, eye, back, stick, tatters, nothing distinguished this centenarian twin, who had come from the same hell, and these baroque spectres walked with the same pace toward an unknown goal.

A quel complot infâme étais-je donc en butte,
Ou quel méchant hasard ainsi m'humiliait?
Car je comptai sept fois, de minute en minute, 35
Ce sinistre vieillard qui se multipliait!

Que celui-là qui rit de mon inquiétude,
Et qui n'est pas saisi d'un frisson fraternel,
Songe bien que malgré tant de décrépitude
Ces sept monstres hideux avaient l'air éternel! 40

Aurais-je, sans mourir, contemplé le huitième,
Sosie inexorable, ironique et fatal,
Dégoûtant Phénix, fils et père de lui-même?
—Mais je tournai le dos au cortège infernal.

Exaspéré comme un ivrogne qui voit double, 45
Je rentrai, je fermai ma porte, épouvanté,
Malade et morfondu, l'esprit fiévreux et trouble,
Blessé par le mystère et par l'absurdité!

Vainement ma raison voulait prendre la barre;
La tempête en jouant déroutait ses efforts, 50
Et mon âme dansait, dansait, vieille gabarre
Sans mâts, sur une mer monstrueuse et sans bords.

CXV. Les Petites Vieilles

À Victor Hugo

I

Dans les plis sinueux des vieilles capitales,
Où tout, même l'horreur, tourne aux enchantements,
Je guette, obéissant à mes humeurs fatales,
Des êtres singuliers, décrépits et charmants.

Ces monstres disloqués furent jadis des femmes, 5
Eponine ou Laïs!—Monstres brisés, bossus
Ou tordus, aimons-les! Ce sont encor des âmes.
Sous des jupons troués et sous de froids tissus

Ils rampent, flagellés par les bises iniques,
Frémissant au fracas roulant des omnibus, 10
Et serrant sur leur flanc, ainsi que des reliques,
Un petit sac brodé de fleurs ou de rébus;

To what infamous complot was I then exposed, or what evil chance humiliated me thus? For I counted seven times, from minute to minute, this sinister old man who multplied himself before me!

Let him who laughs at my disquietude, him who has never been seized by a fraternal shudder, know well that despite so much decrepitude these seven monsters had the air of eternal things!

Could I, then, without dying, have contemplated the eighth, inexorable, ironic and fatal double, disgusting Phoenix, the son and father of himself?— But I turned my back to the infernal cortege.

Exasperated like a sot who sees double, I returned, I closed my door, terrified, ill and benumbed, my spirit feverish and troublous, wounded by mystery and absurdity!

Vainly my reason sought to cross the bar; the playing storm defeated all my efforts, and my soul danced and danced, an old barge without masts, upon a monstrous sea that had no shores.

CXV. Les Petites Vieilles

À Victor Hugo

In the sinuous folds of ancient capitals, where all, even horror, turns to enchantment, I watch, obedient to my fatal humour, for those singular beings, charming and decrepit, those dislocated monsters who were women aforetime—Eponine or Lais! Monsters broken or humpbacked, or contorted, we must still love them, for they still have souls. Under their torn gowns and their cold fabrics, they creep along, flagellated by the evil winds, trembling amid the rolling noise of the omnibuses, and clasping to their side, like a relic, a little bag embroidered with flowers or with rebuses; they trot like automatons, or dance, without wishing to dance, poor bells where hangs a pitiless demon! Broken as they are, they have eyes that pierce like a wimble, and shine like the holes where water sleeps at night; they have the divine eyes of a little girl, who laughs and is astonished at everything that glitters.

Ils trottent, tout pareils à des marionnettes;
Se traînent, comme font les animaux blessés,
Ou dansent, sans vouloir danser, pauvres sonnettes   15
Où se pend un Démon sans pitié! Tout cassés

Qu'ils sont, ils ont des yeux perçants comme une vrille,
Luisants comme ces trous où l'eau dort dans la nuit;
Ils ont les yeux divins de la petite fille
Qui s'étonne et qui rit à tout ce qui reluit.   20

—Avez-vous observé que maints cercueils de vieilles
Sont presque aussi petits que celui d'un enfant?
La Mort savante met dans ces bières pareilles
Un symbole d'un goût bizarre et captivant,

Et lorsque j'entrevois un fantôme débile   25
Traversant de Paris le fourmillant tableau,
Il me semble toujours que cet être fragile
S'en va tout doucement vers un nouveau berceau;

A moins que, méditant sur la géométrie,
Je ne cherche, à l'aspect de ces membres discords,   30
Combien de fois il faut que l'ouvrier varie
La forme de la boîte où l'on met tous ces corps.

—Ces yeux sont des puits faits d'un million de larmes,
Des creusets qu'un métal refroidi pailleta . . .
Ces yeux mystérieux ont d'invincibles charmes   35
Pour celui que l'austère Infortune allaita!

De Frascati défunt Vestale enamourée;
Prêtresse de Thalie, hélas! dont le souffleur
Enterré, sait le nom; célèbre évaporée,
Que Tivoli jadis ombragea dans sa fleur,   40

Toutes m'enivrent! Mais parmi ces êtres frêles
Il en est qui, faisant de la douleur un miel,
Ont dit au Dévouement qui leur prêtait ses ailes:
"Hippogriffe puissant, mène-moi jusqu'au ciel!"

L'une, par sa patrie au malheur exercée,   45
L'autre, que son époux surchargea de douleurs,
L'autre, par son enfant Madone transpercée,
Toutes auraient pu faire un fleuve avec leurs pleurs.

—Have you observed how many coffins of old women are almost as little as those of children? Wise Death has put in these similar coffins the symbol of a bizarre and captivating taste; and when I see some feeble phantom who traverses the swarming picture that is Paris, it always seems to me that this fragile being passes gently toward a new cradle, unless, meditating upon proportion, I seek to determine how many times it is needful for the workman to vary the form of the box wherein their bodies are deposited.

Their eyes are wells made by a million tears, crucibles that are spangled by a cooled metal . . . Their mysterious eyes possess invincible charms for him that has been suckled by austere misfortune.

II

Ah! que j'en ai suivi, de ces petites vieilles!
Une, entre autres, à l'heure où le soleil tombant   50
Ensanglante le ciel de blessures vermeilles,
Pensive, s'asseyait à l'écart sur un banc,

Pour entendre un de ces concerts, riches de cuivre,
Dont les soldats parfois inondent nos jardins,
Et qui, dans ces soirs d'or où l'on se sent revivre,   55
Versent quelque héroïsme au cœur des citadins.

Celle-là, droite encor, fière et sentant la règle,
Humait avidement ce chant vif et guerrier;
Son œil parfois s'ouvrait comme l'œil d'un vieil aigle;
Son front de marbre avait l'air fait pour le laurier!   60

III

Telles vous cheminez, stoïques et sans plaintes,
A travers le chaos des vivantes cités,
Mères au cœur saignant, courtisanes ou saintes,
Dont autrefois les noms par tous étaient cités.

Vous qui fûtes la grâce ou qui fûtes la gloire,   65
Nul ne vous reconnaît! Un ivrogne incivil
Vous insulte en passant d'un amour dérisoire;
Sur vos talons gambade un enfant lâche et vil.

Honteuses d'exister, ombres ratatinées,
Peureuses, le dos bas, vous côtoyez les murs,   70
Et nul ne vous salue, étranges destinées!
Débris d'humanité pour l'éternité mûrs!

Mais moi, moi qui de loin tendrement vous surveille,
L'œil inquiet, fixé sur vos pas incertains,
Tout comme si j'étais votre père, ô merveille!   75
Je goûte à votre insu des plaisirs clandestins:

Je vois s'épanouir vos passions novices;
Sombres ou lumineux, je vis vos jours perdus;
Mon cœur multiplié jouit de tous vos vices!
Mon âme resplendit de toutes vos vertus!   80

Ruines! ma famille! ô cerveaux congénères!
Je vous fais chaque soir un solennel adieu!
Où serez-vous demain, Èves octogénaires,
Sur qui pèse la griffe effroyable de Dieu?

II

The enamoured Vestal of the Old Frascati, priestess of Thalia, whose name
only the dead prompter knows; the vanished celebrities that the Tivoli once
overshadowed in their bloom, all intoxicate me! but among these frail beings
there is she who turned her sorrow to honey and said to the Devotion that left
them its wings: "O powerful Hippogriff, bear me to Heaven!"

[*Balance missing or not translated.*]

CXVI. Les Aveugles

Contemple-les, mon âme; ils sont vraiment affreux!
Pareils aux mannequins; vaguement ridicules;
Terribles, singuliers comme les somnambules;
Dardant on ne sait où leurs globes ténébreux.

Leurs yeux, d'où la divine étincelle est partie,   5
Comme s'ils regardaient au loin, restent levés
Au ciel; on ne les voit jamais vers les pavés
Pencher rêveusement leur tête appesantie.

Ils traversent ainsi le noir illimité,
Ce frère du silence éternel. O cité!   10
Pendant qu'autour de nous tu chantes, ris et beugles,

Éprise du plaisir jusqu'à l'atrocité,
Vois, je me traîne aussi! Mais, plus qu'eux hébété,
Je dis: "Que cherchent-ils au Ciel, tous ces aveugles?"

CXVII. A une Passante

La rue assourdissante autour de moi hurlait.
Longue, mince, en grand deuil, douleur majestueuse,
Une femme passa, d'une main fastueuse
Soulevant, balançant le feston et l'ourlet;

Agile et noble, avec sa jambe de statue.   5
Moi, je buvais, crispé comme un extravagant,
Dans son œil, ciel livide où germe l'ouragan,
La douceur qui fascine et le plaisir qui tue.

Un éclair . . . puis la nuit!—Fugitive beauté
Dont le regard m'a fait soudainement renaître,   10
Ne te verrai-je plus que dans l'éternité?

Ailleurs, bien loin d'ici! trop tard! *jamais* peut-être!
Car j'ignore où tu fuis, tu ne sais où je vais,
O toi que j'eusse aimée, ô toi qui le savais!

CXVI. The Blind

Contemplate these, my soul; they are truly frightful; comparable to automatons; vaguely ridiculous; terrible, singular like the somnambulists, darting one knows not where their tenebrous orbs.

Their eyes, wherefrom the living spark has departed, remain lifted to heaven, as if they gazed afar; one never sees them turning dreamily their heavy heads toward the pavement.

They traverse thus the illimitable darkness, that brother of eternal silence. O city, while about us thou singest and laughest and bellowest, I drag myself along in like manner, enamoured of pleasure even to atrocity! But, more besotted than they, I ask: What seek they in the heavens, all these blind?

CXVII. To a Passer-by

About me roared the deafening street. Tall, slender, in full mourning, in majestic sorrow, a woman passed, lifting and balancing with a stately hand the hem and festoon of her gown.

She was agile and noble, with the limbs of a statue. Thrilled like an extravagant, I drank from her eye, like a livid heaven where springs the hurricane, the sweetness that fascinates and the pleasure that slays.

A flash of lightning . . . then the night! . . . Fugitive beauty, beneath whose gaze I was suddenly reborn, shall I not see thee again save in eternity?

Elsewhere, very far from here, too late! perhaps *never*: for I may not know where thou art fled, thou knowest not where I am gone,—O thou that I might have loved, O thou that wouldst have understood!

CXVIII. Le Squelette laboureur

I

Dans les planches d'anatomie
Qui traînent sur ces quais poudreux
Où maint livre cadavéreux
Dort comme une antique momie,

Dessins auxquels la gravité   5
Et le savoir d'un vieil artiste,
Bien que le sujet en soit triste,
Ont communiqué la Beauté,

On voit, ce qui rend plus complètes
Ces mystérieuses horreurs,   10
Bêchant comme des laboureurs,
Des Écorchés et des Squelettes.

II

De ce terrain que vous fouillez,
Manants résignés et funèbres,
De tout l'effort de vos vertèbres   15
Ou de vos muscles dépouillés,

Dites, quelle moisson étrange,
Forçats arrachés au charnier,
Tirez-vous, et de quel fermier
Avez-vous à remplir la grange?   20

Voulez-vous (d'un destin trop dur
Épouvantable et clair emblème!)
Montrer que dans la fosse même
Le sommeil promis n'est pas sûr;

Qu'envers nous le Néant est traître;   25
Que tout, même la Mort, nous ment,
Et que sempiternellement,
Hélas! il nous faudra peut-être

Dans quelque pays inconnu
Écorcher la terre revêche   30
Et pousser une lourde bêche
Sous notre pied sanglant et nu?

CXVIII. The Toiling Skeleton

In the anatomical plates that one may find on the dusty quays where many cadaverous volumes lie sleeping like antique mummies; in designs to which the gravity and wise taste of an old artist have given beauty, even though the subject be sad, one sees, to render more complete these mysterious horrors, the flayed figures and skeletons that till the ground like husbandmen.

Resigned and funereal peasants, from the soil in which you delve with all the effort of your vertebrae or of your naked muscles, what strange harvest do you draw, you convicts torn from the charnel, or what farmer's granary must you fill?

Would you (the clear and fearful emblem of a destiny too hard) show that even in the grave the promised slumber is not sure; that Nothingness betrays; that all, even Death, has lied to us, and that sempiternally, perhaps, it will be required of us to flay the harsh earth in some unknown land, and push a heavy spade with our bare and bloody foot?

CXIX. Le Crépuscule du soir

Voici le soir charmant, ami du criminel;
Il vient comme un complice, à pas de loup; le ciel
Se ferme lentement comme une grande alcôve,
Et l'homme impatient se change en bête fauve.

O soir, aimable soir, désiré par celui   5
Dont les bras, sans mentir, peuvent dire: Aujourd'hui
Nous avons travaillé!—C'est le soir qui soulage
Les esprits que dévore une douleur sauvage,
Le savant obstiné dont le front s'alourdit,
Et l'ouvrier courbé qui regagne son lit.   10

Cependant des démons malsains dans l'atmosphère
S'éveillent lourdement, comme des gens d'affaire,
Et cognent en volant les volets et l'auvent.
A travers les lueurs que tourmente le vent
La Prostitution s'allume dans les rues;   15
Comme une fourmilière elle ouvre ses issues;
Partout elle se fraye un occulte chemin,
Ainsi que l'ennemi qui tente un coup de main;
Elle remue au sein de la cité de fange
Comme un ver qui dérobe à l'Homme ce qu'il mange.   20
On entend çà et là les cuisines siffler,
Les théâtres glapir, les orchestres ronfler;
Les tables d'hôte, dont le jeu fait les délices,
S'emplissent de catins et d'escrocs, leurs complices,
Et les voleurs, qui n'ont ni trêve ni merci,   25
Vont bientôt commencer leur travail, eux aussi,
Et forcer doucement les portes et les caisses
Pour vivre quelques jours et vêtir leurs maîtresses.

Recueille-toi, mon âme, en ce grave moment,
Et ferme ton oreille à ce rugissement.   30
C'est l'heure où les douleurs des malades s'aigrissent!
La sombre Nuit les prend à la gorge; ils finissent
Leur destinée et vont vers le gouffre commun;
L'hôpital se remplit de leurs soupirs.—Plus d'un
Ne viendra plus chercher la soupe parfumée,   35
Au coin du feu, le soir, auprès d'une âme aimée.

Encore la plupart n'ont-ils jamais connu
La douceur du foyer et n'ont jamais vécu!

CXIX. Evening Twilight

Here is the fair and joyful evening, friend of the criminal; it comes like an accomplice, with the pace of a wolf; the heavens close gradually like a great alcove, and impatient man is transformed into a wild beast.

O evening, amiable evening, desired by those whose arms can say without lying: "To-day we have laboured!" It is the evening that solaces the spirits devoured by a savage sorrow, the obstinate savant whose brow grows heavy, and the bent labourer who regains his bed.

In the meanwhile, unhealthy demons awaken heavily in the atmosphere, like men of business, and bump in flying against the shutters and the penthouse. Prostitution kindles in the streets, across the dim lights tormented by the wind; she opens her issues like an ant-hill; everywhere she finds for herself a secret way, like the enemy who attempts a surprise; she moves at the breast of the miry city, like a worm that steals its pasture from man. Here and there one hears the hissing of the kitchens, the screeching of the theaters, the snoring of the orchestras; the ordinaries, where gambling is the main delight of the tables, fill with prostitutes and sharpers, their accomplices; and the thieves, who accord neither truce nor mercy, will go forth very soon to begin their labours, and force gently the doors and the coffers, in order to live for certain days and clothe their mistresses.

Collect thyself, my soul, in this grave moment, and close thine ear to all this clamour. It is the hour when the sorrows of the sick are exasperated! The sombre Night takes them by the throat; they finish their destiny and go toward the common gulf; the hospital fills with their sighings.—More than one will not return to seek the perfumed soup, by the hearth at evening, beside a beloved soul.

However, the majority have never known the sweetness of the fireside, and have never lived!

CXX. Le Jeu

Dans des fauteuils fanés des courtisanes vieilles,
Pâles, le sourcil peint, l'œil câlin et fatal,
Minaudant, et faisant de leurs maigres oreilles
Tomber un cliquetis de pierre et de métal;

Autour des verts tapis des visages sans lèvre,   5
Des lèvres sans couleur, des mâchoires sans dent,
Et des doigts convulsés d'une infernale fièvre,
Fouillant la poche vide ou le sein palpitant;

Sous de sales plafonds un rang de pâles lustres
Et d'énormes quinquets projetant leurs lueurs   10
Sur des fronts ténébreux de poètes illustres
Qui viennent gaspiller leurs sanglantes sueurs;

Voilà le noir tableau qu'en un rêve nocturne
Je vis se dérouler sous mon œil clairvoyant.
Moi-même, dans un coin de l'antre taciturne,   15
Je me vis accoudé, froid, muet, enviant,

Enviant de ces gens la passion tenace,
De ces vieilles putains la funèbre gaîté,
Et tous gaillardement trafiquant à ma face,
L'un de son vieil honneur, l'autre de sa beauté!   20

Et mon cœur s'effraya d'envier maint pauvre homme
Courant avec ferveur à l'abîme béant,
Et qui, soûl de son sang, préférerait en somme
La douleur à la mort et l'enfer au néant!

CXXI. Danse macabre

À Ernest Christophe

Fière, autant qu'un vivant, de sa noble stature,
Avec son gros bouquet, son mouchoir et ses gants,
Elle a la nonchalance et la désinvolture
D'une coquette maigre aux airs extravagants.

Vit-on jamais au bal une taille plus mince?   5
Sa robe exagérée, en sa royale ampleur,
S'écroule abondamment sur un pied sec que pince
Un soulier pomponné, joli comme une fleur.

CXX. The Game

In their faded chairs old courtesans, pale, and with painted brows, with fatal
and cajoling eyes, who simper and make to fall from their meagre ears a rattling
of stone and metal; about the green cloth the faces without lips, the lips
without colour, the jaws without teeth, and the fingers convulsed by an infernal
fever, searching an empty purse or a palpitating breast; beneath the foul
ceilings a row of pale chandeliers and of enormous lamps that throw their
glimmers upon the melancholy brows of illustrious poets, who have come to
squander their bloody sweat; this is the black picture that I see unroll before
my clairvoyant eyes in a nocturnal dream. In a corner of the silent cavern I see
myself leaning, mute and cold and envious, envious of the tenacious passion of
these men, of the funereal gaiety of these old harlots, all of whom are blithely
trafficking before my face, one with his antique honour, the other with her
beauty.

   And my heart is afraid to envy many a poor man, who runs with fervour to
the yawning gulf, and who, drunk with his own blood, would prefer sorrow to
death and hell to nothingness.

CXXI. The Dance of Death

Proud of her noble stature, even as one living, with her big bouquet, her
handkerchief and her gloves, she has the nonchalance and the graceful bearing
of a lean and meagre coquette with extravagant airs.

   Did one ever see a slimmer waist at the ball? Her exaggerated robe, in its
royal amplitude, falls down abundantly on a dry foot confined by a shoe
bedecked and pretty like a flower.

La ruche qui se joue au bord des clavicules,
Comme un ruisseau lascif qui se frotte au rocher,   10
Défend pudiquement des lazzi ridicules
Les funèbres appas qu'elle tient à cacher.

Ses yeux profonds sont faits de vide et de ténèbres,
Et son crâne, de fleurs artistement coiffé,
Oscille mollement sur ses frêles vertèbres,   15
—O charme d'un néant follement attifé!

Aucuns t'appelleront une caricature,
Qui ne comprennent pas, amants ivres de chair,
L'élégance sans nom de l'humaine armature.
Tu réponds, grand squelette, à mon goût le plus cher!   20

Viens-tu troubler, avec ta puissante grimace,
La fête de la Vie? Ou quelque vieux désir,
Éperonnant encor ta vivante carcasse,
Te pousse-t-il, crédule, au sabbat du Plaisir?

Au chant des violons, aux flammes des bougies,   25
Espères-tu chasser ton cauchemar moqueur,
Et viens-tu demander au torrent des orgies
De rafraîchir l'enfer allumé dans ton cœur?

Inépuisable puits de sottise et de fautes!
De l'antique douleur éternel alambic!   30
À travers le treillis recourbé de tes côtes
Je vois, errant encor, l'insatiable aspic.

Pour dire vrai, je crains que ta coquetterie
Ne trouve pas un prix digne de ses efforts;
Qui, de ces cœurs mortels, entend la raillerie?   35
Les charmes de l'horreur n'enivrent que les forts!

Le gouffre de tes yeux, plein d'horribles pensées,
Exhale le vertige, et les danseurs prudents
Ne contempleront pas sans d'amères nausées
Le sourire éternel de tes trente-deux dents.   40

Pourtant, qui n'a serré dans ses bras un squelette,
Et qui ne s'est nourri des choses du tombeau?
Qu'importe le parfum, l'habit ou la toilette?
Qui fait le dégoûté montre qu'il se croit beau.

The ruche that plays on the border of her collar-bones, like a wanton rivulet that caresses the rock, defends in a chaste manner from jests and ribaldries the funereal charms that she is fain to hide.

Her deep eyes are made of emptiness and darkness, and her head, artistically coiffed with flowers, oscillates softly on her frail vertebrae. O charm of nothing frivolously bedizened!

Others will call thee a caricature, who have not understood, these drunken lovers of the flesh, the nameless elegance of the human frame-work. Grand skeleton, thou satisfiest my dearest inclination!

Comest thou to trouble the feast of life with thy potent grimace? Or does an old desire, spurring again thy living carcass, drive thee credulous to the sabbat of Pleasure?

To the song of the violins, by the flame of the candles, deemest thou to drive away thy mocking nightmare, and comest thou to demand that the torrent of the orgies should cool the hell enkindled in thy heart?

O inexhaustible well of folly and of faults! Eternal alembic of antique sorrow! Across the re-curving trellis of thy sides, I see the insatiable aspic wandering still. To tell the truth, I fear that thy coquetry will not find a prize worthy of its efforts; who, among these mortal hearts, can take a jest? The charms of horror intoxicate only the strong! The gulf of thine eyes, full of horrible thoughts, exhales a vertigo, and these prudent dancers will not contemplate save with bitter nausea the eternal smile of thy thirty-two teeth. However, who has not clasped a skeleton in his arms, and who is not nurtured on the things of the tomb? What matters the perfume, the apparel of the toilette? He who is squeamish merely shows that he believes himself to be very fine.

Bayadère sans nez, irrésistible gouge,   45
Dis donc à ces danseurs qui font les offusqués:
—"Fiers mignons, malgré l'art des poudres et du rouge,
Vous sentez tous la mort! O squelettes musqués,

"Antinoüs flétris, dandys à face glabre,
Cadavres vernissés, lovelaces chenus,   50
Le branle universel de la danse macabre
Vous entraîne en des lieux qui ne sont pas connus!

"Des quais froids de la Seine aux bords brûlants du Gange,
Le troupeau mortel saute et se pâme, sans voir
Dans un trou du plafond la trompette de l'Ange   55
Sinistrement béante ainsi qu'un tromblon noir.

"En tout climat, sous tout soleil, la Mort t'admire
En tes contorsions, risible Humanité,
Et souvent, comme toi, se parfumant de myrrhe,
Mêle son ironie à ton insanité!"   60

CXXII. L'Amour du mensonge

Quand je te vois passer, ô ma chère indolente,
Au chant des instruments qui se brise au plafond,
Suspendant ton allure harmonieuse et lente,
Et promenant l'ennui de ton regard profond;

Quand je contemple, aux feux du gaz qui le colore,   5
Ton front pâle, embelli par un morbide attrait,
Où les torches du soir allument une aurore,
Et tes yeux attirants comme ceux d'un portrait,

Je me dis: Qu'elle est belle! et bizarrement fraîche!
Le souvenir massif, royale et lourde tour,   10
La couronne; et son cœur, meurtri comme une pêche,
Est mûr, comme son corps, pour le savant amour.

Es-tu le fruit d'automne aux saveurs souveraines?
Es-tu vase funèbre attendant quelques pleurs,
Parfum qui fait rêver aux oasis lointaines,   15
Oreiller caressant, ou corbeille de fleurs?

Je sais qu'il est des yeux, des plus mélancoliques,
Qui ne recèlent point de secrets précieux;
Beaux écrins sans joyaux, médaillons sans reliques,
Plus vides, plus profonds que vous-mêmes, ô Cieux!   20

O bayadere without nose, irresistible trollop, say then to these dancers who are dazzled by thee: "Proud minions, despite the art of powder and of rouge, you must all feel the pangs of death! O musky skeletons, faded Antinous, dandies with smooth faces, varnished cadavers, hoary Lovelaces, the universal movement of the dance of death draws you to countries none has ever known!

"From the cold quays of the Seine to the burning banks of the Ganges, the mortal herd leaps up and swoons, nor sees in a hole of the ceiling the trumpet of the Angel sinisterly yawning like a dark blunderbuss.

"In every clime, beneath thy sun, Death wonders at thy contortions, laughable Humanity, and often, like thee, perfumes herself with myrrh, and mingles her irony with thy madness!"

CXXII. The Love of Falsehood

When I see thee pass, my indolent dear, delaying with thy slow and harmonious lure to the song of the instruments that breaks upon the ceiling, when, by the colouring gaslight, I contemplate thy brow embellished by a soft attraction, where the torches of eventide enkindle a dawn, and thine eyes that allure like those of a portrait, I say to myself: "How beautiful she is, and how bizarrely fresh! A massive souvenir, a royal and heavy tower, the crown, and her heart, bruised like a peach, is ripe like her body, for the wise love.

Art thou the fruit of autumn with sovereign savours? Art thou a funereal urn awaiting certain tears, a perfume that makes us dream of far-off oases, a caressing pillow, or a basket of flowers?

I know that there are eyes, the most melancholy, that conceal no precious secrets; fine caskets without jewels, lockets without relics, more void and more profound than yourselves, O Heavens!

Mais ne suffit-il pas que tu sois l'apparence,
Pour réjouir un cœur qui fuit la vérité?
Qu'importe ta bêtise ou ton indifférence?
Masque ou décor, salut! T'adore ta beauté.

CXXIII.

Je n'ai pas oublié, voisine de la ville,
Notre blanche maison, petite mais tranquille;
Sa Pomone de plâtre et sa vieille Vénus
Dans un bosquet chétif cachant leurs membres nus;
Et le soleil, le soir, ruisselant et superbe,   5
Qui, derrière la vitre où se brisait sa gerbe,
Semblait, grand œil ouvert dans le ciel curieux,
Contempler nos dîners longs et silencieux,
Répandant largement ses beaux reflets de cierge
Sur la nappe frugale et les rideaux de serge.   10

CXXIV.

La servante au grand cœur dont vous étiez jalouse,
Et qui dort son sommeil sous une humble pelouse,
Nous devrions pourtant lui porter quelques fleurs.
Les morts, les pauvres morts ont de grandes douleurs,
Et quand Octobre souffle, émondeur des vieux arbres,   5
Son vent mélancolique à l'entour de leurs marbres,
Certe, ils doivent trouver les vivants bien ingrats,
A dormir, comme ils font, chaudement dans leurs draps,
Tandis que, dévorés de noires songeries,
Sans compagnon de lit, sans bonnes causeries,   10
Vieux squelettes gelés travaillés par le ver,
Ils sentent s'égoutter les neiges de l'hiver
Et le siècle couler, sans qu'amis ni famille
Remplacent les lambeaux qui pendent à leur grille.

Lorsque la bûche siffle et chante, si, le soir,   15
Calme, dans le fauteuil je la voyais s'asseoir,
Si, par une nuit bleue et froide de décembre,
Je la trouvais tapie en un coin de ma chambre,
Grave, et venant du fond de son lit éternel
Couver l'enfant grandi de son œil maternel,   20
Que pourrais-je répondre à cette âme pieuse
Voyant tomber des pleurs de sa paupière creuse?

But does it not suffice that thou art the appearance and the seeming, to rejoice a heart that flees the verity? What matters thy stupidity or thine indifference? Masque or décor, salute! I adore thy beauty.

CXXIII.

I have not forgotten our white house, little but tranquil, and close to the town; its Pomona of plaster and its old Venus hiding their nude limbs in a scanty thicket, and the sun at eventide, superb and streaming, who, behind the glass whereon his sheaf was scattered, appeared to contemplate our long and silent dinners like an eye opened in the curious heavens, shedding broadly his beautiful taper-like reflections on the frugal cloth and the curtains of serge.

CXXIV.

Nevertheless, we should bring some flowers to her, to the servant-girl with the great heart, of whom you were jealous, and who sleeps her slumber beneath an humble lawn. The dead, the poor dead, are possessed of great sorrows, and when October, trimmer of old trees, will blow his melancholy wind about their marbles, they must often find the living very ungrateful, to sleep warmly in their sheets as they do, while, devoured by black reveries, without bedfellows or good conversation, old and frozen skeletons tormented by the worm, they feel the snows of winter drain away, and the century flow on, with neither friends nor family to replace the tatters that hang upon their railing.

If at evening, when the firewood sings and hisses, I should see her sitting calmly in the chair, if, on a blue and chilly night of December, I should find her crouched in a corner of my room, grave, and coming from the death of her eternal bed to cover the child who grew up beneath her maternal care, what could I say to this pious soul, seeing the tears fall from her hollow eyes?

CXXV. Brumes et pluies

O fins d'automne, hivers, printemps trempés de boue,
Endormeuses saisons! je vous aime et vous loue
D'envelopper ainsi mon cœur et mon cerveau
D'un linceul vaporeux et d'un vague tombeau.

Dans cette grande plaine où l'autan froid se joue,   5
Où par les longues nuits la girouette s'enroue,
Mon âme mieux qu'au temps du tiède renouveau
Ouvrira largement ses ailes de corbeau.

Rien n'est plus doux au cœur plein de choses funèbres,
Et sur qui dès longtemps descendent les frimas,   10
O blafardes saisons, reines de nos climats,

Que l'aspect permanent de vos pâles ténèbres,
—Si ce n'est, par un soir sans lune, deux à deux,
D'endormir la douleur sur un lit hasardeux.

CXXVI. Rêve parisien

À Constantin Guys

I

De ce terrible paysage,
Tel que jamais mortel n'en vit,
Ce matin encore l'image,
Vague et lointaine, me ravit.

Le sommeil est plein de miracles!   5
Par un caprice singulier,
J'avais banni de ces spectacles
Le végétal irrégulier,

Et, peintre fier de mon génie,
Je savourais dans mon tableau   10
L'enivrante monotonie
Du métal, du marbre et de l'eau.

Babel d'escaliers et d'arcades,
C'était un palais infini,
Plein de bassins et de cascades   15
Tombant dans l'or mat ou bruni;

CXXV. Mists and Rains

Long ends of autumn, winters, spring times drowned in mud,
Seasons of drowsiness! I love and laud you, fain
To fold your vaporous palls like Lethe round my brain
And seal in your vague sepulcher my soothèd blood.

In the great wold where glacial winds are revelling,   5
Where wheels the weathervane through the delaying night,
Better than in soft April dawns, or summer's light,
My soul most amply will unfurl her raven wing.

To a heart replete with funeral memories numberless,
Whereon autumnal frosts have fallen from old time,   10
Naught is more sweet, O queenliest seasons of our clime,

Than the abiding train of your pale darknesses:—
Except it be some moonless eve of longings dead,
To enslumber all our grief upon a chanceful bed.

CXXVI. Parisian Dream

I

To pleasure me, in this dark dawn,
A far and terrible paradise,
Fading, has left within mine eyes
The reflex of its glories gone.

Slumber is full of miracles!   5
Forbidden by mine own decree,
No unconforming blade or tree
In this diviner vision dwells,

And I, proud sculptor of a world,
Grow drunken with the monotone   10
Of metal, water, flame and stone
At my fantastic will unfurled.

Babel of stairs and of arcades,
There is a palace infinite
With countless pools, and fountains bright   15
Falling on golden dark estrades;

Et des cataractes pesantes,
Comme des rideaux de cristal,
Se suspendaient, éblouissantes,
A des murailles de métal.   20

Non d'arbres, mais de colonnades
Les étangs dormants s'entouraient,
Où de gigantesques naïades,
Comme des femmes, se miraient.

Des nappes d'eau s'épanchaient, bleues,   25
Entre des quais roses et verts,
Pendant des millions de lieues,
Vers les confins de l'univers;

C'étaient des pierres inouïes
Et des flots magiques; c'étaient   30
D'immenses glaces éblouies
Par tout ce qu'elles reflétaient!

Insouciants et taciturnes,
Des Ganges, dans le firmament,
Versaient le trésor de leurs urnes   35
Dans des gouffres de diamant.

Architecte de mes féeries,
Je faisais, à ma volonté,
Sous un tunnel de pierreries
Passer un océan dompté;   40

Et tout, même la couleur noire,
Semblait fourbi, clair, irisé;
Le liquide enchâssait sa gloire
Dans le rayon cristallisé.

Nul astre d'ailleurs, nuls vestiges   45
De soleil, même au bas du ciel,
Pour illuminer ces prodiges,
Qui brillaient d'un feu personnel!

Et sur ces mouvantes merveilles
Planait (terrible nouveauté!   50
Tout pour l'œil, rien pour les oreilles!)
Un silence d'éternité.

Where, from the ramparts far and high,
Enormous cataracts have sprung,
Like heavy crystal curtains hung
On brazen walls within the sky.   20

No trees, but lines of columns tall
By sleeping tarns surrounded there,
With mirrored naiades that bare
Huge breasts and limbs titanical.

Blue waters endlessly are whirled   25
Between the quays of malachite
And quays of sard, that run in light
A million leagues athwart the world—

A world of waves chimerical
And stone undreamt-of; shore and sea   30
A dazzling cold immensity
Reflecting and redoubling all!

In silence, from the vault beyond,
Great rivers negligently turn
The treasure of each teeming urn   35
Adown the gulfs of diamond.

An architect of Faëry,
Through lofty caverns roofed and walled
With ruby and with emerald,
I drive the tamed, obedient sea.   40

Pale, black or irised, all things gleam
Like burnished Orient mirrors clear;
Colossal gems of sea and mere
Are set in the crystallizèd beam.

And yet no alien star, nor light   45
Left by the sun in nether skies,
Has shone upon these prodigies—
Self-lit in lustres infinite!

On all the shifting gramarie
Hovers (O, dreadful strange demesne   50
Where naught is heard and all is seen!)
The silence of eternity.

II

En rouvrant mes yeux pleins de flamme
J'ai vu l'horreur de mon taudis,
Et senti, rentrant dans mon âme,   55
La pointe des soucis maudits;

La pendule aux accents funèbres
Sonnait brutalement midi,
Et le ciel versait des ténèbres
Sur le triste monde engourdi.   60

CXXVII. Le Crépuscule du matin

La diane chantait dans les cours des casernes,
Et le vent du matin soufflait sur les lanternes.

C'était l'heure où l'essaim des rêves malfaisants
Tord sur leurs oreillers les bruns adolescents;
Où, comme un œil sanglant qui palpite et qui bouge,   5
La lampe sur le jour fait une tache rouge;
Où l'âme, sous le poids du corps revêche et lourd,
Imite les combats de la lampe et du jour.
Comme un visage en pleurs que les brises essuient,
L'air est plein du frisson des choses qui s'enfuient,   10
Et l'homme est las d'écrire et la femme d'aimer.

Les maisons çà et là commençaient à fumer.
Les femmes de plaisir, la paupière livide,
Bouche ouverte, dormaient de leur sommeil stupide;
Les pauvresses, traînant leurs seins maigres et froids,   15
Soufflaient sur leurs tisons et soufflaient sur leurs doigts.
C'était l'heure où parmi le froid et la lésine
S'aggravent les douleurs des femmes en gésine;
Comme un sanglot coupé par un sang écumeux
Le chant du coq au loin déchirait l'air brumeux,   20
Une mer de brouillards baignait les édifices,
Et les agonisants dans le fond des hospices
Poussaient leur dernier râle en hoquets inégaux,
Les débauchés rentraient, brisés par leurs travaux.

L'aurore grelottante en robe rose et verte   25
S'avançait lentement sur la Seine déserte,
Et le sombre Paris, en se frottant les yeux,
Empoignait ses outils, vieillard laborieux!

II

Opening eyes replete with fire,
I see my hovel's horror plain,
And feel re-entering in my brain   55
The fang of cares accurst and dire.

Funereal, slow, the pendulum
Tolls brutally the lapse of noon;
And darkness pours from heaven too soon
On the sad world forlorn and numb.   60

CXXVII. Le Crépuscule du matin

Reveille sang out in the courtyards of the barracks, and the wind of morning
blew upon the lanterns.

It was the hour when an army of maleficent dreams makes the dark
adolescents turn and twist on their pillows; when the lamp, like a bloody eye
that moves and palpitates, forms a red spot on the daylight; when the soul,
beneath the harsh and heavy burden of the body, imitates the combat of the
lamp and the day. Like a tearful face that the breezes wipe, the air is full of the
tremors of things that flee, and the man is tired of writing and the woman of
loving.

Here and there the houses began to smoke. The women of pleasure, with
livid eyelids and open mouths, lay sleeping their stupid slumber; the beggar-
women, trailing their cold and meagre breasts, blew on their fire-brands and on
their fingers.

It was the hour when, amid the cold and the parsimony, the sorrows of
women in travail are aggravated; like a sob that is cloven by a foaming blood,
the far-off song of the cock tore the foggy air; the edifices were bathed by a sea
of mist, and the dying in the hospitals gave forth their last death-rattle in
uneven hiccoughs.

The shivering dawn in a robe of rose and green came slowly upon the
deserted Seine, and sombre Paris rubbed its eyes and seized its tools, like an
industrious old man.

Le Vin

CXXVIII. L'Ame du vin

Un soir, l'âme du vin chantait dans les bouteilles:
"Homme, vers toi je pousse, ô cher déshérité,
   Sous ma prison de verre et mes cires vermeilles,
   Un chant plein de lumière et de fraternité!

"Je sais combien il faut, sur la colline en flamme,   5
   De peine, de sueur et de soleil cuisant
   Pour engendrer ma vie et pour me donner l'âme;
   Mais je ne serai point ingrat ni malfaisant,

"Car j'éprouve une joie immense quand je tombe
   Dans le gosier d'un homme usé par ses travaux,   10
   Et sa chaude poitrine est une douce tombe
   Où je me plais bien mieux que dans mes froids caveaux.

"Entends-tu retentir les refrains des dimanches
   Et l'espoir qui gazouille en mon sein palpitant?
   Les coudes sur la table et retroussant tes manches,   15
   Tu me glorifieras et tu seras content:

"J'allumerai les yeux de ta femme ravie;
   A ton fils je rendrai sa force et ses couleurs
   Et serai pour ce frêle athlète de la vie
   L'huile qui raffermit les muscles des lutteurs.   20

"En toi je tomberai, végétale ambroisie,
   Grain précieux jeté par l'éternel Semeur,
   Pour que de notre amour naisse la Poésie
   Qui jaillira vers Dieu comme une rare fleur!"

CXXVIII. L'Ame du vin

One evening, the soul of wine sang in the bottles: "Man, I put forth to thee, dear disinherited one, beneath my prison of glass and my vermilion seals, a song that is filled with light and with fraternity.

"I know how much it needs, of pain and sweat and piercing sun, on the flaming hill, to engender my life and endow me with a soul, but I am nowise ungrateful nor maleficent, for I find an immense delight when I fall adown the throat of a man outworn by labour, and his hot bosom is a sweet tomb that pleases me far more than my cold caverns.

"Hearest thou the sounding refrains of the Sabbath, and the hope that warbles in my palpitant breast? With elbows on the table and with upturned hands, thou shalt glorify me and thou shalt be content; I will light the eyes of thine enravished wife; to thy son I will give strength and colour, and be for this frail athlete of life the oil that makes firm the muscles of wrestlers.

"In thee I fall, ambrosial plant, the precious grain that is cast by the eternal Sower, that from our love be born the poesy that rises toward God like a rare flower!"

CXXIX. Le Vin de chiffonniers

Souvent, à la clarté rouge d'un réverbère
Dont le vent bat la flamme et tourmente le verre,
Au cœur d'un vieux faubourg, labyrinthe fangeux,
Où l'humanité grouille en ferments orageux,

On voit un chiffonnier qui vient, hochant la tête,   5
Buttant, et se cognant aux murs comme un poète,
Et, sans prendre souci des mouchards, ses sujets,
Epanche tout son cœur en glorieux projets.

Il prête des serments, dicte des lois sublimes,
Terrasse les méchants, relève les victimes,   10
Et sous le firmament comme un dais suspendu
S'enivre des splendeurs de sa propre vertu.

Oui, ces gens harcelés de chagrins de ménage,
Moulus par le travail et tourmentés par l'âge,
Ereintés et pliant sous un tas de débris,   15
Vomissement confus de l'énorme Paris,

Reviennent, parfumés d'une odeur de futailles,
Suivis de compagnons blanchis dans les batailles,
Dont la moustache pend comme les vieux drapeaux;
Les bannières, les fleurs et les arcs triomphaux   20

Se dressent devant eux, solennelle magie!
Et dans l'étourdissante et lumineuse orgie
Des clairons, du soleil, des cris et du tambour,
Ils apportent la gloire au peuple ivre d'amour!

C'est ainsi qu'à travers l'Humanité frivole   25
Le vin roule de l'or, éblouissant Pactole;
Par le gosier de l'homme il chante ses exploits
Et règne par ses dons ainsi que les vrais rois.

Pour noyer la rancœur et bercer l'indolence
De tous ces vieux maudits qui meurent en silence,   30
Dieu, touché de remords, avait fait le sommeil;
L'Homme ajouta le Vin, fils sacré du Soleil!

CXXIX. The Wine of the Rag-Pickers

Often, by the red light of a street-lamp, whose flame is beaten and whose glass is tormented by the wind, in the heart of an old suburb, a filthy labyrinth where humanity stirs and rumbles in tempestuous fermentations, one sees a rag-picker who comes, nodding his head and stumbling and knocking against the walls like a poet, and who, taking no heed of spies or informers, his own vassals, outpours all his heart in glorious projects.

He makes vows, he dictates divine laws, overthrows the wicked, frees the victims, and under the firmament suspended like a canopy, inebriates himself with the splendours of his own power.

Yes, these men who are harassed by the chagrins of the household, ground by labour and tormented by age, broken and pliant under a pile of debris, the confused vomit of enormous Paris—these rag-pickers return, perfumed by an odour of casks, and followed by companions, grown white in the battles, whose mustaches hang down like old draperies.—Banners, flowers and triumphal arches rise before them, and through the deafening and luminous orgy of clarions, of the sun, the cries and the drums, they bring a gift of glory to the people drunk with love!

It is thus that wine rolls its gold, a dazzling Pactolus, on shallow and futile humanity; through the throat of man it sings of its own exploits, and reigns by virtue of its own gifts even like the true kings.

To drown the rancour and lull the indolence of all those old outcasts who die in silence, God, touched by remorse, had created slumber; to this, Man added Wine, the sacred offspring of the sun!

CXXX. Le Vin de l'assassin

Ma femme est morte, je suis libre!
Je puis donc boire tout mon soûl.
Lorsque je rentrais sans un sou,
Ses cris me déchiraient la fibre.

Autant qu'un roi je suis heureux;   5
L'air est pur, le ciel admirable . . .
Nous avions un été semblable
Lorsque j'en devins amoureux!

L'horrible soif qui me déchire
Aurait besoin pour s'assouvir   10
D'autant de vin qu'en peut tenir
Son tombeau;—ce n'est pas peu dire;

Je l'ai jetée au fond d'un puits,
Et j'ai même poussé sur elle
Tous les pavés de la margelle.   15
—Je l'oublierai si je le puis!

Au nom des serments de tendresse,
Dont rien ne peut nous délier,
Et pour nous réconcilier
Comme au beau temps de notre ivresse,   20

J'implorai d'elle un rendez-vous,
Le soir, sur une route obscure.
Elle y vint! folle créature!
—Nous sommes tous plus ou moins fous!

Elle était encore jolie,   25
Quoique bien fatiguée! et moi,
Je l'aimais trop:—voilà pourquoi
Je lui dis: Sors de cette vie!

Nul ne peut me comprendre. Un seul
Parmi ces ivrognes stupides   30
Songea-t-il dans ses nuits morbides
A faire du vin un linceul?

CXXX. The Wine of the Assassin

My woman is dead, and I am free! Now then, I can drink my fill. When I would return without a sou, her outcries tore my heart.

I am as happy as a king. The air is pure, the sky is wonderful. . . . We had a summer such as this when I fell in love.

To drown the horrible thirst that rends me, would require as much wine as her tomb can hold—which is not saying little: for I cast her into a well and pushed after her all the stones of the curbing. . . . But I will forget this if I can.

In the name of the tender vows from which naught can ever absolve us, and to reconcile us as in the fine days when we were drunk with raptures, I begged of her a rendez-vous at evening on a dark road. She came—the mad creature! . . . But we are all more or less mad.

She was still pretty, though very tired, and I loved her far too much. This is why I said to her: "You must die!"

Cette crapule invulnérable
Comme les machines de fer
Jamais, ni l'été ni l'hiver, 35
N'a connu l'amour véritable,

Avec ses noirs enchantements,
Son cortège infernal d'alarmes,
Ses fioles de poison, ses larmes,
Ses bruits de chaîne et d'ossements! 40

—Me voilà libre et solitaire!
Je serai ce soir ivre mort;
Alors, sans peur et sans remord,
Je me coucherai sur la terre,

Et je dormirai comme un chien! 45
Le chariot aux lourdes roues
Chargé de pierres et de boues,
Le wagon enragé peut bien

Écraser ma tête coupable
Ou me couper par le milieu, 50
Je m'en moque comme de Dieu,
Du Diable ou de la Sainte Table!

CXXXI. Le Vin du solitaire

Le regard singulier d'une femme galante
Qui se glisse vers nous comme le rayon blanc
Que la lune onduleuse envoie au lac tremblant,
Quand elle y veut baigner sa beauté nonchalante,

Le dernier sac d'écus dans les doigts d'un joueur, 5
Un baiser libertin de la maigre Adeline,
Les sons d'une musique énervante et câline,
Semblable au cri lointain de l'humaine douleur,

Tout cela ne vaut pas, ô bouteille profonde,
Les baumes pénétrants que ta panse féconde 10
Garde au cœur altéré du poète pieux;

Tu lui verses l'espoir, la jeunesse et la vie,
—Et l'orgueil, ce trésor de toute gueuserie,
Qui nous rend triomphants et semblables aux Dieux.

None can understand me. Does one of these besotted drunkards ever dream, in his soft nights, of weaving wine into a shroud?

These blackguards invulnerable like machines of iron have never known, in winter or summer, the true love with its black enchantments, its infernal train of alarms, its vials of poison, its tears, and its rattlings of chains and of dead bones.

Behold, I am free and alone. To-night I will be dead drunk; then, without fear or remorse, I will lie down on the ground and sleep like a dog! The wain with heavy wheels, laden with stones and mud, the locked wagon with clogs may crush my guilty head or cleave me through the middle—I care no more than God or Satan or the Holy Table!

CXXXI. The Wine of the Solitary

The singular gaze of a woman of pleasure who glides toward us like the blue ray dispatched by the undulant moon to a trembling lake, when she would bathe therein her nonchalant beauty; the last bag of coins in the fingers of a gambler; a wanton kiss of the meagre Adeline; the sounds of a cajoling and enervating music, like the far-off cry of human sorrow—all these are not worth, O profound bottle, the penetrating balms that thy fecund bosom retains for the thirsty heart of the pious poet; for him, thou pourest hope and youth and life—and pride, the treasure of all poverty, that renders us triumphant and like the gods.

CXXXII. Le Vin des amants

Aujourd'hui l'espace est splendide!
Sans mors, sans éperons, sans bride,
Partons à cheval sur le vin
Pour un ciel féerique et divin!

Comme deux anges que torture   5
Une implacable calenture,
Dans le bleu cristal du matin
Suivons le mirage lointain!

Mollement balancés sur l'aile
Du tourbillon intelligent,   10
Dans un délire parallèle,

Ma sœur, côte à côte nageant,
Nous fuirons sans repos ni trêves
Vers le paradis de mes rêves!

CXXXII. The Wine of Lovers

Space dawns today resplendently!
With rein nor spur, nor bridle, we
Will part upon the soaring wine
For faery skies and skies divine.

Like tortured angels, who endure   5
Some unrelenting calenture,
By flaming far mirages drawn
Through azure crystal of the dawn,

And softly, gently balancing
On whirlwinds of the conscious air   10
With indolent, delirious wing,

My sister, side by side we fare,
In truceless flight for ever blown,
To find the heaven my dreams have known.

Fleurs du mal

CXXXIII. Epigraphe pour un livre condamné

Lecteur paisible et bucolique,
Sobre et naïf homme de bien,
Jette ce livre saturnien,
Orgiaque et mélancolique.

Si tu n'as fait ta rhétorique   5
Chez Satan, le rusé doyen,
Jette! Tu n'y comprendrais rien,
Ou tu me croirais hystérique.

Mais si, sans se laisser charmer,
Ton œil sait plonger dans les gouffres,   10
Lis-moi, pour apprendre à m'aimer;

Ame curieuse qui souffres
Et vas cherchant ton paradis,
Plains-moi! . . . Sinon, je te maudis!

CXXXIV. La Destruction

Sans cesse à mes côtés s'agite le Démon,
Il nage autour de moi comme un air impalpable;
Je l'avale et le sens qui brûle mon poumon
Et l'emplit d'un désir éternel et coupable.

Parfois il prend, sachant mon grand amour de l'Art,   5
La forme de la plus séduisante des femmes,
Et, sous de spécieux prétextes de cafard,
Accoutume ma lèvre à des philtres infâmes.

Il me conduit ainsi, loin du regard de Dieu,
Haletant et brisé de fatigue, au milieu   10
Des plaines de l'Ennui, profondes et désertes,

Et jette dans mes yeux pleins de confusion
Des vêtements souillés, des blessures ouvertes,
Et l'appareil sanglant de la Destruction!

CXXXIII. Epigraph for a Condemned Book

Bucolic reader, reader wholly
Simple, sober and benign,
Cast down this volume saturnine
And orgiaque and melancholy.

If thou hast learned no lessonry   5
Of Satan, wileful dean and wise,
Herein were naught for thy surmise,
And madness were my words to thee.

But if thy vision, unbeguiled,
Can dive adown the gulfs of hell,   10
Read me, and learn to love me well;

Tormented soul, alone, exiled,
And fain of some lost realm divine,
Pity me . . . lest my curse be thine.

CXXXIV. Destruction

Ceaselessly at my side the Demon stirs; he swims about me like an impalpable air; I swallow him, and feel him burn my breast and fill it with an eternal and culpable desire.

Sometimes, knowing my great love of art, he takes the form of the most seductive women, and under the specious pretexts of a hypocrite, accustoms my lips to infamous philters.

He conducts me thus, breathless and broken with fatigue, and far from the sight of God, to the midst of the deep and desert plains of Ennui, and casts before mine eyes full of confusion the soiled vestments, the open wounds, and the bloody bandages of Destruction.

CXXXV. Une Martyre

Dessin d'un Maître inconnu

Au milieu des flacons, des étoffes lamées
      Et des meubles voluptueux,
Des marbres, des tableaux, des robes parfumées
      Qui traînent à plis somptueux,

Dans une chambre tiède où, comme en une serre,   5
      L'air est dangereux et fatal,
Où des bouquets mourants dans leurs cercueils de verre
      Exhalent leur soupir final,

Un cadavre sans tête épanche, comme un fleuve,
      Sur l'oreiller désaltéré   10
Un sang rouge et vivant, dont la toile s'abreuve
      Avec l'avidité d'un pré.

Semblable aux visions pâles qu'enfante l'ombre
      Et qui nous enchaînent les yeux,
La tête, avec l'amas de sa crinière somber   15
      Et de ses bijoux précieux,

Sur la table de nuit, comme une renoncule,
      Repose, et, vide de pensers,
Un regard vague et blanc comme le crépuscule
      S'échappe des yeux révulsés.   20

Sur le lit, le tronc nu sans scrupules étale
      Dans le plus complet abandon
La secrète splendeur et la beauté fatale
      Dont la nature lui fit don;

Un bas rosâtre, orné de coins d'or, à la jambe   25
      Comme un souvenir est resté;
La jarretière, ainsi qu'un œil secret qui flambe,
      Darde un regard diamanté.

Le singulier aspect de cette solitude
      Et d'un grand portrait langoureux   30
Aux yeux provocateurs comme son attitude,
      Révèle un amour ténébreux,

CXXXV. Une Martyre

Dessin d'un Maître inconnu

In the midst of flagons, of laminated stuffs, of voluptuous furniture, of
marbles, of pictures, of perfumed robes that trail in sumptuous folds, in a
warm chamber where, as is a hothouse, the air is perilous and fatal, where
dying bouquets from their coffins of glass exhale their final sigh, a headless
cadaver pours out on the satiate pillow, like a stream, a red and living blood
that the cloth below drinks up with the avidity of a meadow.

Resembling the visions born of shadow, that enchain our eyes, the head,
with its mass of sombre hair and precious jewels, reposes on the night-table
like a ranunculus; and, void of thought, a regard that is vague and pale like the
twilight escapes from the eyes in their fixed revulsion.

On the bed, the nude trunk displays without scruple, in the completest
abandon, the secret splendour and the fatal beauty with which nature endowed
it; a rosy stocking, ornamented with clocks of gold, remains on the leg like a
souvenir; the garter, like a secret and flaming eye, darts forth a diamonded
gaze.

Une coupable joie et des fêtes étranges
  Pleines de baisers infernaux,
Dont se réjouissait l'essaim des mauvais anges   35
  Nageant dans les plis des rideaux.

Et cependant, à voir la maigreur élégante
  De l'épaule au contour heurté,
La hanche un peu pointue et la taille fringante
  Ainsi qu'un reptile irrité,   40

Elle est bien jeune encor!—Son âme exaspérée
  Et ses sens par l'ennui mordus
S'étaient-ils entr'ouverts à la meute altérée
  Des désirs errants et perdus?

L'homme vindicatif que tu n'as pu, vivante,   45
  Malgré tant d'amour, assouvir,
Combla-t-il sur ta chair inerte et complaisante
  L'immensité de son désir?

Réponds, cadavre impur! et par tes tresses roides
  Te soulevant d'un bras fiévreux,   50
Dis-moi, tête effrayante, a-t-il sur tes dents froides
  Collé les suprêmes adieux?

—Loin du monde railleur, loin de la foule impure,
  Loin des magistrats curieux,
Dors en paix, dors en paix, étrange créature,   55
  Dans ton tombeau mystérieux;

Ton époux court le monde, et ta forme immortelle
  Veille près de lui quand il dort;
Autant que toi sans doute il te sera fidèle,
  Et constant jusques à la mort.   60

The singular aspect of this solitude, and of a great languorous portrait with eyes provocative like its attitude, reveals a tenebrous love, a culpable joy, and strange feasts full of infernal kisses, that rejoiced the army of evil angels swimming in the folds of the curtain; and yet, to see the elegant thinness of the shoulder with abrupt contour, the hip a trifle sharp, and the figure brisk as an irritated reptile, it would seem that she is still very young.—His exasperated soul and senses gnawed by ennui—were they left open to the thirsty pack of lost and errant desires?

The vindictive man whom, living, thou wert unable to satisfy, despite so much love—did he heap upon thy inert and compliant flesh the immensity of his desire?

Respond, impure cadaver! Tell me, frightful head: through thy stiff tresses, lifted with a feverish arm, has he laid upon thy chill teeth the last adieux?

Far from the mocking world, far from curious magistrates, far from the impure throng, repose in peace, repose in peace, thou strange creature, in thy mysterious tomb; thy lover roams the world, and thine immortal form holds vigil near him when he sleeps; doubtless he will be faithful to thee as thou to him, and constant even unto death.

CXXXVI. Femmes damnées

Comme un bétail pensif sur le sable couchées,
Elles tournent leurs yeux vers l'horizon des mers,
Et leurs pieds se cherchent et leurs mains rapprochées
Ont de douces langueurs et des frissons amers.

Les unes, cœurs épris des longues confidences,   5
Dans le fond des bosquets où jasent les ruisseaux,
Vont épelant l'amour des craintives enfances
Et creusent le bois vert des jeunes arbrisseaux;

D'autres, comme des sœurs, marchent lentes et graves
A travers les rochers pleins d'apparitions,   10
Où saint Antoine a vu surgir comme des laves
Les seins nus et pourprés de ses tentations;

Il en est, aux lueurs des résines croulantes,
Qui dans le creux muet des vieux antres païens
T'appellent au secours de leurs fièvres hurlantes,   15
O Bacchus, endormeur des remords anciens!

Et d'autres, dont la gorge aime les scapulaires,
Qui, recélant un fouet sous leurs longs vêtements,
Mêlent dans le bois sombre et les nuits solitaires
L'écume du plaisir aux larmes des tourments.   20

O vierges, ô démons, ô monstres, ô martyres,
De la réalité grands esprits contempteurs,
Chercheuses d'infini dévotes et satyres,
Tantôt pleines de cris, tantôt pleines de pleurs,

Vous que dans votre enfer mon âme a poursuivies,   25
Pauvres sœurs, je vous aime autant que je vous plains
Pour vos mornes douleurs, vos soifs inassouvies,
Et les urnes d'amour dont vos grands coeurs sont pleins!

CXXXVI. Femmes damnées

Lying upon the sand like a pensive herd, they turn their eyes toward the horizon of the seas, and their feet that would find each other, and their hands that draw together, are possessed by sweet languors and by bitter tremblings.

And some, amid the grove where the rivulets rush forth, with hearts enamoured of long confidences, go spelling out the love of fearful childhoods, and digging the green wood of the young trees; and others, like sisters, wander slow and grave across the rooks that are full of apparitions, where Anthony saw the nude and purple breasts of his temptation arise and surge like lavas; and there are those who, by the glimmer of resinous torches, in the silent depth of old pagan caverns, have called upon thee to succor their howling fevers, O Bacchus, who lullest the old Remorse to slumber! and others, whose bosom loves the scapulary, and who, concealing a scourge under their long vestments, mingle in sombre woods, on solitary nights, the foam of pleasure with the tears of torment.

O virgins, O demons, O monsters, O martyrs, you great spirits contemptuous of reality, seekers of infinity, devotees and satyrs, sometime full of cries, and sometime full of tears, you that my soul has pursued into your hell, my poor sisters, I love you even as I pity you, for your mournful sorrows, your insatiate thirsts, and the great urns of love wherewith your hearts are filled.

CXXXVII. Les Deux Bonnes Sœurs

La Débauche et la Mort sont deux aimables filles
Prodigues de baisers et riches de santé,
Dont le flanc toujours vierge et drapé de guenilles
Sous l'éternel labeur n'a jamais enfanté.

Au poète sinistre, ennemi des familles,   5
Favori de l'enfer, courtisan mal renté,
Tombeaux et lupanars montrent sous leurs charmilles
Un lit que le remords n'a jamais fréquenté.

Et la bière et l'alcôve en blasphèmes fécondes
Nous offrent tour à tour, comme deux bonnes sœurs,   10
De terribles plaisirs et d'affreuses douceurs.

Quand veux-tu m'enterrer, Débauche aux bras immondes?
O Mort, quand viendras-tu, sa rivale en attraits,
Sur ses myrtes infects enter tes noirs cyprès?

CXXXVIII. La Fontaine de sang

Il me semble parfois que mon sang coule à flots,
Ainsi qu'une fontaine aux rythmiques sanglots.
Je l'entends bien qui coule avec un long murmure,
Mais je me tâte en vain pour trouver la blessure.

A travers la cité, comme dans un champ clos,   5
Il s'en va, transformant les pavés en îlots,
Désaltérant la soif de chaque créature,
Et partout colorant en rouge la nature.

J'ai demandé souvent à des vins captieux
D'endormir pour un jour la terreur qui me mine;   10
Le vin rend l'œil plus clair et l'oreille plus fine!

J'ai cherché dans l'amour un sommeil oublieux;
Mais l'amour n'est pour moi qu'un matelas d'aiguilles
Fait pour donner à boire à ces cruelles filles!

CXXXVII. The Two Kind Sisters

Death and Debauch are two lovable girls, prodigal with kisses and rich in health, whose wombs, always virgin and clothed in rags, have never given birth amid all the eternal labor.

To the poet, that ill-paid courtier, that sinister enemy of families, the tombs and lupanars display beneath their bowers a bed that Remorse has never frequented.

And the bier and the alcove, teeming with blasphemies, offer us in turn, like two kind sisters, their terrible pleasures and their frightful comforts.

O Debauch, when wilt thou inter me in thine impure arms? O Death, when wilt thou come, her rival in all allurements, to graft thy black cypress upon her infected myrtles?

CXXXVIII. The Fountain of Blood

It seems my blood is a sealed but ever-rippling fount:
Deep in a sunless court the rhythmic sobbings mount.
Full well I hear it always, murmurously flowing;
But still the stanchless primal wound is past my knowing.

Across a city walled, as in some garden-close,   5
Turning the streets to islets, evermore it goes,
A glad, vermilion Lethe; none is thirsty there,
And roseate is the earth, and roseate is the air.

Often I have demanded from the insidious wine
One day of slumber for the toiling mole of fear: 10
Wine makes the vision clearer, finer still the ear!

I have sought in love a sleep oblivious and divine—
But love for me is a mattress that sharp needles fill,
Whereon, for thirsty girls, my blood pours many a rill.

CXXXIX. Allégorie

C'est une femme belle et de riche encolure,
Qui laisse dans son vin traîner sa chevelure.
Les griffes de l'amour, les poisons du tripot,
Tout glisse et tout s'émousse au granit de sa peau.
Elle rit à la mort et nargue la débauche,   5
Ces monstres dont la main, qui toujours gratte et fauche,
Dans ses jeux destructeurs a pourtant respecté
De ce corps ferme et droit la rude majesté.
Elle marche en déesse et repose en sultane;
Elle a dans le plaisir la foi mahométane,   10
Et dans ses bras ouverts que remplissent ses seins,
Elle appelle des yeux la race des humains.
Elle croit, elle sait, cette vierge inféconde
Et pourtant nécessaire à la marche du monde,
Que la beauté du corps est un sublime don   15
Qui de toute infamie arrache le pardon;

Elle ignore l'enfer comme le purgatoire,
Et quand l'heure viendra d'entrer dans la Nuit noire,
Elle regardera la face de la Mort,
Ainsi qu'un nouveau-né,—sans haine et sans remord.   20

CXL. La Béatrice

Dans des terrains cendreux, calcinés, sans verdure,
Comme je me plaignais un jour à la nature,
Et que de ma pensée, en vaguant au hasard,
J'aiguisais lentement sur mon cœur le poignard,
Je vis en plein midi descendre sur ma tête   5
Un nuage funèbre et gros d'une tempête,
Qui portait un troupeau de démons vicieux,
Semblables à des nains cruels et curieux.
A me considérer froidement ils se mirent,
Et, comme des passants sur un fou qu'ils admirent,   10
Je les entendis rire et chuchoter entre eux,
En échangeant maint signe et maint cligement d'yeux:

CXXXIX. Allégorie

Here is a woman beautiful and opulently clad, who lets her hair trail in her wine. The claws of love, the poisons of the brothel, all glide, and all are blunted upon the granite of her skin. She laughs at Death, and defies Debauch, these monsters whose hands forever clutch and reap, but in their destructive play have somehow respected the severe majesty of her firm and upright body. She walks like a goddess and reposes like a sultana; she had the Mohammedan faith in pleasure, and into her open arms, filled by her breasts, she summons the eyes of the human race. She believes, she knows, this virgin infertile and yet somehow necessary to the progress of the world, that corporeal beauty is a sublime gift that compels the pardon of all infamy. She knows nothing of Hell and Purgatory, and when the hour comes for her to enter the black night, she will gaze into the face of Death even as one new-born,—without hate and without remorse.

CXL. Beatrice

In a burnt land of ashes, verdureless and bare,
Loudly I made complaint to sun and soil and air,
And in my thoughts, as randomly I wandered on,
Whetted against my heart the dagger I had drawn;
Till at full noon I saw above my head descending   5
A great funereal cloud, pregnant with storm impending,
Wherefrom a flock of vicious demons craned at me
Like cruel, curious dwarves from some high balcony,
Considering me full coldly. Then, like passersby,
Who make rare sport of some poor madman they espy,   10
I heard them laugh and whisper, leaning each to each
With evil winks and signs obscener than their speech:

* * * * *

—"Contemplons à loisir cette caricature
Et cette ombre d'Hamlet imitant sa posture,
Le regard indécis et les cheveux au vent.   15
N'est-ce pas grand'pitié de voir ce bon vivant,
Ce gueux, cet histrion en vacances, ce drôle,
Parce qu'il sait jouer artistement son rôle,
Vouloir intéresser au chant de ses douleurs
Les aigles, les grillons, les ruisseaux et les fleurs,   20
Et même à nous, auteurs de ces vieilles rubriques
Réciter en hurlant ses tirades publiques?"

J'aurais pu (mon orgueil aussi haut que les monts
Domine la nuée et le cri des démons)
Détourner simplement ma tête souveraine,   25
Si je n'eusse pas vu parmi leur troupe obscène,
Crime qui n'a pas fait chanceler le soleil!
La reine de mon cœur, au regard nonpareil,
Qui riait avec eux de ma sombre détresse
Et leur versait parfois quelque sale caresse.   30

CXLI. Un Voyage à Cythère

Mon cœur, comme un oiseau, voltigeait tout joyeux
Et planait librement à l'entour des cordages;
Le navire roulait sous un ciel sans nuages,
Comme un ange enivré d'un soleil radieux.

Quelle est cette île triste et noire?—C'est Cythère,   5
Nous dit-on, un pays fameux dans les chansons,
Eldorado banal de tous les vieux garçons.
Regardez, après tout, c'est une pauvre terre.

—Ile des doux secrets et des fêtes du cœur!
De l'antique Vénus le superbe fantôme   10
Au-dessus de tes mers plane comme un arôme,
Et charge les esprits d'amour et de langueur.

Belle île, aux myrtes verts, pleine de fleurs écloses,
Vénérée à jamais par toute nation,
Où les soupirs des cœurs en adoration   15
Roulent comme l'encens sur un jardin de roses

*   *   *   *   *

"At leisure contemplate this caricature grotesque,
  This clown who turns the part of Hamlet to burlesque,
With wildly rolling eyes and locks upon the wind.   15
Verily, is it not most pitiful to find
This mendicant, this idle actor, this poor droll,
Who, having learned to play his one successful role,
In caterwauling thus his doleful songs, would dream
To win concern from eagle, cricket, flower and stream,   20
And even to us, who set such fashions long ago,
Would hoarsely howl his public monologues of woe?"

With pride that towered like the topmost mountains high
To quell the overswollen cloud, the demons' cry,
I would have turned my head, granting nor sign or word,   25
Had I not seen, midmost of all that filthy herd,
My queen with peerless eyes and bosom without fault.
O crime to shake the very sun from heaven's vault!
She laughed even as they, deriding my distress,
And gave them now and them some soiled, unclean caress.   30

CXLI. Un Voyage à Cythère

My heart, like a bird, flew joyously, and hovered freely about the cordages; the vessel rolled beneath a cloudless heaven, like an angel drunken with the radiant sun.

    What is this black and mournful isle?—It is Cythera, one told us, a region famous in the songs, the common El Dorado of all the old boys. Behold, after all, it is a poor and paltry earth.

    Isle of sweet secrets and of amorous carnivals! The superb phantom of the antique Venus hovers above thy seas like an aroma, and charges the spirit with love and with languor.

Ou le roucoulement éternel d'un ramier!
—Cythère n'était plus qu'un terrain des plus maigres,
Un désert rocailleux troublé par des cris aigres.
J'entrevoyais pourtant un objet singulier!   20

Ce n'était pas un temple aux ombres bocagères,
Où la jeune prêtresse, amoureuse des fleurs,
Allait, le corps brûlé de secrètes chaleurs,
Entre-bâillant sa robe aux brises passagères;

Mais voilà qu'en rasant la côte d'assez près   25
Pour troubler les oiseaux avec nos voiles blanches,
Nous vîmes que c'était un gibet à trois branches,
Du ciel se détachant en noir, comme un cyprès.

De féroces oiseaux perchés sur leur pâture
Détruisaient avec rage un pendu déjà mûr,   30
Chacun plantant, comme un outil, son bec impur
Dans tous les coins saignants de cette pourriture;

Les yeux étaient deux trous, et du ventre effondré
Les intestins pesants lui coulaient sur les cuisses,
Et ses bourreaux gorgés de hideuses délices   35
L'avaient à coups de bec absolument châtré.

Sous les pieds, un troupeau de jaloux quadrupèdes,
Le museau relevé, tournoyait et rôdait;
Une plus grande bête au milieu s'agitait
Comme un exécuteur entouré de ses aides.   40

Habitant de Cythère, enfant d'un ciel si beau,
Silencieusement tu souffrais ces insultes
En expiation de tes infâmes cultes
Et des péchés qui t'ont interdit le tombeau.

Ridicule pendu, tes douleurs sont les miennes!   45
Je sentis, à l'aspect de tes membres flottants,
Comme un vomissement, remonter vers mes dents
Le long fleuve de fiel des douleurs anciennes;

Devant toi, pauvre diable au souvenir si cher,
J'ai senti tous les becs et toutes les mâchoires   50
Des corbeaux lancinants et des panthères noires
Qui jadis aimaient tant à triturer ma chair.

Isle of green myrtles, full of unfolded flowers, venerated forever by all the nations, where the sigh of hearts in adoration rolls like an incense on a garden of roses, or the eternal cooing of a dove!—Cythera was no more than the meagerest of ground, a rocky desolation troubled with harsh cries. However, I perceived thereon a singular object!

This was not a temple among bosky shadows, where the young priestess, enamoured and beloved of the flowers, went with a body burnt by secret ardours, half-opening her robe to the passing airs. But when we came near enough to the shore to trouble the birds with our white sails, we saw that it was a gibbet with three arms, detaching itself from the sky in black, like a cypress.

Perched upon their pasture, the ferocious birds destroyed with fury a hanged man who was already ripe, each one planting his impure beak, like a tool, in all the bloody corners of this putrefaction; the eyes were two holes, and from the excavated belly the heavy intestines flowed down upon the thighs; and these executioners, gorged with hideous titbits, had completely castrated him with their sharp beaks.

Under his feet, a troupe of jealous quadrupeds, with lifted muzzles, turned and wandered about; among them, one greater beast concerned and busied himself like a hangman surrounded by his aides.

Inhabitant of Cythera, child of a heaven so beautiful, silent thou didst endure insults in expiation of thine infamous creeds and the sins that have forbidden the tomb to thee.

Ridiculous victim, thy sorrows are mine! I feel, before the aspect of thy floating members, the long stream of gall of ancient sorrows re-mount toward my teeth like a vomit; before thee, poor devil so dear to memory, I have felt all the beaks and all the jaws of piercing ravens and of black panthers who loved as much as triturate my flesh in former time.

—Le ciel était charmant, la mer était unie;
Pour moi tout était noir et sanglant désormais,
Hélas! et j'avais, comme en un suaire épais,   `55
Le cœur enseveli dans cette allégorie.

Dans ton île, ô Vénus! je n'ai trouvé debout
Qu'un gibet symbolique où pendait mon image . . .
—Ah! Seigneur! donnez-moi la force et le courage
De contempler mon cœur et mon corps sans dégoût!   60

CXLII. L'Amour et le crâne

VIEUX CUL-DE-LAMPE

L'Amour est assis sur le crâne
        De l'Humanité,
Et, sur ce trône, le profane
        Au rire effronté

Souffle gaîment des bulles rondes   5
        Qui montent dans l'air,
Comme pour rejoindre les mondes
        Au fond de l'éther.

Le globe lumineux et frêle
        Prend un grand essor,   10
Crève et crache son âme grêle
        Comme un songe d'or.

J'entends le crâne à chaque bulle
        Prier et gémir:
—"Ce jeu féroce et ridicule,   15
        Quand doit-il finir?

"Car ce que ta bouche cruelle
        Eparpille en l'air,
Monstre assassin, c'est ma cervelle,
        Mon sang et ma chair!"   20

—The sky was charming, and the sea was smooth; for me, henceforward, all things were black and bloody; and my heart, as in a thick winding-sheet, was enshrouded in this allegory.

In thine isle, O Venus, I have found nothing more than a symbolical gibbet where hung mine image . . . O Lord, give me the strength and the courage to contemplate my heart and my body without disgust!

CXLII. Love and the Cranium

Love is seated upon the cranium of humanity, and on this throne the scapegrace, with an impudent laugh, blows gaily his round bubbles, that mount in the air as if to rejoin the worlds in the depth of ether.

The frail and luminous globe takes a great flight, and bursts and spits forth its tiny soul like a golden dream.

I hear the cranium moan and pray at each bubble: "When will this ferocious and ridiculous game be ended? For this that thy cruel mouth disperses on the air, O murderous monster, is my brain, my blood and my flesh!"

Révolte

XLIII. Le Reniement de Saint Pierre

Qu'est-ce que Dieu fait donc de ce flot d'anathèmes
Qui monte tous les jours vers ses chers Séraphins?
Comme un tyran gorgé de viandes et de vins,
Il s'endort au doux bruit de nos affreux blasphèmes.

Les sanglots des martyrs et des suppliciés   5
Sont une symphonie enivrante sans doute,
Puisque, malgré le sang que leur volupté coûte,
Les cieux ne s'en sont point encore rassasiés!

—Ah! Jésus, souviens-toi du Jardin des Olives!
Dans ta simplicité tu priais à genoux   10
Celui qui dans son ciel riait au bruit des clous
Que d'ignobles bourreaux plantaient dans tes chairs vives,

Lorsque tu vis cracher sur ta divinité
La crapule du corps de garde et des cuisines,
Et lorsque tu sentis s'enfoncer les épines   15
Dans ton crâne où vivait l'immense Humanité;

Quand de ton corps brisé la pesanteur horrible
Allongeait tes deux bras distendus, que ton sang
Et ta sueur coulaient de ton front pâlissant,
Quand tu fus devant tous posé comme une cible,   20

Rêvais-tu de ces jours si brillant et si beaux
Où tu vins pour remplir l'éternelle promesse,
Où tu foulais, monté sur une douce ânesse,
Des chemins tout jonchés de fleurs et de rameaux,

Où, le cœur tout gonflé d'espoir et de vaillance,   25
Tu fouettais tous ces vils marchand à tour de bras,
Où tu fus maître enfin? Le remords n'a-t-il pas
Pénétré dans ton flanc plus avant que la lance?

—Certes, je sortirai, quant à moi, satisfait
D'un monde où l'action n'est pas la sœur du rêve,   30
Puissé-je user du glaive et périr par le glaive!
—Saint Pierre a renié Jésus . . . il a bien fait!

CXLIII. The Denial of St. Peter

What does God make, then, of this flood of anathemas that mounts eternally toward His dear Seraphim? Like a tyrant gorged with viands and with wine, He falls asleep to the sweet noise of our frightful blasphemies.

The sobs of martyrs and of executed criminals are an intoxicating symphony no doubt, since, maugre the blood that their pleasure costs, the heavens are nowise satiated therewith.

—Ah! Jesus, remember thou the Garden of Olives! In thy simplicity thou didst pray upon thy knees to Him who laughed in His heaven at the sound of nails that were planted in thy live flesh by the ignoble executioners.

When thou sawest the ruffians of the guard-house and the kitchen spit upon thy divinity, and when thou feltest the thorns that sank in thy cranium where lived immense Humanity, when the horrible weight of thy broken body stretched thy distended arms, when thy sweat and thy blood poured down from thy paling brow, when thou wast set before all like a target, didst thou dream of the days so bright and beautiful when thou camest to fulfill the eternal promise, treading, mounted on a sweet she-ass, the ways that were strewn with flowers and with branches, when, with a heart overswollen by hope and valour, thou didst lash the vile merchants with all thy might, when thou wert master, in fine? Has not remorse penetrated thy side before the lance?

—As for me, certainly, I will go forth, content with a world where action is not the sister of dream; may I use the sword and perish by the sword! St. Peter has denied Jesus . . . he has done well.

CXLIV. Abel et Caïn

I

Race d'Abel, dors, bois et mange;
Dieu te sourit complaisamment.

Race de Caïn, dans la fange
Rampe et meurs misérablement.

Race d'Abel, ton sacrifice   5
Flatte le nez du Séraphin!

Race de Caïn, ton supplice
Aura-t-il jamais une fin?

Race d'Abel, vois tes semailles
Et ton bétail venir à bien;   10

Race de Caïn, tes entrailles
Hurlent la faim comme un vieux chien.

Race d'Abel, chauffe ton ventre
A ton foyer patriarcal;

Race de Caïn, dans ton antre   15
Tremble de froid, pauvre chacal!

Race d'Abel, aime et pullule!
Ton or fait aussi des petits.

Race de Caïn, cœur qui brûle,
Prends garde à ces grands appétits.   20

Race d'Abel, tu croîs et broutes
Comme les punaises des bois!

Race de Caïn, sur les routes
Traîne ta famille aux abois.

CXLIV. Abel et Caïn

I

Race of Abel, sleep and drink and eat; for God smiles upon thee complaisantly.
Race of Cain, creep and perish miserably in the mire.
Race of Abel, thine offering flatters the nostril of the Seraphim!
Race of Cain, will thy punishment ever come to an end?
Race of Abel, see thy sowing and thy cattle prosper;   5
Race of Cain, thine entrails howl with hunger like an old dog.
Race of Abel, warm thy belly at thy patriarchal hearth;
Race of Cain, shiver with cold in thy cavern, thou poor jackal!
Race of Abel, love and multiply! Thy gold has also its progeny.
Race of Cain, thou burning heart, be mindful of these great appetites.   10
Race of Abel, thou growest and feedest like the insects of the wood!
Race of Cain, draw thy family to despair upon the highroads.

I

Ah! race d'Abel, ta charogne   25
Engraissera le sol fumant!

Race de Caïn, ta besogne
N'est pas faite suffisamment;

Race d'Abel, voici ta honte:
Le fer est vaincu par l'épieu!   30

Race de Caïn, au ciel monte
Et sur la terre jette Dieu!

CXLV. Les Litanies de Satan

O toi, le plus savant et le plus beau des Anges,
Dieu trahi par le sort et privé de louanges,

O Satan, prends pitié de ma longue misère!

O Prince de l'exil, à qui l'on a fait tort,
Et qui, vaincu, toujours te redresses plus fort,   5

O Satan, prends pitié de ma longue misère!

Toi qui sais tout, grand roi des choses souterraines,
Guérisseur familier des angoisses humaines,

O Satan, prends pitié de ma longue misère!

Toi qui, même aux lépreux, aux parias maudits,   10
Enseignes par l'amour le goût du Paradis,

O Satan, prends pitié de ma longue misère!

O toi, qui de la Mort, ta vieille et forte amante,
Engendras l'Espérance,—une folle charmante!

O Satan, prends pitié de ma longue misère!   15

Toi qui fais au proscrit ce regard calme et haut
Qui damne tout un peuple autour d'un échafaud,

O Satan, prends pitié de ma longue misère!

Toi qui sais en quels coins des terres envieuses
Le Dieu jaloux cacha les pierres précieuses,   20

O Satan, prends pitié de ma longue misère!

II

Ah! race of Abel, thy carrion will fatten the fuming soil!
Race of Cain, thy task is not done sufficiently;
Race of Abel, behold thy shame: the sword is vanquished by the javelin!   15
Race of Cain, ascend to heaven and cast God upon the earth!

CXLV. Litany to Satan

O thou, the wisest and most beautiful of angels, god betrayed by destiny and bereaven of praise, O Satan, take pity on my long distress!

O prince of exiles, who hast suffered wrong, and who from thy defeat dost ever uprear thyself, again grown mightier still, O Satan, take pity on my long distress!

Thou who knowest all, great emperor of subterranean things, familiar healer of human anguish, O Satan, take pity on my long distress!

Thou who teachest through love the taste of Paradise, even to lepers, even to accursed pariahs, O Satan, take pity on my long distress!

O thou who engenderest Hope, the charming madcap, on Death, thy strong old leman, O Satan, take pity on my long distress!

Thou who givest to the outlaw his calm and haughty gaze, that damns the crowding throng about the scaffold, O Satan, take pity on my long distress!

Thou who knowest in what corners of the envious earth a jealous God has hidden precious jewels, O Satan, take pity on my long distress!

Toi dont l'œil clair connaît les profonds arsenaux
Où dort enseveli le peuple des métaux,

O Satan, prends pitié de ma longue misère!

Toi dont la large main cache les precipices   25
Au somnambule errant au bord des édifices,

O Satan, prends pitié de ma longue misère!

Toi qui, magiquement, assouplis les vieux os
De l'ivrogne attardé foulé par les chevaux,

O Satan, prends pitié de ma longue misère!   30

Toi qui, pour consoler l'homme frêle qui souffre,
Nous appris à mêler le salpêtre et le soufre,

O Satan, prends pitié de ma longue misère!

Toi qui poses ta marque, ô complice subtil,
Sur le front du Crésus impitoyable et vil,   35

O Satan, prends pitié de ma longue misère!

Toi qui mets dans les yeux et dans le cœur des filles
Le culte de la plaie et l'amour des guenilles,

O Satan, prends pitié de ma longue misère!

Bâton des exilés, lampe des inventeurs,   40
Confesseur des pendus et des conspirateurs,

O Satan, prends pitié de ma longue misère!

Père adoptif de ceux qu'en sa noire colère
Du paradis terrestre a chassés Dieu le Père,

O Satan, prends pitié de ma longue misère!   45

PRIÈRE

Gloire et louange à toi, Satan, dans les hauteurs
Du Ciel, où tu régnas, et dans les profondeurs
De l'Enfer où, vaincu, tu rêves en silence!
Fais que mon âme un jour, sous l'Arbre de Science,
Près de toi se repose, à l'heure où sur ton front   50
Comme un Temple nouveau ses rameaux s'épandront!

Thou whose clear eye knows the profound arsenals where sleep the enshrouded people of the metals, O Satan, take pity on my long distress!

Thou whose large hand doth hide the precipice from those who wander in sleep on the verge of buildings, O Satan, take pity on my long distress!

Thou who, by magic, makest supple the old bones of the belated drunkard when he is trodden under by the horses, O Satan, take pity on my long distress!

Thou who, to console the frailty of suffering man, hast taught us to mingle saltpeter and sulphur, O Satan, take pity on my long distress!

Thou who settest thy mark, O subtle accessory, on the forehead of the vile and pitiless Croesus, O Satan, take pity on my long distress!

Thou who puttest in the eyes and in the heart of girls the desire of torture and the love of trifles, O Satan, take pity on my long distress!

Staff of exiles, lamp of inventors, confessor of the hanged and of conspirators, O Satan, take pity on my long distress!

Foster-father of those that in His black anger God the Father has driven from the terrestrial paradise, O Satan, take pity on my long distress!

PRIÈRE

Glory and praise to thee, O Satan, on the heights of heaven, where thou shalt reign, and in the profoundities of hell where, vanquished, thou dost ever dream in silence! Grant that my soul one day, beneath the tree of Knowledge, may repose beside thee at the hour when its branches will spread themselves upon thy brow like a new temple!

La Mort

CXLVI. La Mort des amants

Nous aurons des lits pleins d'odeurs légères,
Des divans profonds comme des tombeaux,
Et d'étranges fleurs sur des étagères,
Ecloses pour nous sous des cieux plus beaux.

Usant à l'envi leurs chaleurs dernières,   5
Nos deux cœurs seront deux vastes flambeaux,
Qui réfléchiront leurs doubles lumières
Dans nos deux esprits, ces miroirs jumeaux.

Un soir fait de rose et de bleu mystique,
Nous échangerons un éclair unique,   10
Comme un long sanglot, tout chargé d'adieux;

Et plus tard un Ange, entr'ouvrant les portes,
Viendra ranimer, fidèle et joyeux,
Les miroirs ternis et les flammes mortes.

CXLVII. La Mort des pauvres

C'est la Mort qui console, hélas! et qui fait vivre;
C'est le but de la vie, et c'est le seul espoir
Qui, comme un élixir, nous monte et nous enivre,
Et nous donne le cœur de marcher jusqu'au soir;

A travers la tempête, et la neige, et le givre,   5
C'est la clarté vibrante à notre horizon noir;
C'est l'auberge fameuse inscrite sur le livre,
Où l'on pourra manger, et dormir, et s'asseoir;

C'est un Ange qui tient dans ses doigts magnétiques
Le sommeil et le don des rêves extatiques,   10
Et qui refait le lit des gens pauvres et nus;

C'est la gloire des Dieux, c'est le grenier mystique,
C'est la bourse du pauvre et sa patrie antique,
C'est le portique ouvert sur les Cieux inconnus!

CXLVI. The Death of Lovers

On couches filled with odors faint and failing,
Divans profound as tombs, we shall recline;
Around us, with strange languid petals paling,
The flowers that bloomed where ampler heavens shine.

Our hearts, in their last love and ardor vying,   5
Shall flare to vast flambeaux before the end;
And in our souls' twin mirrors doubly dying,
Their soaring flames, reflected, shall descend.

Some eve of rose and mystic blue shall brighten;
One golden flash between us twain shall lighten   10
Like a long sigh fraught with departure's sorrow;

And the angel who unseals the sepulcher,
Joyous and faithful, shall relume tomorrow
The tarnished mirrors and the flames that were.

CXLVII. La Mort des pauvres

It is Death who consoles us, alas! and who bids us live; it is the goal of life, it is
the only hope, which inebriates and prepares us like an elixir, and heartens us
to go on even till nightfall; across the tempest, and the snow, and the hoar-
frost, it is a vibrant light on our black horizon; it is the famous tavern inscribed
upon the book, where we can eat and sleep and establish ourselves; it is an
Angel who holds in his magnetic fingers a gift of ecstatic dreams and of
slumber, and who re-makes the beds of poor and naked people; it is the glory
of the Gods, it is the mystic granary, it is the purse of the poor man and his
ancient fatherland, it is the portal that opens upon the unknown heavens!

CXLVIII. La Mort des artistes

Combien faut-il de fois secouer mes grelots
Et baiser ton front bas, morne Caricature?
Pour piquer dans le but, de mystique nature,
Combien, ô mon carquois, perdre de javelots?

Nous userons notre âme en de subtils complots,   5
Et nous démolirons mainte lourde armature,
Avant de contempler la grande Créature
Dont l'infernal désir nous remplit de sanglots!

Il en est qui jamais n'ont connu leur Idole,
Et ces sculpteurs damnés et marqués d'un affront,   10
Qui vont se martelant la poitrine et le front,

N'ont qu'un espoir, étrange et sombre Capitole!
C'est que la Mort, planant comme un soleil nouveau,
Fera s'épanouir les fleurs de leur cerveau.

CXLIX. La Fin de la journée

Sous une lumière blafarde
Court, danse et se tord sans raison
La Vie, impudente et criarde.
Aussi, sitôt qu'à l'horizon

La nuit voluptueuse monte,   5
Apaisant tout, même la faim,
Effaçant tout, même la honte,
Le Poète se dit: "Enfin!

"Mon esprit, comme mes vertèbres,
Invoque ardemment le repos;   10
Le cœur plein de songes funèbres,

"Je vais me coucher sur le dos
Et me rouler dans vos rideaux,
O rafraîchissantes ténèbres!"

CXLVIII. La Mort des artistes

How often must I come, with trembling lips, alone,
And kiss thy lowly face, O mournful caricature?
To pierce the mystic mark by shadow made unsure
How oft, O quiver, must I lose thine arrows flown?

We shall employ our soul in subtler plots unknown,   5
We shall demolish many a ponderous armature,
Before we contemplate the Creature all-obscure
Whose hellish long desire fills us with sigh and moan.

These are the priests who have not known their god at all,
And sculptors damned who bear the mark of a disgrace—   10
Why hammer still for thee their vision's form and face,

But not of hope, O strange and sombre Capitol!
For death above them like a new sun hovering
Within their brain has brought a late and flowery spring.

CXLIX. La Fin de la journée

Life, impudent and brawling, runs, dances and turns madly under a dim light.
When the voluptuous night has mounted to the horizon, appeasing all, even
hunger, effacing all, even shame, the poet says to himself: "At last! My spirit,
like my vertebrae, invokes ardently the oblivion of repose; with a heart filled by
funereal dreams, I will lie down and roll myself in thy curtains, O cool and
refreshing darkness!"

CL. Le Rêve d'un curieux

À F. N.

Connais-tu, comme moi, la douleur savoureuse,
Et de toi fais-tu dire: "Oh! l'homme singulier!"
—J'allais mourir. C'était dans mon âme amoureuse,
Désir mêlé d'horreur, un mal particulier;

Angoisse et vif espoir, sans humeur factieuse.   5
Plus allait se vidant le fatal sablier,
Plus ma torture était âpre et délicieuse;
Tout mon cœur s'arrachait au monde familier.

J'étais comme l'enfant avide du spectacle,
Haïssant le rideau comme on hait un obstacle . . .   10
Enfin la vérité froide se révéla:

J'étais mort sans surprise, et la terrible aurore
M'enveloppait.—Eh quoi! n'est-ce donc que cela!
La toile était levée et j'attendais encore.

CLI. Le Voyage

À Maxime du Camp

I

Pour l'enfant amoureux de cartes et d'estampes,
L'univers est égal à son vaste appétit.
Ah! que le monde est grand à la clarté des lampes!
Aux yeux du souvenir que le monde est petit!

Un matin nous partons, le cerveau plein de flamme,   5
Le cœur gros de rancune et de désirs amers,
Et nous allons, suivant le rythme de la lame,
Berçant notre infini sur le fini des mers:

Les uns, joyeux de fuir une patrie infâme;
D'autres, l'horreur de leurs berceaux; et quelques-uns,   10
Astrologues noyés dans les yeux d'une femme,
La Circé tyrannique aux dangereux parfums.

Pour n'être pas changés en bêtes, ils s'enivrent
D'espace et de lumière et de cieux embrasés;

CL. La Rêve d'un curieux

À F. N.

Know thou, like me, the savorous dolours, and cause to be said of thyself: "Oh! singular man!"—I sought to die. In my amorous soul desire mingled with horror, a particular evil; anguish and living hope, without factiousness. The more the fatal hour-glass emptied itself, the more my torture was harsh and delicious; all my heart tore itself away from the familiar world.

I was like a child eager for the performance to begin, hating the curtain as one hates an obstacle ... At last the cold verity revealed itself: I was dead without surprise, and a terrible dawn enveloped me.—Eh what! is it nothing more than this? ... The curtain was raised, and I waited still.

CLI. The Voyage

To Maxime du Camp

I

For the child, enamoured of charts and of pictures, the universe is equal to his vast appetite. Ah! how great is the world by lamplight! To the eyes of memory, how little is the world!

One morning we depart, the brain fulfilled with flame, the heart swollen with rancour and with bitter desires, and we go pursuing the rhythm of the billow and cradling our infinity on the finite oceans: some, happy to flee an infamous fatherland; others, the horror of their cradles; and some, astrologers drowned in the eyes of a woman, the tyrannical Circle with dangerous perfumes, in order not to be transformed into beasts, inebriate themselves with light and space and the embrasured heavens; the cold that gnaws them, the suns that encopper them, efface slowly the mark of kisses.

La glace qui les mord, les soleils qui les cuivrent,   15
Effacent lentement la marque des baisers.

Mais les vrais voyageurs sont ceux-là seuls qui partent
Pour partir; cœurs légers, semblables aux ballons,
De leur fatalité jamais ils ne s'écartent,
Et, sans savoir pourquoi, disent toujours: Allons!   20

Ceux-là dont les désirs ont la forme des nues,
Et qui rêvent, ainsi qu'un conscrit le canon,
De vastes voluptés, changeantes, inconnues,
Et dont l'esprit humain n'a jamais su le nom!

II

Nous imitons, horreur! la toupie et la boule   25
Dans leur valse et leurs bonds; même dans nos sommeils
La Curiosité nous tourmente et nous roule,
Comme un Ange cruel qui fouette des soleils.

Singulière fortune où le but se déplace,
Et, n'étant nulle part, peut être n'importe où!   30
Où l'Homme, dont jamais l'espérance n'est lasse,
Pour trouver le repos court toujours comme un fou!

Notre âme est un trois-mâts cherchant son Icarie;
Une voix retentit sur le pont: "Ouvre l'œil!"
Une voix de la hune, ardente et folle, crie: 35
"Amour . . . gloire . . . bonheur!" Enfer! c'est un écueil!

Chaque îlot signalé par l'homme de vigie
Est un Eldorado promis par le Destin!
L'Imagination qui dresse son orgie
Ne trouve qu'un récif aux clartés du matin.   40

O le pauvre amoureux des pays chimériques!
Faut-il le mettre aux fers, le jeter à la mer,
Ce matelot ivrogne, inventeur d'Amériques
Dont le mirage rend le gouffre plus amer?

Tel le vieux vagabond, piétinant dans la boue,   45
Rêve, le nez en l'air, de brillants paradis;
Son œil ensorcelé découvre une Capoue
Partout où la chandelle illumine un taudis.

But the true travellers are those who depart for the sake of departing; light hearts, and like to balloons, they can never evade their fatality, and without knowing why, they say always: "On!" Their longings have the form of clouds, and they dream, as a conscript dreams of the cannon, of vast, unknown and ever-changing pleasures, whose name the human spirit has never learned!

II

Horror! we imitate the top and the ball in their valse and their leapings; even in our slumber Curiosity torments and drives us forth, like a cruel Angel who lashes the suns.

Singular fate where the goal forever changes, and being nowhere, may be anywhere! Man, whose hope is never weary, runs ever like a madman to find repose!

Our soul is a three-master seeking its Icaria; a voice cries out on the bridge: "Beware!" A voice in the top, ardent and foolish, cries: "Love . . . glory . . . happiness!" *Enfer!* it is a sandbank.

Each island pointed out by the watch is an Eldorado promised by destiny; Imagination, that sets forth a delicious orgy, finds only a reef in the morning light.

O! the poor lover of chimerical lands! Is it not needful to put him in irons, to cast him into the sea, this drunken sailor, discoverer of Americas, whose mirage has only served to render the gulf more bitter? Thus an old vagabond, tramping in the mire, dreams with his nose in the air of shining Paradises; his enchanged eye discovers a Capua wherever some candle illuminates a hut.

III

Etonnants voyageurs! quelles nobles histoires
Nous lisons dans vos yeux profonds comme les mers!　　　　50
Montrez-nous les écrins de vos riches mémoires,
Ces bijoux merveilleux, faits d'astres et d'éthers.

Nous voulons voyager sans vapeur et sans voile!
Faites, pour égayer l'ennui de nos prisons,
Passer sur nos esprits, tendus comme une toile,　　　　55
Vos souvenirs avec leurs cadres d'horizons.

Dites, qu'avez-vous vu?

IV

　　　　　　　　　"Nous avons vu des astres
Et des flots; nous avons vu des sables aussi;
Et, malgré bien des chocs et d'imprévus désastres,
Nous nous sommes souvent ennuyés, comme ici.　　　　60

"La gloire du soleil sur la mer violette,
La gloire des cités dans le soleil couchant,
Allumaient dans nos cœurs une ardeur inquiète
De plonger dans un ciel au reflet alléchant.

"Les plus riches cités, les plus grands paysages,　　　　65
Jamais ne contenaient l'attrait mystérieux
De ceux que le hasard fait avec les nuages,
Et toujours le désir nous rendait soucieux!

"—La jouissance ajoute au désir de la force.
Désir, vieil arbre à qui le plaisir sert d'engrais,　　　　70
Cependant que grossit et durcit ton écorce,
Tes branches veulent voir le soleil de plus près!

"Grandiras-tu toujours, grand arbre plus vivace
Que le cyprès?—Pourtant nous avons, avec soin,
Cueilli quelques croquis pour votre album vorace,　　　　75
Frères qui trouvez beau tout ce qui vient de loin!

"Nous avons salué des idoles à trompe;
Des trônes constellés de joyaux lumineux;
Des palais ouvragés dont la féerique pompe
Serait pour vos banquiers un rêve ruineux;　　　　80

III

Astounding travellers! what noble histories we read in your eyes profound like the sea! Display to us the caskets of your rich memories, the marvellous jewels, made of stars and of ethers. We would travel without steam and without sail! To divert the ennui of our prison, cause to pass over our spirits, outstretched like a sail, your memories with their frames of horizons. Tell us, what have you seen?

IV

"We have seen stars and billows; we have also seen the sands; and despite so many shocks and unforeseen disasters, we were often bored and tired, even as here.

"The glory of the sun on the violet sea, the glory of cities in the setting sun, enkindled in our hearts an unquiet ardour, a desire to plunge into some heaven to the heart of the alluring reflection. The richest cities, the greatest landscapes, never held the mysterious lure of those that chance had made from the very clouds. And desire rendered us forever anxious.

—"Enjoyment adds a strength to desire. Desire, old tree that pleasure serves to fatten, while thy bark grows thicker and hardens, thy branches will see the sun from a nearer vantage. Wilt thou grow forever, great tree more viable than the cypress?—However, we have carefully culled some sketches for your voracious album, brothers who find beauty in all things that have come from afar!

"We have hailed the horned idols, the thrones constellated with luminous jewels, the wrought palaces whose fairy pomps would be a ruinous dream for your bankers, the costumes that are a drunkenness for the eyes, the women whose teeth and nails are tinted, and the wise jugglers that the serpent caresses."

"Des costumes qui sont pour les yeux une ivresse;
Des femmes dont les dents et les ongles sont teints,
Et des jongleurs savants que le serpent caresse."

V

Et puis, et puis encore?

VI

    "O cerveaux enfantins!

"Pour ne pas oublier la chose capitale,   85
 Nous avons vu partout, et sans l'avoir cherché,
 Du haut jusques en bas de l'échelle fatale,
 Le spectacle ennuyeux de l'immortel péché:

"La femme, esclave vile, orgueilleuse et stupide,
 Sans rire s'adorant et s'aimant sans dégoût;   90
 L'homme, tyran goulu, paillard, dur et cupide,
 Esclave de l'esclave et ruisseau dans l'égout;

"Le bourreau qui jouit, le martyr qui sanglote;
 La fête qu'assaisonne et parfume le sang;
 Le poison du pouvoir énervant le despote,   95
 Et le peuple amoureux du fouet abrutissant;

"Plusieurs religions semblables à la nôtre,
 Toutes escaladant le ciel; la Sainteté,
 Comme en un lit de plume un délicat se vautre,
 Dans les clous et le crin cherchant la volupté;   100

"L'Humanité bavarde, ivre de son génie,
 Et, folle maintenant comme elle était jadis,
 Criant à Dieu, dans sa furibonde agonie:
 'O mon semblable, mon maître, je te maudis!'

"Et les moins sots, hardis amants de la Démence, 105
 Fuyant le grand troupeau parqué par le Destin,
 Et se réfugiant dans l'opium immense!
 —Tel est du globe entier l'éternel bulletin."

VII

Amer savoir, celui qu'on tire du voyage!
Le monde, monotone et petit, aujourd'hui,   110

V

And then, and then moreover?

VI

"O childish minds! In order not to forget the capital thing, we have seen everywhere, from top to bottom of the fatal ladder, the tiresome spectacle of immortal sin: woman, a vile slave, proud and stupid, worshipping herself without laughter and loving herself without disgust; man, a greedy tyrant, lascivious, hard and covetous, a slave of the slave, a stream in the sewer; the hangman who rejoices, the martyr who sobs; the feast that is seasoned and perfumed with blood; the poison of power enervating the despot, and the people enamoured of the brutalizing whip; many religions like our own, all escalading the heavens; Sanctity seeking for pleasure in nails and hair-cloth, like an exquisite who lies in a feather bed; prating Humanity, drunk with its genius, and foolish now as aforetime, crying to God in its furious agony: 'O my fellow man, O my master, I curse thee!' and silly monks, the foolhardy lovers of Dementia, fleeing the great herd that is penned up by destiny, and finding refuge in an immense opium!—Such is the eternal bulletin of the entire globe!"

VII

Bitter savour, that one draws from travelling! The world, monotonous and little, to-day, yesterday, to-morrow, forever, makes us know that ours is an oasis in a desert of ennui!

Hier, demain, toujours, nous fait voir notre image:
Une oasis d'horreur dans un désert d'ennui!

Faut-il partir? rester? Si tu peux rester, reste;
Pars, s'il le faut. L'un court, et l'autre se tapit
Pour tromper l'ennemi vigilant et funeste,   115
Le Temps! Il est, hélas! des coureurs sans répit,

Comme le Juif errant et comme les apôtres,
A qui rien ne suffit, ni wagon ni vaisseau,
Pour fuir ce rétiaire infâme; il en est d'autres
Qui savent le tuer sans quitter leur berceau.   120

Lorsque enfin il mettra le pied sur notre échine,
Nous pourrons espérer et crier: En avant!
De même qu'autrefois nous partions pour la Chine,
Les yeux fixés au large et les cheveux au vent,

Nous nous embarquerons sur la mer des Ténèbres   125
Avec le cœur joyeux d'un jeune passager.
Entendez-vous ces voix charmantes et funèbres,
Qui chantent: "Par ici! vous qui voulez manger

"Le Lotus parfumé! c'est ici qu'on vendange
Les fruits miraculeux dont votre cœur a faim;   130
Venez vous enivrer de la douceur étrange
De cette après-midi qui n'a jamais de fin!"

A l'accent familier nous devinons le spectre;
Nos Pylades là-bas tendent leurs bras vers nous.
"Pour rafraîchir ton cœur nage vers ton Electre!"   135
Dit celle dont jadis nous baisions les genoux.

VIII

O Mort, vieux capitaine, il est temps! levons l'ancre!
Ce pays nous ennuie, ô Mort! Appareillons!
Si le ciel et la mer sont noirs comme de l'encre,
Nos cœurs que tu connais sont remplis de rayons!   140

Verse-nous ton poison pour qu'il nous réconforte!
Nous voulons, tant ce feu nous brûle le cerveau,
Plonger au fond du gouffre, Enfer ou Ciel, qu'importe?
Au fond de l'Inconnu pour trouver du *nouveau!*

Must we depart? Shall we remain? If thou canst, remain; depart, if this be needful. One runs and another crouches low to cheat the vigilant and baleful enemy, Time! And there are wayfarers without respite, like a Wandering Jew and the Apostles, whom neither wagon nor vessel can suffice to flee this infamous retiary; and there are others who have learned how to slay him without ever having quitted their cradles.

When at last he sets his foot upon our spine, we can be hopeful, and cry out: "Let us go on!" Even as of old, when we departed for China with fixed eyes and hair upon the wind, we shall embark upon the sea of Shadow with the joyful heart of a young passenger. Hear you the voices, charming and funereal, that sing: "Come here! all ye who long to eat the perfumed Lotus! It is here we vend the miraculous fruits for which your heart is hungry; come, and be drunken with the strange sweetness of the afternoon that has no end!"

By some familiar accent we divine the spectre. Our Pylades down there extend their arms toward us. "To refresh thy heart, swim now toward thine Electra," says she whose knees we kissed in former times.

VIII

O Death, old captain, it is time! lift anchor! This country wearies us, O Death! Let us depart! If the sky and the sea are black as ink, our hearts that thou wouldst know are replete with rays of light!

Pour us thy poison, that it comfort us! For the fire so fiercely burns our brains that we long to plunge to the very depth of the gulf, and whether to hell or heaven, what matter? Ah! in the depth of the unknown to find the *new!*

[Jetsam]

I. Les Bijoux

La très chère était nue, et, connaissant mon cœur,
Elle n'avait gardé que ses bijoux sonores,
Dont le riche attirail lui donnait l'air vainqueur
Qu'ont dans leurs jours heureux les esclaves des Maures.

Quand il jette en dansant son bruit vif et moqueur,   5
Ce monde rayonnant de métal et de pierre
Me ravit en extase, et j'aime à la fureur
Les choses où le son se mêle à la lumière.

Elle était donc couchée, et se laissait aimer,
Et du haut du divan elle souriait d'aise   10
A mon amour profond et doux comme la mer
Qui vers elle montait comme vers sa falaise.

Les yeux fixés sur moi, comme un tigre dompté,
D'un air vague et rêveur elle essayait des poses,
Et la candeur unie à la lubricité   15
Donnait un charme neuf à ses métamorphoses.

Et son bras et sa jambe, et sa cuisse et ses reins,
Polis comme de l'huile, onduleux comme un cygne,
Passaient devant mes yeux clairvoyants et sereins;
Et son ventre et ses seins, ces grappes de ma vigne,   20

S'avançaient, plus câlins que les Anges du mal,
Pour troubler le repos où mon âme était mise,
Et pour la déranger du rocher de cristal
Où, calme et solitaire, elle s'était assise.

Je croyais voir unis pour un nouveau dessin   25
Les hanches de l'Antiope au buste d'un imberbe,
Tant sa taille faisait ressortir son bassin.
Sur ce teint fauve et brun, le fard était superbe!

—Et la lampe s'étant résignée à mourir,
Comme le foyer seul illuminait la chambre,   30
Chaque fois qu'il poussait un flamboyant soupir,
Il inondait de sang cette peau couleur d'ambre.

I. Les Bijoux

The darling was naked, and knowing my heart, she had kept only her sonorous jewels, whose opulent gear served to give her the triumphant air that the slaves of the Moors possess in their happy days.

When it gives forth in dancing a live and derisive din, this shining world of metal and of stone enravishes me to ecstasy, and I love with frenzy the things wherein light is commingled with sound.

She was lying down, and suffered herself to love me, and from the height of the divan she smiled easily at my passion profound and sweet like the sea, which mounted toward her as toward its cliff.

Her eyes fixed upon mine, like a tamed tiger, she essayed her postures, and her candour united to her lubricity gave a new charm to her metamorphoses. And her arm and her leg, and her thigh and her loins, polished with oil, undulant like a swan, passed before my serene and clairvoyant eyes; and her belly and her breasts, those grapes of my vine, came forward more cajoling than the angels of evil to trouble the repose wherein my soul was placed, and to bring her down from the rock of crystal, where, calm and solitary, she had seated herself.

I believed that I saw the hips of Antiope united in a novel design with the bust of a beardless boy, so much did her figure throw her pelvis forward. On her brown and tawny complexion the paint was superb!

— And the lamp having resigned itself to die, the fire alone illuminated the room. Each time that it put forth a flaming sigh, it inundated with blood this skin the colour of amber!

II. Le Léthé

Viens sur mon cœur, âme cruelle et sourde,
Tigre adoré, monstre aux airs indolents;
Je veux longtemps plonger mes doigts tremblants
Dans l'épaisseur de ta crinière lourde;

Dans tes jupons remplis de ton parfum   5
Ensevelir ma tête endolorie,
Et respirer, comme une fleur flétrie,
Le doux relent de mon amour défunt.

Je veux dormir! dormir plutôt que vivre!
Dans un sommeil, douteux comme la mort,   10
J'étalerai mes baisers sans remord
Sur ton beau corps poli comme le cuivre.

Pour engloutir mes sanglots apaisés
Rien ne me vaut l'abîme de ta couche;
L'oubli puissant habite sur ta bouche,   15
Et le Léthé coule dans tes baisers.

A mon destin, désormais mon délice,
J'obéirai comme un prédestiné;
Martyr docile, innocent condamné,
Dont la ferveur attise la supplice.   20

Je sucerai, pour noyer ma rancœur,
Le népenthès et la bonne ciguë
Aux bouts charmants de cette gorge aiguë
Qui n'a jamais emprisonné de cœur.

II. Lethe

Cruel and deaf, come to my heart again,
O indolent sphinx, tigress that I adore!
Long, long my trembling fingers would explore
The dense and heavy darkness of thy mane;

And in thy skirts, a perfume-laden pall,   5
I would enshroud this ever-aching head,
The musty sweetness of my passion dead
Like faded flowers breathed amid the fall.

For I would sleep, rather than live, alas!
Doubtful as death that all-desired slumber   10
Where unremorseful kisses without number
Will cover thy beautiful body polished like brass.

Unequalled in thy couch, that soft abyss,
To engulf the sighs and sobbings of my drouth;
Potent oblivion dwells upon thy mouth   15
And Lethe flows full-fountained in thy kiss.

To this my doom, a prisoner innocent,
The docile, destined martyr of desire,
I yield, and all my ardor fans the fire
And wrath of my undying punishment.   20

I will drink, to drown my rancor ere it start,
Hemlock benign and balms of sleep and rest
From the keen, delightful nipples of thy breast
That never held, nor will ever hold, a heart.

III. A celle qui est trop gaie

Ta tête, ton geste, ton air
Sont beaux comme un beau paysage;
Le rire joue en ton visage
Comme un vent frais dans un ciel clair.

Le passant chagrin que tu frôles   5
Est ébloui par la santé
Qui jaillit comme un clarté
De tes bras et de tes épaules.

Les retentissantes couleurs
Dont tu parsèmes tes toilettes   10
Jettent dans l'esprit des poètes
L'image d'un ballet de fleurs.

Ces robes folles sont l'emblème
De ton esprit bariolé;
Folle don't je suis affolé,   15
Je te hais autant que je t'aime!

Quelquefois, dans un beau jardin
Où je trainais mon atonie,
J'ai senti, comme un ironie,
Le soleil déchirer mon sein;   20

Et le printemps et la verdure
Ont tant humilié mon cœur,
Que j'ai puni sur une fleur
L'insolence de la Nature.

Ainsi je voudrais, une nuit,   25
Quand l'heure des voluptés sonne,
Vers les trésors de ta personne
Comme une lâche ramper sans bruit,

Pour châtier ta chair joyeuse,
Pour meurtrir ton sein pardonné   30
Et faire à ton flanc étonné
Une blessure large et creuse,

Et, vertigineuse douceur!
A travers ces lèvres nouvelles
Plus éclatantes et plus belles,   35
T'infuser mon venin, ma sœur!

III. To Her Who Is Too Gay

Thy head, thy gesture, thine air, are beautiful like a beautiful landscape; laughter plays in thy visage like a cool wind in a clear heaven.

The melancholy passer whom thou brushest is blinded by the health that pours like a radiance from thine arms and thy shoulders.

The reverberating colours wherewith thy toilettes are sown, create in the spirit of poets the image of a ballet of flowers.

These mad and frivolous gowns are the emblem of thy motley spirit; madcap of whom I am enamoured, I hate thee as much as I love thee!

Sometimes in a beautiful garden, where I dragged my debility, I have felt the sun tear my bosom like an irony; and the springtime and the verdure have humiliated my heart so much that I have avenged the insolence of nature upon a flower.

Thus, one night, when sounds the hour of pleasures, I would creep noiselessly like a craven toward the treasures of thy person, to chastise thy joyous flesh, to bruise thy forgiven breast, and to make a large and hollow wound in thine astonished flank; and then, vertiginous sweetness! across these novel lips, more bright and more lovely, to infuse my venom, my sister!

IV. Lesbos

Mère de jeux latins et des voluptés grecques,
Lesbos, où les baisers languissants ou joyeux,
Chauds comme les soleils, frais comme des pastèques
Font l'ornement des nuits et des jours glorieux;
—Mère des jeux latins et des voluptés grecques,   5

Lesbos, où les baisers sont comme les cascades
Qui se jettent sans peur dans les gouffres sans fonds
Et courent, sanglotant et gloussant par saccades,
Orageux et secrets, fourmillants et profonds;
Lesbos où les baisers sont comme les cascades!   10

Lesbos où les Phrynés l'une l'autre s'attirent,
Où jamais un soupir ne resta sans écho,
A l'egal de Paphos les étoils t'admirent,
Et Vénus à bon droit peut jalouser Sapho!
—Lesbos où les Phrynés l'une l'autre s'attirent,   15

Lesbos, terre des nuits chaudes et langoureuses,
Qui font qu'à leurs miroirs, stérile volupté!
Les filles aux yeux cruex, de leurs corps amoureuses,
Caressent les fruits mûrs de leur nubilité,
Lesbos, terre des nuits chaudes et langoureuses,   20

Laisse du vieux Platon se froncer l'œil austère;
Tu tires ton pardon de l'excès des baisers,
Reine du doux empire, aimable et noble terre,
Et des raffinements toujours inépuisés.
Laisse du vieux Platon se froncier l'œil austère.   25

Tu tires ton pardon de l'éternel martyre
Infligé sans relâche aux cœurs ambitieux,
Qu'attire loin de nous le radieux sourire
Entrevu vaguement au bord des autres cieux!
Tu tires ton pardon de l'éternel martyre!   30

Qui des Dieux osera, Lesbos, être ton juge
Et condamner ton front pâli dans les travaux,
Si les balances d'or n'ont pesé le déluge
Des larmes qu'à la mer ont versé tes ruisseaux?
Qui des Dieux osera, Lesbos, être ton juge?   35

IV. Lesbos

Mother of Latin games and Greek pleasures, Lesbos, where kisses languishing or joyful, warm like the suns, and cool like the water-melons, from the ornament of glorious days and glorious nights; Mother of Latin games and of Greek pleasures, Lesbos, where kisses are like to waterfalls that fearless cast themselves adown unbottomed gulfs, and run, sobbing and chuckling at intervals, tempestuous and secret, swarming and profound, Lesbos, where kisses are like to waterfalls!

Lesbos, where Phryne is allured by Phryne, where never a sigh remains without echo, as the peer of Paphos the stars admire them, and Aphrodite has reason to be jealous of Sappho! Lesbos where Phryne is allured by Phryne, Lesbos the land of hot and languorous nights, where the girls with hollow eyes, enamoured of their bodies, caress before their mirrors in sterile pleasure the ripe fruits of their nubility; Lesbos, the land of hot and languorous nights, let the austere eye of old Plato frown; thou drawest thy pardon from excess of kisses, Queen of a sweet empire, amiable and noble land, and from refinements forever unexhausted. Let, let the austere eye of old Plato frown.

Thou drawest this pardon from the eternal martyrdom inflicted without remission upon the ambitious hearts who are lured far from us by the radiant smile seen vaguely on the verge of other heavens; thou drawest thy pardon from the eternal martyrdom!

Que nos veulent les lois du juste et de l'injuste?
Vierges au cœur sublime, honneur de l'Archipel,
Votre religion comme une autre est auguste,
Et l'amour se rira de l'Enfer et du Ciel!
Que nous veulent les lois du juste et de l'injuste?   40

Car Lesbos entre tous m'a choisi sur la terre
Pour chanter le secret de ses vierges en fleurs,
Et je fus dès l'enfance admis au noir mystère
Des rires effrénés mêlés aux sombres pleurs,
Car Lesbos entre tous m'a choisi sur la terre.   45

Et depuis lors je veille au sommet de Leucate
Comme une sentinelle à l'œil perçant et sûr,
Qui guette nuit et jour brick, tartane ou frégate,
Dont les formes au loin frissonnent dans l'azur;
Et depuis lors je veille au sommet de Leucate   50

Pour savoir si la mer est indulgente et bonne,
Et parmi les sanglos don't le roc retentit,
Un soir ramènera vers Lesbos, qui pardonne,
Le cadavre adoré de Sapho qui partit
Pour savoir si la mer est indulgente et bonne!   55

De la mâle Sapho, l'amante et le poète,
Plus belle que Vénus par ses mornes pâleurs!
—L'œil d'azur est vaincu par l'œil noir que tachète
La cercle ténébreux tracé par des douleurs
De la mâle Sapho, l'amante et le poète!   60

—Plus belle que Vénus se dressant sur le monde
Et versant les trésors de sa sérénité
Et le rayonnement de sa jeunesse blonde
Sur le vieil Océan de sa fille enchanté;
Plus belle que Vénus se dressant sur le monde!   65

—De Sapho qui mourut le jour de son blasphème,
Quand, insultant le rite et le culte inventé,
Elle fit son beau corps le pâture suprême
D'un brutal dont l'orgueil punit l'impiété,
De Sapho qui mourut le jour de son blasphème.   70

Et c'est depuis ce temps que Lesbos se lamente,
Et, malgré les honneurs qui lui rend l'univers,
S'enivre chaque nuit du cri de la tourmente
Que poussent vers les cieux ses rivages déserts!
Et c'est depuis ce temps que Lesbos se lamente!   75

Which of the gods will dare, Lesbos, to be thy judge and to condemn thy brow made pale with labor, if his golden scales have never weighed the tide of tears that thy streams have poured into the sea? Which of the gods will dare, Lesbos, to be thy judge?

Of what value are the laws of just and of unjust? Virgins with heart sublime, honour of the archipelago, like any other your religion is august, and love will laugh at hell and heaven! Of what value are the laws of just and of unjust?

For Lesbos from all the world has chosen me to sing the secret of her maids in flower, and I have [been] admitted from childhood to this dark mystery of frantic laughters mingled with sombre tears; for Lesbos from all the world has chosen me, and since then I watch on the summit of Leucate, like a sentinel with sure and piercing eye, who watches night and day for brig and tartan and frigate, whose forms tremble afar in the azure; and since then I watch on the summit of Leucate to learn if the sea is kind and indulgent, and, among the sobs that resound upon the rock, will bring back again to pardoning Lesbos the forgiven and adored body of Sappho who departed to learn if the sea is kind and indulgent!

Of the male Sappho, lover and poet, more beautiful than Venus by reason of her mournful pallor! The eye of blue is defeated by the black eye that is marked by the sombre circle traced by the sorrows of the male Sappho, lover and poet!

—More beautiful than Venus rising on the world and pouring the treasures of her serenity and the radiance of her blond youth on the old Ocean, enchanted with his daughter; more beautiful than Venus rising on the world!

—Of Sappho, who died upon the day of her blasphemy, when, insulting the Lesbian rite and cult, she made her beautiful body the supreme pasture of a brute whose pride punished the impiety of Sappho who died upon the day of her blasphemy.

And it is from this time that Lesbos laments, and despite the honour that the universe has rendered her, grows drunk each night with the cries and torments that her desert shores put forth to the heavens! And it is from this time that Lesbos laments!

V. Femmes damnées

DELPHINE ET HIPPOLYTE

À la pâle clarté des lampes languissantes,
Sur de profonds coussins tout imprégnés d'odeur,
Hippolyte rêvait aux caresses puissantes
Qui levaient le rideau de sa jeune candeur.

Elle cherchait d'un œil troublé par la tempête,   5
De sa naïveté le ciel déjà lointain,
Ainsi qu'un voyageur qui retourne la tête
Vers les horizons bleus dépassés le matin.

De ses yeux amoirtis les paresseuses larmes,
L'air brisé, la stupeur, la morne volupté,   10
Ses bras vaincus, jetés comme de vaines armes,
Tout servait, tout parait sa fragile beauté.

Étendue à ses pieds, calme et pleine de joie,
Delphine la couvait avec des yeux ardents,
Comme un animal fort qui surveille une proie,   15
Après l'avoir d'abord marquée avec les dents.

Beauté forte à genoux devant la beauté frêle,
Superbe, elle humait voluptueusement
Le vin de son triomphe, et s'allongeait vers elle
Comme pour recueillir un doux remerciement.   20

Elle cherchait dans l'œil de sa pâle victime
Le cantique muet que chante le plaisir,
Et cette gratitude infinie et sublime
Qui sort de la paupière ainsi qu'un long soupir.

—"Hippolyte, cher cœur, que dis-tu de ces choses?   25
Comprends-tu maintenant qu'il ne faut pas offrir
L'holocauste sacré de tes premières roses
Aux souffles violents qui pourraient les flêtrir?

"Mes baisers sont légers comme ces éphémères
Qui caressent le soir les grands lacs transparents,   30
Et ceux de ton amant creuseront leurs ornières
Comme des chariots ou des socs déchirants;

V. Femmes damnées: Delphine et Hippolyte

By the pale light of the declining lamps, on the deep cushions all impregnated with odours, Hippolyte lay dreaming of the powerful caresses that lifted the curtain of her young innocence.

With an eye troubled by the tempest, she sought the heavens already remote of her naiveté, even as a traveller who turns his head toward the blue horizons that he has passed since morning.

The indolent tears of her dulled eyes, her broken air, her stupour, her mournful voluptuousness, her vanquished arms, downcast like vain weapons, all served, and all adorned her fragile beauty.

Outstretched at her feet, the calm and joyous Delphine devoured her with ardent eyes, like a strong animal that surveys its prey, after having marked it beforehand with its teeth. The strong beauty on her knees before the frail beauty, superb, she drank voluptuously the wine of her triumph, and stretched toward her as if to receive a sweet thanksgiving. She sought in the eye of her pale victim the mute canticle that sings the pleasure of love, and the infinite and sublime gratitude that issues from the eyelid like a long sigh:

"Dear heart, my Hippolyte, what sayest thou to these things? Dost thou comprehend now that it is unnecessary to offer the sacred holocaust of thy first kisses to the violent breath that would only blight them? My kisses are light as those of ephemerae that caress at evening the broad transparent lakes, and those of thy lover will hollow out their ruts like wagon-wheels or tearing ploughshares; they will pass over thee like a heavy team of horses and of oxen with pitiless feet. Hippolyte, O my sister, turn then thy face, thou, my soul and my heart, my all and my better half, turn toward me thine eyes full of azure and of stars! For one of those charming glances, balm divine, I will lift the veil of obscurest pleasures, and I will lull thee to slumber in a dream without end!"

"Ils passeront sur toi comme un lourd attelage
De chevaux et de bœufs aux sabots sans pitié . . .
Hippolyte, ô ma sœur, tourne donc ton visage,   35
Toi, mon âme et mon cœur, mon tout et ma moitié,

"Tourne vers moi tes yeux pleins d'azur et étoiles!
Pour un de ces regards charmants, baume divin,
Des plaisirs plus obscurs je lèverai les voiles
Et je t'endormirai dans un rêve sans fin!"   40

Mais Hippolyte alors levant sa jeune tête:
—"Je ne suis point ingrate et ne me repens pas,
Ma Delphine, je souffre et je suis inquiète,
Comme après un nocturne et terrible repas.

"Je sens fondre sur moi de lourdes épouvantes   45
Et de noirs bataillons de fantômes épars,
Qui veulent me conduire en des routes mouvantes
Qu'un horizon sanglant ferme de toutes parts.

"Avons-nous donc commis une action étrange?
Explique, si tu peux, mon trouble et mon effroi: 50
Je frissonne de peur quand tu me dis: 'Mon ange!'
"Et cependant je sens ma bouche aller vers toi.

"Ne me regarde pas ainsi, toi, ma pensée !
Toi que j'aime à jamais, ma sœur d'élection,
Quand même tu serais une embûche dressée   55
Et le commencement de ma perdition!"

Delphine, secouant sa crinière tragique,
Et comme trépignant sur le trépied de fer,
L'œil fatal, répondit d'une voix despotique:
—"Qui donc devant l'amour ose parler d'enfer?   60

"Maudit soit à jamais le rêveur inutile
Qui voulut le premier dans sa stupidité,
S'éprenant d'un problème insoluble et stérile,
Aux choses de l'amour mêler l'honnêteté!

"Celui qui veut unir dans un accord mystique   65
L'ombre avec la chaleur, la nuit avec le jour,
Ne chauffera jamais son corps paralytique
A ce rouge soleil que l'on nomme l'amour!

Hippolyte made answer then, lifting her young head: "I am nowise ungrateful, nor have I repented me, my Delphine, but I suffer and I am disquieted as after some nocturnal and terrible repast. I feel my heavy terrors dart upon me, and black battalions of scattered phantoms who would lead me forth upon unstable roads that a bloody horizon encloses everywhere.

"Have we then committed a strange action? Explain, if thou canst, my trouble and my fright: I tremble with fear when thou sayest to me: My angel! and still I feel my mouth move ever toward thee. Gaze not upon me thus, O thou who art my thought, O thou that I love forever, my chosen sister, even if thou shouldst become an erected pyre, and be the beginning of my perdition!"

Delphine, shaking her tragic mane, and as if stamping her feet upon the iron tripod, with a fatal eye, replied in a despotic voice: "Who, then, before love will dare to speak of hell? Forever accursed be the futile dreamer who would have the first in his stupidity, enamoured of an insoluble problem, to mingle propriety with the things of love! He who would unite in a mystical accord the shadow with the heat, the night with the day, will never warm his paralytic body at this red sun whose name is love!

"Va, si tu veux chercher un fiancé stupide,
  Cours offrir un cœur vierge à ses cruels baisers;   70
  Et, pleine de remords et d'horreur, et livide,
  Tu me rapporteras tes seins stigmatisés . . .

"On ne peut ici-bas contenter qu'un seul maître!"
  Mais l'enfant, épanchant une immense douleur,
  Cria soudain: "Je sens s'élargir dans mon être   75
  Un abime béant; cet abîme est mon cœur!

"Brûlant comme un volcan, profond comme le vide!
  Rien ne rassasiera ce monstre gémissant
  Et ne rafraîchira la soif de l'Euménide
  Qui, la torche à la main, le brûle jusqu'au sang.   80

"Que nos rideaux fermés nous séparent du monde,
  Et que la lassitude amène le repos!
  Je veux m'anéantir dans ta gorge profonde
  Et trouver sur ton sein la fraîcheur des tombeaux!"

Descendez, descendez, lamentables victimes,   85
  Descendez le chemin de l'enfer éternel;
  Plongez au plus profond du gouffre où tous les crimes,
  Flagellés par un vent qui ne vient pas du ciel,

Bouillonnent pêle-mêle avec un bruit d'orage.
  Ombres folles, courez au but de vos désirs;   90
  Jamais vous ne pourrez assouvir votre rage,
  Et votre châtiment naîtra de vos plaisirs.

Jamais un rayon frais n'éclaira vos cavernes;
  Par les fentes des murs, des miasmes fiévreux
  Filtrent en s'enflammant ainsi que des lanterns   95
  Et pénètrent vos corps de leurs parfums affreux.

L'âpre stérilité de votre jouissance
  Altère votre soif et roidit votre peau,
  Et le vent furibond de ta concupiscence
  Fait claquer votre chair ainsi qu'un vieux drapeau.   100

Loin des peuples vivants, errantes, condamnées,
  A travers les déserts courez comme les loups;
  Faites votre destin, âmes désordonnées,
  Et fuyez l'infini que vous portez en vous!

"Go, if thou wilt, and find a stupid fiancé; offer a virgin heart to his kisses, and full of remorse and horror, and livid, thou wilt bring back to me thy stigmatized breasts; for here-below it is possible to satisfy only one master!"

But the child, out-pouring an immense sorrow, cried suddenly: "I feel expand in my being an abysm that yawns, and this abysm is my heart, burning like a volcano, and profound like the void; nothing will sate this moaning monster, nor refresh the thirst of the Eumenide who, torch in hand, has burned it even to the blood.

"Let our drawn curtains separate us from the world, and let our lassitude lead on repose! I long to annihilate myself in thy deep bosom, and find upon thy breast the coolness of the tombs!"

Descend, descend, O lamentable victims, descend the highway of eternal hell; plunge to the deepest gulf of the abyss, where all the crimes, flagellated by a wind that has not come from heaven, boil and bubble confusedly with a sound of storm; foolish shadows, run to the goal of your desires; never will you be able to satisfy your rage, and your chastisement will be born of your pleasures.

Never will a fresh beam illuminate your caverns; through the rifts of the walls, the feverish miasmas filter and kindle in flame like lanterns, and penetrate your bodies with their frightful perfumes.

The harsh sterility of your enjoyment augments your thirst and stiffens your skin, and the furious wind of concupiscence will make your flesh clap like an old drapery.

Far from the living peoples, errant and condemned, run ever across the desert like wolves; fulfill your destiny, disordered soul, and flee the infinity that you bear in yourselves!

VI. Les Métamorphoses du vampire

La femme, cependant, de sa bouche de fraise,
En se tordant, ainsi qu'un serpent sur la braise,
Et pétrissant ses seins sur le fer de son busc,
Laissait couler ces mots tout imprégnés de musc:
—"Moi, j'ai la lèvre humide, et je sais la science   5
De perdre au fond d'un lit l'antique conscience.
Je sèche tous les pleurs sur mes seins triomphants,
Et fais rire les vieux du rire des enfants.
Je remplace, pour qui me voit nue et sans voiles,
La lune, le soleil, le ciel et les étoiles!   10
Je suis, mon cher savant, si docte aux voluptés,
Lorsque j'étouffe un homme en mes bras redoutés
Ou lorsque j'abandonne aux morsures mon buste,
Timide et libertine, et fragile et robuste,
Que sur ces matelas qui se pâment d'émoi,   15
Les anges impuissants se damneraient pour moi!"
Quand elle eut de mes os sucé tout la moelle,
Et que languissamment je me tournai vers elle,
Pour lui rendre une baiser d'amour, je ne vis plus
Qu'un outre aux flancs gluants toute pleine de pus!   20
Je fermai les deux yeux dans ma froide épouvante,
Et quand je les rouvris à la clarté vivante,
À mes côtés, au lieu du mannequin puissant
Qui semblait avoir fait provision de sang,
Tremblaient confusément des débris de squelette,   25
Qui d'eux-mêmes rendaient le cri d'une girouette
Ou d'une enseigne au bout d'une tringle de fer
Que balance le vent pendant les nuits d'hiver.

VI. The Metamorphoses of the Vampire

Turning and twisting like a serpent among embers, and kneading her breasts against her iron stays, the woman in the meanwhile poured from her strawberry mouth a soliloquy that was pregnant with musk: "My lips are moist, and I know the art of losing in a deep bed the antiquated conscience. All tears are dried upon my triumphant breasts, and I cause the old to laugh with the laughter of children. For those who see me naked and without veils, I replace the sun, the moon, the stars and the heavens. I display so profound a knowledge of pleasure, such subtle erudition, when I stifle men in my velvet arms, or abandon to bites and kisses my shy, lascivious, frail and robust bosom, that even the impotent angels would damn themselves for me on my swooning mattresses!"

When she had sucked all the marrow from my bones, and I turned languishingly to give her an amorous kiss, I beheld only a leathern bottle with slimy sides, filled full of pus! I closed my eyes in a cold terror, and when I re-opened them to the living light, beside me, in lieu of the lusty mannequin that had seemed so well furnished with blood, there quivered the confused debris of a skeleton, creaking like a rusty weather-cock, or a signboard that swings from an iron rod, swaying in the wind of winter nights.

Translations from the French

Marie Dauguet

Epilogue

Que la vie rutilante ou sombre se déploie,
      L'âme ouverte, accueillons,
Avec des pleurs d'amour, avec des cris de joie,
      Son ombre et ses rayons.

 Que la tempête ardente où la nuit se déchaîne,   5
      Courageux alcyons,
Impétueusement consentants, nous entraîne
      Dans ses noirs tourbillons.

Aimons le tendre Avril ouvrant les primevères
      De ses baisers déments;   10
Aimons l'été si lourd qui pèse sur la terre
      Ainsi qu'un corps d'amant;

L'automne sensuel et trouble qui chancelle
      Des grappes dans les mains
Et qui meurtrit les cœurs en ses paumes cruelles,   15
      Comme il fait des raisins.

Aimons quand vient l'hiver, écouter ce rhapsode.
      Sinistre, le vent fou,
Accompagnant au bois où des fantômes rôdent,
      Les hurlements des loups.   20

Aimons tous les labeurs; dans la glèbe rugueuse
      Dont s'effritent les blocs,
Enfonçons en chantant et d'une main fougueuse,
      La charrue à plein soc.

Aimons, au fond d'un soir qui rêve, la cadence   25
      Lointaine des fléaux,
Et par les matins frais l'envol qui se balance,
      Courbant les blés, des faux.

Aimons tout de la vie, adorons jusqu'aux larmes
      L'amour mystérieux;   30
Obéissons au rite où le désir s'acharne
      Comme au geste d'un dieu.

Ne soyons point celui qui recule et se cache,
      Et, d'avance vaincu,
Craint d'aimer, de souffrir, de créer, c'est un lâche,   35
      Il n'aura point vécu!

[Untitled]

Love the tender April opening the primrose
    With her lying kisses;
Love the heavy summer that weeps upon the earth,
    Like the body of a lover.

The sensual and troubled autumn who staggers   5
    With grapes in his hands
And who bruises the hearts in his cruel palms
    Even as the raisins.

Love all of life, adore even to tears
    The mysterious Love,   10
Obey the rite wherein desire grows savage
    As one obeys the gesture of a god.

Be no more as one who recoils and hides
    And, vanquished beforehand,
Fears to love, to suffer, to create: this is a craven,   15
    He will not have lived at all.

Théophile Gautier

Le Pot de fleurs

Parfois un enfant trouve une petite graine,
Et tout d'abord, charmé de ses vives couleurs,
Pour la planter, il prend un pot de porcelaine
Orné de dragons bleus et de bizarres fleurs.

Il s'en va. La racine en couleuvres s'allonge,   5
Sort de terre, fleurit et devient arbrisseau;
Chaque jour, plus avant, son pied chevelu plonge
Tant qu'il fasse éclater le ventre du vaisseau.

L'enfant revient; surpris, il voit la plante grasse
Sur les débris du pot brandir ses verts poignards;   10
Il la veut arracher, mais la tige est tenace;
Il s'obstine, et ses doigts s'ensanglantent aux dards.

Ainsi germa l'amour dans mon âme surprise;
Je croyais ne semer qu'une fleur de printemps:
C'est un grand aloès dont la racine brise   15
Le pot de porcelaine aux dessins éclatants.

L'Impassible

La Satiété dort au fond de vos grands yeux;
En eux plus de désirs, plus d'amour, plus d'envie;
Ils ont bu la lumière, ils ont tari la vie,
Comme une mer profonde où s'absorbent les cieux.

Sous leur bleu sombre on lit le vaste ennui des Dieux,   5
Pour qui toute chimère est d'avance assouvie,
Et qui, sachant l'effet dont la cause est suivie,
Mélangent au présent l'avenir déjà vieux.

L'infini s'est fondu dans vos larges prunelles,
Et devant ce miroir qui ne réfléchit rien   10
L'Amour découragé s'asseoit, fermant ses ailes.

Vous, cependant, avec un calme olympien,
Comme la Mnémosyne à son socle accoudée,
Vous poursuivez, rêveuse, une impossible idée.

The Flower-Pot

Sometimes a child will find a little seed,
And charmed with its live colours from the first
To plant the seed therein, he takes a pot of porcelain
Ornate with azure dragons and with flowers bizarre.

He goes away. The root like adders lengthens,   5
Springs from the earth and thrives, and becomes a sprig;
Each day, its fibrous foot more deeply plunges
Until it breaks the bosom of the wind.

The child returns; surprised, he sees the hardy plant
On the fragment of the pot brandish its green poignards;   10
He would uproot it, but the stem is obstinate;
It refuses, and his fingers bleed upon the thorns.

Thus germinated love in my surprised soul;
I thought to sow no more than a flower of the spring;
'Tis a great aloes and its root has broken   15
The pot of porcelain with shining clear designs.

The Impassible

Satiety sleeps in the depth of your great eyes;
In them, utmost desire, and love and longing,
They have drunk up the light, they have drained life
Like a deep sea wherein the heavens drown.

Behind their sombre blue is the vast ennui of gods,   5
Whose each chimera is aforetime satisfied,
And who, knowing the effect follows from the cause,
Mingle with present hours the future already old.

Infinity is dissolved in your large pupils,
And before this mirror that reflecteth naught,   10
Disheartened love sits down, folding his wings,

And you, still with an olympian calm,
Like a Mnemosyne who leans within her socle,
Dreamily you pursue an impossible idea.

Pastel

J'aime à vous voir en vos cadres ovales,
Portraits jaunis des belles du vieux temps,
Tenant en main des roses un peu pâles,
Comme il convient à des fleurs de cent ans.

Le vent d'hiver, en vous touchant la joue,   5
A fait mourir vos œillets et vos lis,
Vous n'avez plus que des mouches de boue
Et sur les quais vous gisez tout salis.

Il est passé le doux règne des belles;
La Parabère avec la Pompadour   10
Ne trouveraient que des sujets rebelles,
Et sous leur tombe est enterré l'amour.

Vous, cependant, vieux portraits qu'on oublie,
Vous respirez vos bouquets sans parfums,
Et souriez avec mélancolie   15
Au souvenir de vos galants défunts.

Pastel

I love to see you in your oval frames,
O yellowed portraits of the belles of olden time,
Holding within your hands the roses a little pale
As would befit the flowers that have known a hundred years.

The wind of winter, touching your faint cheek,   5
Has made your lilies and carnations die,
You have no other mouches than the mud,
Where, wholly soiled, you lie upon the quays.

It is over past, the sweet reign of the fair;
La Parabère, and even la Pompadour,   10
Long since have found their subjects grown rebellious,
And love itself is buried in their tomb.

But you old forgotten portraits
Respire still your bouquets without perfume
And smile with melancholy   15
At the memory of your dead gallants.

Gérard de Nerval

Artémis

La Treizième revient . . . C'est encor la première;
Et c'est toujours la seule,—ou c'est le seul moment:
Car es-tu reine, ô toi! la première ou dernière?
Es-tu roi, toi le seul ou le dernier amant? . . .

Aimez qui vous aima du berceau dans la bière;   5
Celle que j'aimai seul m'aime encor tendrement:
C'est la mort—ou la morte . . . Ô délice! ô tourment!
La rose qu'elle tient, c'est la *Rose trémière*.

Sainte napolitaine aux mains pleines de feux,
Rose au cœur violet, fleur de sainte Gudule: 10
As-tu trouvé ta croix dans le désert des cieux?

Roses blanches, tombez! vous insultez nos dieux:
Tombez fantômes blancs de votre ciel qui brûle:
—La sainte de l'abîme est plus sainte à mes yeux!

Vers dorés

Homme, libre penseur! te crois-tu seul pensant
Dans ce monde où la vie éclate en toute chose?
Des forces que tu tiens ta liberté dispose,
Mais de tous tes conseils l'univers est absent.

Respecte dans la bête un esprit agissant: 5
Chaque fleur est une âme à la Nature éclose;
Une mystère d'amour dans le métal repose;
"Tour est sensible!" Et tout sur ton être est puissant.

Crains, dans le mur aveugle, un regard qui t'épie:
À la matière même un verbe est attaché . . .   10
Ne la fais pas servir à quelque usage impie!

Souvent dans l'être obscur habit un Dieu caché;
Et comme un œil naissant couvert par ses paupières,
Un pur esprit s'accroît sous l'écorce des pierres!

Artemis

The Thirteenth returns . . . It is again the first;
And it is always the one, always the only moment . . .
Say, art thou queen, O thou! the first or the last?
Or art thou king, thou the only or the last beloved?

Love in the coffin that which you loved in the cradle;   5
Only she whom I am to love still loves me tenderly;
It is the dead mistress—or the dead lover . . . O delight! O torment!
The Rose that she holds, it is the rose-mallow.

Neapolitan saint with thy hands full of fire,
Rose with the violet heart, flower of St. Gudule: 10
Hast thou found thy cross in the desert of the heavens?

White roses, fall! you offend our gods:
Fall, white phantoms, from your burning heaven:
—The Saint of the abysm is holier in my sight!

Golden Verses

Man, bold free-thinker! Believest that thou alone thinkest
In this world where life breaks forth in everything?
The powers which thou holdest have ordered thy liberty,
Though from all thy counsels (or determinations) the universe is absent.

I respect in the beast an agitating spirit: 5
Each flower is a soul that nature has unfolded.
A mystery of love reposes in the metal;
All is sentient. And all has power on thy being.

Fear, in the blind wall, a regard that descries thee! . . .
Even to matter a voice (or word) is attached . . .   10
Never make anything serve an impious usage!

Often (or sometimes) in the obscure being a hidden god inhabits;
And like a new born eye covered by its eye-lids,
A pure spirit increases under the surface of stones.

José-Maria de Heredia

Antoine et Cléopâtre

Tous deux ils regardient, de la haute terrasse,
L'Égypte s'endormir sous un ciel étouffant
Et le Fleuve, à travers le Delta noir qu'il fend,
Vers Bubaste ou Saïs rouler son onde grasse.

Et le Romain sentait sous la lourde cuirasse,   5
Soldat captif berçant le sommeil d'un enfant,
Ployer et défaillir sur son cœur triomphant
Le corps voluptueux que son étreinte embrasse.

Tournant sa tête pâle entre ses cheveux bruns
Vers celui qu'enivraient d'invincibles parfums,   10
Elle tendit sa bouche et ses prunelles claires;

Et sur elle courbé, l'ardent Imperator
Vit dans ses larges yeux étoilés de points d'or
Toute une mer immense où fuyaient des galères.

Le Récif de corail

Le soleil sous la mer, mystérieuse aurore,
Éclaire la forêt des coraux abyssins
Qui mêle, aux profondeurs de ses tièdes bassins,
La bête épanouie et la vivante flore.

Et tout ce que le sel ou l'iode colore,   5
Mousse, algue chevelue, anémones, oursins,
Couvre de pourpre sombre, en somptueux dessins,
Le fond vermiculé du pâle madrépore.

De sa splendide écaille éteignant les émaux,
Un grand poisson navigue à travers les rameaux;   10
Dans l'ombre transparente indolemment il rôde;

Et, brusquement, d'un coup de sa nageoire en fue
Il fait, par le cristal morne, immobile et bleu,
Courir un frisson d'or, de nacre et d'émeraude.

Antony and Cleopatra

They saw, from the high and haughty terrace,
The slumbering Egypt beneath a stifling heaven.
And the River that rolled across the dark and cloven Delta
Toward Sais or Bubastis with its moldy waters.

And the Roman felt beneath his heavy cuirass,   5
Captive soldier cradling the slumber of a child,
The voluptuous body clasped in his embrace
Bending and swooning on his triumphant heart.

Turning among dark tresses her pale head
To him drunken with invincible perfume,   10
She lifted up her mouth and her clear pupils;

And bowed above her, the ardent Imperator,
Saw in her great eyes starred with flecks of gold,
All of an immense ocean full of fleeing galleys.

The Coral Reef

The sun beneath the sea, in a mysterious dawn,
Illumes the forest of abysmal corals,
Where mix, in the profounds of tepid pools,
The unfolded animal and the living flora.

And all that salt or iodine has coloured,   5
Moss, and long-haired weed, anemones and urchins,
Covered with sombre purple, in sumptuous designs,
The depth vermiculate of the pale madrepore.

Extinguishing the enamel of his splendid scales,
A great fish floats across the coral branches;   10
In the transparent gloom he wanders indolently,

And bruskly, with a blow of his fiery tail,
He causes, through the dull, immobile and blue crystal,
A shiver of gold and nacre and emerald to run.

La Dogaresse

La palais est de marbre où, le long des portiques,
Conversent des seigneurs que peignit Titien,
Et les colliers massifs au poids du marc ancien
Rehaussent la splendeur des rouges dalmatiques.

Ils regardent au fond des lagunes antiques,   5
De leurs yeux où reluit l'orgueil patricien,
Sous le pavillon clair du ciel vénitien
Etinceler l'azur des mers Adriatiques.

Et tandis que l'essaim brillant des cavaliers
Traîne la pourpre et l'or par les blancs escaliers   10
Joyeusement baignés d'une lumière bleue;

Indolente et superbe, une Dame, à l'écart,
Se tournant à demi dans un flot de brocart,
Sourit au négrillon qui lui porte la queue.

Némée

Depuis que le Dompteur entra dans la forêt
En suivant sur le sol la formidable empreinte,
Seul, un rugissement a trahi leur étreinte.
Tout s'est tu. Le soleil s'abîme et disparaît.

A travers le hallier, la ronce et le guéret,   5
Le pâtre épouvanté qu s'enfuit vers Tirynthe
Se tourne, et voit d'un œil élargi par la crainte
Surgir au bord des bois le grand fauve en arrêt.

Il s'écrie. Il a vu la terreur de Némée
Qui sur le ciel sanglant ouvre sa gueule armée,   10
Et la crinière éparse et les sinistres crocs;

Car l'ombre grandissante avec le crépuscule
Fait, sous l'horrible peau qui flotte autour d'Hercule,
Mêlant l'homme à la bête, un monstreux héros.

La Dogaresse

The palace is of marble, where, along the porticoes
Converse the lords whom Titian painted,
And the massive collars, red and heavy,
Heighten the splendour of red dalmatics.

They see in the depth of old lagoons   5
With eyes where glitters a patrician pride,
Under the clear pavilion in Venetian skies
The sparkling azure of the Adriatic sea.

And while the gleaming crowd of cavaliers
Trail gold and purple on the white stairways   10
Joyously bathed with a blue luminousness,

Indolent and superb, a Lady, to one side
Half-turning in a billow of brocade
Smiles at the negro lad who lifts her train.

Nemea

Since he the Tamer went into the forest,
Following on the soil the formidable print,
Only a distant roaring has betrayed their embrace.
All is grown still. The sun goes down and disappears.

Athwart the copse, the brambles and the fallow fields,   5
The frightened herdman who flees toward Tyrintha,
Turns, and sees with an eye enlarged by fear
The great beast rise and pause upon the verge of the wood.

He cries out. He has seen the terror of Nemea,
Who opens his armed maw upon the bloody heavens,   10
He has seen the scattered mane, and the sinister fangs;

For the shadow, greatening with the twilight as it grows,
Beneath the horrible skin that floats round Hercules,
Mingling the man with the beast, has made a monstrous hero.

L'Oubli

Le temple est un ruine au haut de promontoire.
Et la Mort a mêlé, dans ce fauve terrain,
Les Déesses de marbre et les Héros d'airain
Dont l'herbe solitaire ensevelit la gloire.

Seul, parfois, un bouvier menant ses buffles boire,   5
De sa conque où soupire un antique refrain
Emplissant le ciel calme et l'horizon marin,
Sur l'azur infini dresse sa forme noire.

La Terre maternelle et douce aux ancient Dieux,
Fait à chaque printemps, vainement éloquente,   10
Au chapiteau brisé verdir une autre acanthe;

Mais l'Homme indifférent au rêve des aïeux
Écoute sans frémir, du fond des nuits sereines,
La Mer qui se lamente en pleurant les Sirènes.

Sur un Marbre brisé

La mousse fut pieuse en fermant ses yeux mornes;
Car, dans ce bois inculte, il chercherait en vain
La Vierge qui versait le lait pur et le vin
Sur la terre au beau nom dont il marqua les bornes.

Aujourd'hui le houblon, le lierre et les viornes   5
Qui s'enroulent autour de ce débris divin,
Ignorant s'il fuit Pan, Faune, Hermès ou Silvain,
A son front mutilé tordent leur vertes cornes.

Vois. L'oblique rayon, le caressant encor,
Dans sa face camuse a mis deux orbes d'or;   10
La vigne folle y rit comme une lèvre rouge;

Et, prestige mobile, un murmure du vent,
Les feuilles, l'ombre errante et le soleil qui bouge,
De ce marbre en ruine ont fait un Dieu vivant.

Oblivion

The temple's ruin crowns the promontory.
Close-shrouded with the root-enwoven sod,
The marble goddess, the bronze demigod,
Mingle their broken and their tarnished glory.

Sometimes a lonely herdsman, going past   5
With horn that sobs some plangent old refrain,
Filling the air and the calm seas again,
Arises darkly on the clear blue vast.

Mother of gods, the mellowing earth will teem,
And all the vain sweet eloquence of spring   10
A fresh acanthus for the column bring;

But man, oblivious of his fathers' dream,
Untrembling hears the Nereusean moan
Of ocean grieving for the sirens flown.

On a Broken Statue

The moss was pious when it closed his mournful eyes;
For vainly he would seek, in the interior forest,
The Virgin who poured out pure milk and wine
On the fair-named earth whose bourne he marked.

To-day, viburnum, ivy and wild hop,   5
That roll themselves about this wreck divine,
Not knowing if he were Faunus, Pan, Hermes or Sylvan,
On his mutilated brow twine their green horns.

See. The low sun, caressing him again,
In the camous face has put two golden orbs;   10
The wanton vine laughs there like a red lip;

And, like a mobile enchantment, the murmurous wind,
The leaves, the wandering shadows and the moving sun
From this ruined marble have made a living god.

Le Samouraï

D'un doigt distrait frôlant la sonore bîva,
A travers les bambous tressés en fine latte,
Elle a vu, par la plage éblouissante et plate,
S'avancer le vainqueur que son amour rêva.

C'est lui. Sabres au flanc, l'éventail haut, il va.   5
La cordelière rouge et le gland écarlate
Coupent l'armure sombre, et, sur l'épaule, éclate
Le blason de Hizen ou de Tokungawa.

Ce beau guerrier vêtu de lames et de plaques,
Sous le bronze, la soie et les brillantes laques,   10
Semble un crustacé noir, gigantesque et vermeil.

Il l'a vue. Il sourit dans la barbe du masque,
Et son pas plus hâtif fait reluire au soleil
Les deux antennes d'or qui tremblent à son casque.

Soleil couchant

Les ajoncs éclatants, parure du granit,
Dorent l'âpre sommet que le couchant allume;
Au loin, brillant encor pas sa barre d'écume,
La mer sans fin commence où la terre finit.

A mes pieds, c'est la nuit, le silence. Le nid   5
Se tait, l'homme est rentré sous le chaume qui fume;
Seul, l'Angélus de soir, ébranlé dans la brume,
A la vaste rumeur de l'Océan s'unit.

Alors, comme du fond d'une abîme, des traînes,
Des landes, des ravins, montent des voix lointaines   10
De pâtres attardés ramenant le bétail.

L'horizon tout entier s'enveloppe dans l'ombre,
Et le soleil mourant, sur un ciel riche et sombre,
Ferme les branches d'or de son rouge éventail.

The Samurai

Touching the biva with a light and careless finger,
She sees, across the fine-wrought lattice of bamboo,
The conqueror of whom her love has dreamed
Approach along the level and dazzling beach.

With swords at his side and lifted fan, he comes.   5
A girdle of red and his tassel of bright scarlet
Cleave sharply the sombre armour, and on his shoulder
The blazonry of Hizen or of Tokungawa.

This noble warrior clothed with scales and plates,
Under the bronze and silk and shimmering lacquer,   10
Seems a crustacean, black, gigantic and vermilion.

He has seen her. He smiles beneath the beard of his mask,
And his requickened step causes to gleam in the sun
The two antennae of gold that tremble upon his helmet.

A Setting Sun

The shining gorse, apparel of the granite,
Gilds the sharp summit that the sunset has enkindled.
Far-off, still gleaming with its bars of foam,
The unending sea begins where the earth terminates.

At my feet lies the night, the silence. Every nest   5
Grows still, and man returns beneath the fuming chimney;
Alone, the evening Angelus, pealed in the mist
Unites with the vast rumours of the ocean.

Then, as from the depth of an abyss, from boats in tow,
From waste moors, from ravines, mount the far voice   10
Of belated herdsmen leading home their cattle.

The whole horizon envelopes itself in shadow,
And the dying sun beneath a rich and sombre horizon
Closes the golden branches of his red fan.

Vitrail

Cette verrière a vu dames et hauts barons
Etincelants d'azur, d'or, de flamme et de nacre
Incliner, sous la dextre auguste qui consacre,
L'orgeuil de leurs cimiers et de leurs chaperons;

Lorsqu'ils allaient, au bruit du cor ou des clairons,   5
Ayant le glaive au poing, le gerfaut ou le sacre,
Vers la plaine ou le bois, Byzance ou Saint-Jean d'Acre,
Partir pour la croisade ou le vol des hérons.

Aujourd'hui, les seigneurs auprès des châtelaines,
Avec le lèvrier à leurs longues poulaines,   10
S'allongent aux carreaux de marbre blanc et noir;

Ils gisent là sans voix, sans geste et sans ouïe,
Et de leurs yeux de pierre ils regardent sans voir
La rose du vitrail toujours épanouie.

The Stained Window

This window has seen ladies and high barons
Gleaming with azure, and gold and flame and nacre,
Who bend, beneath the argent and consecrating hand,
The haughtiness of their hoods and of their crests.

Before they went to the sound of horn or clarion, 5
With sword in hand, or saker or gerfalcon
Towards the plains or the wood, Byzantium or Acre
To depart for the Crusade or for the flight of herons.

To-day, the lords beside the chatelaines
With the grey hound who attends their long figureheads 10
Lie stretched upon the slabs of white or sable marble;

They lie there without voice or gesture or hearing
And with their eyes of stone, all sightlessly they gaze
On rose of the stained window always unfolded.

Victor Hugo

Crépuscule

L'étang mystérieux, suaire aux blanches moires,
Frissonne; au fond du bois, la clairière apparaît;
Les arbres sont profonds et les branches sont noires;
Avez-vous vu Vénus à travers la forêt?

Avez-vous vu Vénus au sommet des collines?   5
Vous qui passez dans l'ombre, êtes-vous des amants?
Les sentiers bruns sont pleins de blanches mousselines;
L'herbe s'éveille et parle aux sépulcres dormants.

Quit dit-il, le brin d'herbe? et que répond la tombe?
Aimez, vous qui vivez! on a froid sous les ifs.   10
Lèvre, cherche la bouche! aimez-vous! la nuit tombe;
Soyez heureux pendant que nos sommes pensifs.

Dieu veut qu'on ait aimé. Vivez! faites envie,
O couples qui passez sous le vert coudrier.
Tout ce que dans la tombe, en sortant de la vie,   15
On emporta d'amour, on l'emploie à prier.

Les mortes d'aujourd'hui furent jadis les belles.
Le ver luisant dans l'ombre erre avec son flambeau.
Le vent fait tressaillir, au milieu des javelles,
Le brin d'herbe et Dieu fait tressaillir le tombeau.   20

La forme d'un toit noir dessine une chaumière;
On entend dans les prés le pas lourd du faucheur;
L'étoile aux cieux, ainsi qu'une fleur de lumière,
Ouvre et fait rayonner sa splendide fraîcheur.

Aimez-vous! c'est le mois où les fraises sont mûres.   25
L'ange du soir rêveur, qui flotte dans les vents,
Mêle, en les emportant sur ses ailes obscures,
Les prières des mortes aux baisers des vivants.

Twilight

The pool mysterious, like a shroud of pallid moire,
Shivers; in the depth of the wood appears the glade;
Deep are the trees, and dark the branches;
Have you seen Venus above the forest?

Have you seen Venus on the summit of the hillocks?   5
You that pass in the shadow, haply are you lovers?
The dark footpaths are full of muslins white;
The grass awakens and speaks to the dormant tomb.

What does it say, the blade of grass? And what does the tomb reply?
Love, ye that live! It is cold beneath the yews.   10
Lip, seek for lip! love ye! the darkness falls;
Even while you are pensive, still be happy!

God wills for us to love. Live, and desire,
O couples that pass beneath the verdant hazel-tree.
All that we take into the tomb, in leaving life,   15
All that we bear of love, we devote to prayer.

The dead of to-day were yesterday the fair.
The shining worm in the shadow wanders with his torch.
The wind makes tremble the blade of grass in the sheaf,
And God likewise causes the tomb to tremble.   20

The form of a dark roof designs a cottage;
One hears in the meadows the heavy step of the reaper;
The star in the heavens, like a flower of light
Opens and radiates its splendid freshness.

Love! 'Tis the month when the strawberries are ripe.   25
The angel of the dreamful eve who floats upon the wind,
Mingles, in bearing them on his obscure wings,
The prayers of the dead with the kisses of the living.

Ce qu'on entend sur la montagne

Avez-vous quelquefois, calme et silencieux,
Monté sur la montagne, en présence des cieux?
Était-ce aux bords du Sund? aux côtes de Bretagne?
Aviez-vous l'océan au pied de la montagne?
Et là, penché sur l'onde et sur l'immensité,   5
Calme et silencieux avez-vous écouté?

Voici ce qu'on entend:—du moins un jour qu'en rêve
Ma pensée abattit son vol sur une grève,
Et du sommet d'un mont plongeant au gouffre amer,
Vit d'un côté la terre et de l'autre la mer,   10
J'écoutai, j'entendis, et jamais voix pareille
Ne sortit d'une bouche et n'émut une oreille.

Ce fut d'abord un bruit large, immense, confus,
Plus vague que le vent dans les arbres touffus,
Plein d'accords éclatants, de suaves murmures,   15
Doux comme un chant du soir, fort comme un choc d'armures
Quand la sourde mêlée étreint les escadrons,
Et souffle, furieuse, aux bouches des clairons.
C'était une musique ineffable et profonde,
Qui, fluide, oscillait sans cesse autour du monde,   20
Et dans les vastes cieux, par ses flots rajeunis,
Roulait élargissant ses orbes infinis
Jusqu'au fond où son flux s'allait perdre dans l'ombre
Avec le temps, l'espace et la forme et le nombre!
Comme une autre atmosphère épars et débordé,   25
L'hymne éternel couvrait tout le globe inondé.
Le monde enveloppé dans cette symphonie,
Comme il vogue dans l'air, voguait dans l'harmonie.

Et pensif, j'écoutais ces harpes de l'éther,
Perdu dans cette voix comme dans une mer.   30

Bientôt je distinguai, confuses et voilées,
Deux voix dans cette voix l'une à l'autre mêlées,
De la terre et des mers s'épanchant jusqu'au ciel,
Qui chantaient à la fois le chant universel;
Et je les distinguai dans la rumeur profonde   35
Comme on voit deux courants qui se croisent sous l'onde.

What One Hears on the Mountain

Silent and calm, have you sometimes ascended
To a mountain-top in the presence of the skies?
Was it on the shores of the Sound? or on the Breton coast?
Had you the ocean lying at the mountain's foot,
And there, leaning above the water and the immensity,　　　5
All calm and silent, haply have you listened?
This is the thing one hears, at least one day in dream
When my thought was fain to stay its flight upon the strand,
And plunging from the mountain to the bitter gulf,
Did live between the ocean and the earth;　　　10
I listened, and I heard, and never such a voice
Came forth from any mouth, nor startled any ear.

At first it was a noise enormous and confused,
Vaguer than is the wind in the tufted trees,
Full of suave murmurs and of manifest accords,　　　15
Sweet like an even-song, strong like the shock of armour
When the deaf melée embraces all the squadrons
And furiously blows from the mouth of clarions.
It was a music deep, ineffable,
That flowed in ceaseless oscillation round the world,　　　20
And in the heavens vast, by its waves rejuvenate,
Rolled widening in orbs grown infinite
To that abysm where its flood was lost in shadow
Even with time and space and form and number!
Like another atmosphere, dispersed and overflowing,　　　25
The hymn eternal inundated all the globe.
The world, enveloped by this symphony,
As if it swam in the air, swam in the harmony.

And pensively I heard the harps of ether
Lost in this voice as in a deeper sea.　　　30

I could distinguish soon, confused and veiled,
Two voices in the voice commingled with each other,
Pouring from sea and land even to heaven,
That sang at one same time the universal song,
And I distinguished these in the deep rumour　　　35
As one beholds two currents crossing in the main.

L'une venait des mers; chant de gloire! hymne heureux!
C'était la voix des flots qui se parlaient entre eux;
L'autre, qui s'élevait de la terre où nous sommes,
Était triste: c'était le murmure des hommes;   40
Et dans ce grand concert, qui chantait jour et nuit,
Chaque onde avait sa voix et chaque homme son bruit.

Or, comme je l'ai dit, l'océan magnifique
Épandait une voix joyeuse et pacifique,
Chantait comme la harpe aux temples de Sion,   45
Et louait la beauté de la création.
Sa clameur, qu'emportaient la brise et la rafale,
Incessamment vers Dieu montait plus triomphale,
Et chacun de ses flots, que Dieu seul peut dompter,
Quand l'autre avait fini, se levait pour chanter.   50
Comme ce grand lion dont Daniel fut l'hôte,
L'océan par moments abaissait sa voix haute;
Et moi, je croyais voir, vers le couchant en feu,
Sous sa crinière d'or passer la main de Dieu.

Cependant, à côté de l'auguste fanfare,   55
L'autre voix, comme un cri de coursier qui s'effare,
Comme le gond rouillé d'une porte d'enfer,
Comme l'archet d'airain sur la lyre de fer,
Grinçait; et pleurs, et cris, l'injure, l'anathème,
Refus du viatique et refus du baptême,   60
Et malédiction, et blasphème, et clameur,
Dans le flot tournoyant de l'humaine rumeur,
Passaient, comme le soir on voit dans les vallées
De noirs oiseaux de nuit qui s'en vont par volées.
Qu'était-ce que ce bruit dont mille échos vibraient?   65
Hélas! c'était la terre et l'homme qui pleuraient.

Frères! de ces deux voix étranges, inouïes,
Sans cesse renaissant, sans cesse évanouies,
Qu'écoute l'Éternel durant l'éternité,
L'une disait: NATURE! et l'autre: HUMANITÉ!   70

Alors je méditai; car mon esprit fidèle,
Hélas! n'avait jamais déployé plus grande aile;
Dans mon ombre jamais n'avait lui tant de jour;
Et je rêvai long-temps, contemplant tour à tour,
Après l'abîme obscur que me cachait la lame,   75

One came from the ocean; song of glory! happy hymn!
It was the voice of waves parleying each with each;
The other, lifting from the earth wherein we dwell,
Was sorrowful: it was the murmur of men;   40
And in this concert great, that sang by night and day,
Each billow had its voice and every man his tone.

Now, as I have told, the magnificent ocean
Poured forth a voice pacifical and joyous,
And sang as sang the harps in Sion's temples   45
And lauded thus the beauty of creation.
Its clamour, borne by the breeze and by the squall,
Incessantly to God rose ever more triumphal
And every wave that God alone could tame,
When another wave was done, rose up to sing   50
Like the great lion who was host to Daniel
At intervals the ocean lowered his proud voice
And I believed to see, toward the fiery sunset,
The hand of God pass under his golden mane.

Meanwhile, side by side with the fanfare august,   55
The other voice, like the cry of a frightened courser,
Like the rusted hinge of a gate that gives on hell,
Like a brazen bow upon a lyre of iron,
Grinded; and tears and cries, anathema and insult,
Refusal of viaticum, refusal of baptism,   60
And blasphemy and clamour and malediction,
In the ever-whirling wave of the human rumour
Passed, as at eve one sees above the valleys
The swarthy birds of night in flocks depart.
What was this sound whose thousand echoes vibrated?   65
Alas! it was the earth and man lamenting.

Brothers! of these two voices, strange, undreamt of,
Renascent without cease, endlessly perishing,
Which the Eternal hears throughout eternity
The one said: Nature! and the other: Humanity!   70

Then did I meditate; for my faithful spirit
Alas! had never spread a greater wing,
And never in my night had been so much of day.
And long I dreamed and contemplated turn by turn,
After the obscure abyss that hid the wave from me,   75

L'autre abîme sans fond qui s'ouvrait dans mon âme.
Et je me demandai pourquoi l'on est ici,
Quel peut être après tout le but de tout ceci,
Que fait l'âme, lequel vaut mieux d'être ou de vivre,
Et pourquoi le Seigneur, qui seul lit à son livre,   80
Mêle éternellement dans un fatal hymen
Le chant de la nature au cri du genre humain?

Le Rouet d'Omphale

Il est dans l'atrium, le beau rouet d'ivoire.
La roue agile est blanche, et la quenouille est noire;
La quenouille est d'ébène incrusté de lapis.
Il est dans l'atrium sur un riche tapis.

Un ouvrier d'Égine a sculpté sur la plinthe   5
Europe, dont un dieu n'écoute pas la plainte.
Le taureau blanc l'emporte. Europe, sans espoir.
Crie, et baissant les yeux, s'épouvante de voir
L'Océan monstreux qui baise ses pieds roses.

Des aiguilles, du fil, des boîtes demi-closes,   10
Les laines de Milet, peintes de pourpre et d'or,
Emplissent un panier près du rouet qui dort.

Cependant, odieux, effroyables, énormes,
Dans le fond du palais, vingt fantômes difformes,
Vingt monstres tout sanglants, qu'on ne voit qu'à demi,   15
Errent en foule autour du rouet endormi:
Le lion néméen, l'hydre affreuse de Lerne,
Cacus, le noir brigand de la noire caverne,
Le triple Géryon, et les typhons des eaux,
Qui, le soir, à grand bruit, soufflent dans les roseaux;   20
De la massue au front tous ont l'empreinte horrible;
Et tous, sans approcher, rôdant d'un air terrible,
Sur le rouet, où pend un fil souple et lié,
Fixent de loin, dans l'ombre, un œil humilié.

Another abyss without bottom opening in my soul.
And of myself I asked why we are here
And asked to know the end and aim of all,
What does the soul, if it were better to live or be,
And what the Lord, who alone can read his book,   80
Mingles eternally in a fatal hymen
The song of nature with the cry of human kind?

The Wheel of Omphale

It stands in the atrium, the fine spinning-wheel of ivory.
The nimble wheel is white, and the distaff is black,
The distaff is of ebony encrusted all with lapis.
It stands in the atrium on a rich carpet.

A workman of Aegina has carved upon the base   5
Europa, whose complaint the god hears not.
The white bull carries her. Europa, desperately,
Cries out, and looking down, is terrified to see
The monstrous ocean kissing her rosy feet.

Thread, and needles, and half-open boxes,   10
The wool of Miletus, colored with purple and gold,
These fill a basket near the sleeping wheel.
Meanwhile, in the heart of that queenly palace,
Twenty misshapen and enormous phantoms,
Twenty monsters, all ensanguined, and half-seen,   15
Wander and throng about the sleeping wheel:
Nemea's lion, the hydra of Lerna,
Cacus, the dark brigand of the dark cavern,
The triple Geryon, and the typhons of the waters
Who breathed with a great noise at evening in the rushes;   20
All bear on their heads the bloody blow-marks of a mace,
And all, without approaching, pass with a terrible air,
And upon the wheel, where hangs a fine and fastened thread,
They fix from afar in the shadows their humiliated eyes.

Tristan Klingsor

Plaisir d'Amour

Plaisir d'amour ne dure qu'un moment,
Et la rose que vous offrirent ce matin
Des doigts fins de damoiseau tendrement
Aura ce soir froissé ses habits de satin;
Plaisir d'amour ne dure qu'un moment   5
Et ne laisse qu'un souvenir lointain.

Plaisir d'amour ne dure qu'un moment,
       Mignonne, ayez-vous plus souci;
Ne renvoyez pas vos princes charmants
Avec une larme au bout de leurs cils;   10
Plaisir d'amour ne dure qu'un moment:
       Chagrin d'amour aussi.

Plaisir d'Amour

The pleasure of love lasts only a moment,
And the rose that was offered you this morning
By the fine fingers of the demoiselle so tenderly,
At evening shall have crushed its satin raiment.
The pleasure of love lasts only a moment,   5
And leaves no more than a far-off memory.

The pleasure of love lasts only a moment,
Mignonne, I pray you take more care therein.
Let not your charming prince be dismissed
With a tear at the end of their eyelashes.   10
The pleasure of love lasts only a moment:
And the chagrin of love endures likewise.

Alphonse Louis Marie de Lamartine

Le Lac

Ainsi, toujours poussés vers de nouveaux rivages,
Dans la nuit éternelle emportés sans retour,
Ne pourrons-nous jamais sur l'océan des âges
        Jeter l'ancre un seul jour?

O lac! l'année à peine a fini sa carrière,   5
Et, près des flots chéris qu'elle devait revoir,
Regarde! je viens seul m'asseoir sur cette pierre
        Où tu la vis s'asseoir!

Tu mugissais ainsi sous ces roches profondes;
Ainsi tu te brisais sur leurs flancs déchirés;   10
Ainsi le vent jetait l'écume de tes ondes
        Sur ses pieds adorés.

Un soir, t'en souvient-il? nous voguions en silence;
On n'entendait au loin, sur l'onde et sous les cieux,
Que le bruit des rameurs qui frappaient en cadence   15
        Tes flots harmonieux.

Tout à coup des accents inconnus à la terre
Du rivage charmé frappèrent les échos;
Le flot fut attentif, et la voix qui m'est chère
        Laissa tomber ces mots: 20

"O temps, suspends ton vol! et vous, heures propices,
        Suspendez votre cours!
Laissez-nous savourer les rapides délices
        Des plus beaux de nos jours!

"Assez de malheureux ici-bas vous implorent   25
        Coulez, coulez pour eux;
Prenez avec leurs jours les soins qui les dévorent;
        Oubliez les heureux.

"Mais je demande en vain quelques moments encore,
        Le temps m'échappe et fuit;   30
Je dis à cette nuit: 'Sois plus lente'; et l'aurore
        Va dissiper la nuit.

The Lake

Thus, driven evermore toward new shores,
Through the eternal night, borne on without return,
Can we never upon the ocean of the ages
        Cast anchor for a day?

O lake! The year has hardly run its course,   5
And beside the cherished waves she had wished to see,
Behold! I come alone to seat me on the boulder
        Where thou hast seen her seated!

Even as now didst thou clamour on these rocks profound;
Thus didst thou break upon their shattered sides   10
And thus the wind would fling the foam of thy blown waters
        At her adorèd feet.

One eve, dost thou remember it? we rowed in silence;
Nothing was heard on the water or beneath the skies,
Saving the sound of rowers who smote in rhythmic time   15
        Thy waves harmonious.

Sudden, these accents to the earth unknown,
Compelled its echoes from the charmèd shore;
The wave attended, and the voice that is dear to me
        Let fall these words: 20

"O Time, suspend thy flight! and ye, propitious hours,
        Suspend your course!
Leave us to savour all the swift delights
        Of the fairest of our days!

"Enough unhappy hearts implore you here-below;   25
        Flow on, flow on for them;
Take with their days the sorrows that devour them;
        Forget awhile the happy.

"But vainly I demand a few moments more,
        Time flees me and escapes;   30
I say unto the night: 'Be slower'; and the dawn
        Comes to disperse the night.

"Aimons donc, aimons donc! de l'heure fugitive,
      Hâtons-nous, jouissons!
L'homme n'a point de port, le temps n'a point de rive: 35
      Il coule, et nous passons!"

Temps jaloux, se peut-il que ces moments d'ivresse,
Où l'amour à longs flots nous verse le bonheur,
S'envolent loin de nous de la même vitesse
      Que les jours de malheur?   40

Hé quoi! n'en pourrons-nous fixer au moins la trace?
Quoi! passés pour jamais? quoi! tout entiers perdus?
Ce temps qui les donna, ce temps qui les efface,
      Ne nous les rendra plus?

Éternité, néant, passé, sombres abîmes,   45
Que faites-vous des jours que vous engloutissez?
Parlez: nous rendrez-vous ces extases sublimes
      Que vous nous ravissez?

O lac! rochers muets! grottes! forêt obscure!
Vous que le temps épargne ou qu'il pout rajeunir,   50
Gardez de cette nuit, gardez, belle nature,
      Au moins le souvenir!

Qu'il soit dans ton repos, qu'il soit dans tes orages,
Beau lac, et dans l'aspect de tes riants coteaux,
Et dans ces noirs sapins, et dans rocs sauvages   55
      Qui pendent sur tes eaux!

Qu'il soit dans le zéphyr qui frémit et qui passe,
Dans les bruits de tes bords par tes bords répétés,
Dans l'astre au front d'argent qui blanchit ta surface
      De ses molles clartés!   60

Que le vent qui gémit, le roseau qui soupire,
Que les parfums légers de ton air embaumé,
Que tout ce qu'on entend, l'on voit ou l'on respire,
      Tout dise: "Ils ont aimé!"

"Ah, let us love! during the fugitive hour
Make haste, and take delight!
Man is without a port, and time without a shore;   35
       It flows, and we—we pass!"

O jealous Time, can it be that these moments of elation,
When love pours out long waves of happiness to us,
Take wing and fly afar with the self-same speed
       As the days of unhappiness?   40

What then! can we not keep at least the trace thereof?
What! are they past forever? and are they wholly lost?
Time that bestowed them on us, time that has effaced them
       Shall it bring them not again?

Eternity, nothingness, the past, you sombre abysms,   45
What do you with the days that ye have swallowed up?
Speak! Will ye render back the ecstasies sublime
       That you have ravished from us?

O lake! O silent rocks! O caves! O words obscure!
You that time spares or time rejuvenates,   50
Keep the remembrance of the night, oh, keep, fair Nature,
       At least the memory!

Whether it be repose, or in thy storms,
Fair lake, and in the aspect of thy laughing hill,
And in these darkling firs, and in these savage rocks   55
       That long clove thy waters!

Whether it be in the zephyr that trembles and passes,
Or in the murmur of thy shore by thy shore repeated,
In the star with silver brow that whitens thy surface
       With its mild soft splendour!   60

Let every wind that moans, every reed that sighs,
Let the light perfumes of thy balsamèd air,
Let all us hear, all us behold or breathe,
       Let all these say: "They have loved!"

Charles Marie René Leconte de Lisle

La Panthère noire

Une rose lueur s'épand les nuées;
L'horizon se dentelle, à l'Est, d'un vif éclair;
Et le collier nocturne, en perles dénouées,
          S'égrène et tombe dans la mer.

Toute une part du ciel se vêt de molles flames   5
Qu'il agrafe à son faite étincelant et bleu.
Un pan traine et rougit l'émeraude des lames
          D'une pluie aux gouttes de feu.

Des bambous éveillés où le vent bat des ailes,
Des letchis au fruit pourpre et des cannelliers   10
Pétille la rosée en gerbes d'étincelles,
          Montent des bruits frais par milliers.

Et des monts et des bois, des fleurs, des hautes mousses,
Dans l'air tiède et subtil, brusquement dilaté,
S'épanouit un flot d'odeurs fortes et douces,   15
          Plein de fièvre et de volupté.

Par les sentiers perdus au creux des forêts vierges
Où l'herbe épaisse fume au soleil du matin;
Le long des cours d'eau vive encaissés dans leurs berges,
          Sous des verts arceaux de rotin;   20

La reine de Java, la noire chasseresse,
Avec l'aube, revient au gite où ses petits
Parmi les os luisants miaulent de détresse,
          Les uns sous les autres blottis.

Inquiète, les yeux aigus comme des flèches,   25
Elle ondule, épiant l'ombre des rameaux lourds.
Quelques taches de sang, éparses, toutes fraîches,
          Mouillent sa robe de velours.

Elle traine après elle un reste de sa chasse,
Un quartier du beau cerf qu'elle a mangé la nuit;   30
Et sur la mousse en fleur une effroyable trace
          Rouge, et chaude encore, la suit.

The Black Panther

A rosy glimmer spreads upon the clouds;
In the east the horizon is laced with a living fire,
And the necklace of the night, in pearls unravelled,
Scatters and falls into the sea.

One whole part of the heaven is clothèd with soft flames,　　　　5
That seem as if made fast to its black and sparkling summit;
A trailing fold has reddened the emerald of the waves
With a rain of fiery drops.

From the wakening bamboos where the wind beats its wings,
From the litchis with their purple fruit and the cinnamon-trees,　　10
Flashes the dew in sheaves of sparklings,
Mount the fresh sounds by thousands.

And from the woods, the mountains, the flowers, the lofty mosses,
In the subtle and tepid air, dilated bruskly,
Outpours a wave of odours powerful and sweet,　　　　15
Full of voluptuousness and fever.

By the pathways lost in the hollow of virgin forests,
Where the thick grasses fume to the sun of morning,
Along the course of live waters sunken between high banks,
Under green arches of rattan,　　　　20

The queen of Java, the black huntress,
Returns with dawn to the lair where her little ones
Among the glimmering bones miawl with distress,
Close-huddling upon each other.

Unquietly, with eyes that are keen as arrows,　　　　25
She undulates, watching the shadow of heavy branches.
Some stains of blood, scattered, and wholly fresh,
Moisten her robe of velvet.

She drags with her a remnant of the chase,
A quarter of the fine stag she has eaten in the night,　　　　30
And on the flowering moss a frightful trace of red,
Still warm, has followed her.

Autour, les papillons et les fauves abeilles
Effleurent à l'envi son dos souple du vol;
Les feuillages joueyx de leurs mille corbeilles   35
        Sur ses pas parfument le sol.

Le python, du milieu d'un cactus écarlate,
Déroule son écaille, et, curieux témoin,
Par-dessus les buissons dressant sa tête plate,
        La regarde passer de loin.   40

Sous la haute fougère elle glisse en silence,
Parmi les troncs moussus s'enfonce et disparaît.
Les bruits cessent, l'air brûle, et la lumière immense
        Endort le ciel et la forêt.

L'Ecclésiaste

L'Ecclésiaste a dit: Un chien vivant vaux mieux
Qu'on lion mort. Hormis, certes, manger et boire,
Tout n'est qu'ombre et fumée. Et le monde est très vieux,
Et le néant de vivre emplit la tombe noire.

Par les antiques nuits, à la face des cieux,   5
Du sommet de sa tour comme d'un promontoire,
Dans le silence, au loin laissant planer ses yeux,
Sombre, tel il songeait sur son siège d'ivoire.

Vieil amant du soleil, qui gemissais ainsi,
L'irrévocable mort est un mensonge aussi.   10
Heureux qui d'un seul bond s'engloutirait en elle!

Moi, toujours, à jamais, j'écoute, épouvanté,
Dans l'ivresse et l'horreur de l'immortalité,
Le long rugissement et la Vie éternelle.

Les Montreurs

Tel qu'un morne animal, meurtri, plein de poussière
La chaîne au cou, hurlant au chaud soleil d'été,
Promène qui voudra son cœur ensanglanté
Sur ton pavé cynique, ô plèbe carnassière!

And round about, the butterflies and the wild bees
Brush emulously her supple back in flight;
The happy foliages, from out their thousand baskets,   35
Under her steps perfume the soil.

The python, from the heart of a scarlet cactus,
Unrolls his length of scale, and, curious witness,
Above the shrubs erecting his flat head,
Beholds her pass afar.   40

Through the high brake of fern she glides in silence,
Among the mossy boles she sinks and disappears.
The noises cease, the air burns, and the immense light
Enslumbers the heavens and the forest.

Ecclesiastes

Better a living dog (the Preacher said)
Than a dead lion. All things are shadow, save
To eat and drink. And the everlasting grave
With life's ephemeral nothingness is fed.

So mused he, sitting alone and somberly   5
On the high tower with eyes that roamed afar
As from a headland over world and star,
In the ancient nights, on his chair of ivory.

Old lover of the sun, who sorrowed thus,
Death too is but illusion, cheating us.   10
Happy is he, at one step freed of strife.

Always I hear, with frightened ears attending,
Amid the frenzy and horror never-ending,
The long, long roaring of eternal life.

The Exhibitionists

Like a sad animal, all bruised and dusty,
With chainèd neck, that howls to the hot sun of summer,
Let he who will parade his bleeding heart
Upon thy cynical pavement, O carnivorous mob!

Pour mettre un feu stérile et ton œil hébété,   5
Pour mendier ton rire ou ta pitié grossière,
Déchire qui voudra la robe de lumière
De la pudeur divine et de la volupté.

Dans mon orgeuil muet, dans ma tombe sans gloire,
Dussé-je m'engloutir pour l'éternité noire,   10
Je ne te vendrai pas mon ivresse ou mon mal,

Je ne livrerai pas ma vie à tes huées,
Je ne danserai pas sur ton tréteau banal
Avec tes histrions et tes prostituées.

Les Hurleurs

Le soleil dans les flots avait noyé ses flammes,
Le ville s'endormait aux pieds des monts brumeux.
Sur de grands rocs lavés d'un nuage écumeux
La mer sombre en grondant versait ses hautes lames.

La nuit multipliait ce long gémissement.   5
Nul astre ne luisait dans l'immensité nue;
Seule, la lune pâle, en écartant la nue,
Comme un morne lampe oscillait tristement.

Monde muet, marqué d'un signe de colère,
Débris d'un globe mort au hasard dispersé,   10
Elle laissait tomber de son orbe glacé
Un reflect sépulcral sur l'océan polaire.

Sans borne, assise au Nord, sous les cieux étouffants,
L'Afrique, s'abritant d'ombre épaisse et de brume,
Affamait ses lions dans le sable qui fume,   15
Et couchait près des lacs ses troupeaux d'éléphants.

Mais sur la plage aride, aux odeurs insalubres,
Parmi des ossements de bœufs et de chevaux,
De maigres chiens, épars, allongeant leurs museaux,
Se lamentaient, poussant des hurlements lugubres.   20

La queue en cercle sous leurs ventres palpitants,
L'œil dilaté, tremblant sur leurs pattes fébriles,
Accroupis çà et là, tous hurlaient, immobiles,
Et d'un frisson rapide agités par instants.

To instill a sterile fire in thy dull eye,   5
To implore thy laughter or thy gross pity,
Let he who wishes tear the robe of light
Of prudity divine and of voluptuousness.

In my mute pride, in mine inglorious tomb,
Though I remain engulfed for dark eternity,   10
I will not vend to thee my drunkenness and evil,

I will not deliver my life unto thy hootings,
I will not dance upon thy common stage
Amid thine actors and thy prostitutes.

The Howlers

The sea had drowned his flames in the billows
And the town slept at the foot of the foggy mountains.
On the great rocks that were laved by a foamy cloud
The sombre and clamouring sea poured its high waves.

The darkness multiplied the long, long moaning;   5
No star shone in the bare immensity;
And the pale moon, alone escaping from the clouds,
Mournfully oscillated like a dull lamp.

Mute, silent world, by a sign by anger marked,
Debris of a dead globe scattered by chance,   10
The[re] let fall from her frozen orb
A sepulchral reflection on the polar sea.

Boundless, to-north, under the stifling heavens
Africa, sheltering herself in thick shadow and mist,
Famished her lions in the fuming sand,   15
And couched behind the lakes her heads of elephants.

But on the barren beach, with insalubrious odours,
Among the bones of horses and of cattle,
The meagre dogs, far-scattered, lengthening their muzzles,
Put forth a lament of lugubrious howlings.   20

Their tails in a circle beneath their throbbing bellies,
With dilate eyes and trembling on their febrile paws,
Crouched here and there, all motionless they howled,
By a quick shuddering agitated momently.

L'écume de la mer collait sur leurs échines   25
De longs poils qui laissaient les vertébres saillir;
Et, quand les flots par bonds les venaient assaillir,
Leurs dents blanches claquaient sous leurs rouges babines.

Devant la lune errante aux livides clartés,
Quelle angoisse inconnue, au bord des noires ondes,   30
Faisait pleurer une âme en vos formes immondes?
Pourquoi gémissiez-vous, spectres épouvantés?

Je ne sais; mais, ô chiens qui hurliez sur les plages,
Après tant de soleils qui ne reviendront plus,
J'entends toujours, du fond de mon passé confus,   35
Le cri désespéré de vos douleurs sauvages!

Le Sommeil du condor

Par delà l'escalier des roides Cordillères,
Par delà les brouillards hantés des aigles noirs,
Plus haut que les sommets creusés en entonnoirs
Où bout le flux sanglant des laves familières,
L'envergure pendante et rouge par endroits,   5
Le vaste Oiseau, tout plein d'une morne indolence,
Regarde l'Amérique et l'espace en silence,
Et le sombre soleil qui meurt dans ses yeux froids.
La nuit roule de l'Est, où les pampas sauvages
Sous les monts étagés s'élargissent sans fin;   10
Elle endort le Chili, les villes, les rivages,
Et la mer Pacifique et l'horizon divin;
Du continent muet elle s'est emparée:
Des sables aux coteaux, des gorges aux versants,
De cime en cime, elle enfle, en tourbillons croissants,   15
Le lourd débordement de sa haute marée.
Lui, comme un spectre, seul, au front du pic altier,
Baigné d'un lueur qui saigne sur la neige,
Il attend cette mer sinistre qui l'assiége:
Elle arrive, déferle, et le couvre en entier.   20
Dans l'abime sans fond la Croix australe allume
Sur les côtes du ciel son phare constellé.
Il râle de plaisir, il agite sa plume,
Il érige son cou musculeux et pelé,

The foam of the sea pasted upon their spines 25
The long hairs leaping from their vertebrae;
And when the bounding billows rose to assail them,
Their white teeth chattered in their crimson chops.

Under the wandering moon of livid gleams,
What unknown anguish, on the shore of the dark waters, 30
Made a soul weep in your unclean shapes?
Wherefore did you wail, O frightful spectres?

I know not; but O dogs that howled upon the beaches,
After so many suns that nevermore return,
I hear always, in the depths of my confused past, 35
The despairing cry of your savage sorrows.

The Sleep of the Condor

Above the stairs of the steep Cordilleras,
Above the clouds that the black eagles haunt,
Higher than the summits hollowed out in craters
Where boils the blood-like flux of familiar lavas,
With hanging spread of wings whose tips are reddened, 5
The huge Bird, full of heavy, mournful indolence,
Looks down in silence on America and space
And on the sombre sun expiring in his bleak eyes.
The night rolls from the east, where the wild pampas
Under terraced mountains endlessly expands; 10
It lulls to sleep the towns and shores of Chile
And the Pacific seas and the supernal horizon;
It is possessed of the silent continent:
From ocean-sand to upland hill, from chasm to slope,
From summit to summit swells, in whirlpools ever-widening, 15
Its high and heavy tide overflowing all.
He, like a specter lone, on the brow of the haughty peak,
Bathed by a gleam that bleeds upon the snow,
Awaits the sinister sea beleaguering him.
It comes, and bursts, and covers him entire. 20
In gulfs that have no bourn the Southern Cross has kindled
Its constellated pharos on the heavenly coast.
He breathes with a rattle of pleasure, he shakes his plumes,
He erects his muscular and naked neck,

Il s'enlève en fouettant l'âpre neige des Andes,   25
Dans un cri rauque il monte où n'atteint pas le vent,
Et, loin du globe noir, loin de l'astre vivant,
Il dort dans l'air glacé, les ailes toutes grandes.

Solvet seclum

Tu te tairas, ô voix sinistre des vivants!

Blasphèmes furieux qui roulez par les vents,
Cris d'épouvante, cris de haine, cris de rage,
Effroyables clameurs de l'éternel naufrage,
Tourments, crimes, remords, sanglots désespérés,   5
Esprit et chair de l'homme, un jour vous vous tairez!
Tout se taira, dieux, rois, forçats et foules viles,
Le rauque grondement des bagnes et des villes,
Les bêtes des forêts, des monts et de la mer,
Ce qui vole et bondit et rampe en cet enfer,   10
Tout ce qui tremble et fuit, tout ce qui tue et mange,
Depuis le ver de terre écrasé dans la fange
Jusqu'à la foudre errant dans l'épaisseur des nuits!
D'un seul coup la nature interrompra ses bruits.
Et ce ne sera point, sous les cieux magnifiques,   15
Le bonheur reconquis des paradis antiques,
Ni l'entretien d'Adam et d'Ève sur les fleurs,
Ni le divin sommeil après tant de douleurs;
Ce sera quand le Globe et tout ce qui l'habite,
Bloc stérile arraché de son immense orbite,   20
Stupide, aveugle, plein d'un dernier hurlement,
Plus lourd, plus éperdu de moment en moment,
Contre quelque univers immobile en sa force
Défoncera sa vieille et misérable écorce,
Et, laissant ruisseler, par mille trous béants,   25
Sa flamme intérieure avec ses océans,
Ira fertiliser de ses restes immondes
Les sillons de l'espace où fermentent les mondes.

He lifts, lashing the hard snow of the Andes,   25
With a hoarse cry he mounts where never wind attains,
And far from the dark globe, far from the living world,
He sleeps in the icy air on his great wings.

Solvet seclum

Thou shalt be still at length, O sinister voice of the living!
Furious blasphemies that roll upon the wind,
Outcries of terror, of hatred and of rage,
All-frightful clamours of the eternal shipwreck,
Torments, and crimes, and remorse, and desperate sobs,   5
Spirit and flesh of man, one day ye shall be still!
All shall be still, gods, kings, convicts, and vilest throngs,
The raucous growling of the hulks and of the towns,
The beasts of the wood, of the mountains and of the sea,
All things that fly and leap and creep in this inferno,   10
All things that tremble and flee, all things that slay and eat,
From the earthworm trodden down into the slime
To the levin that wanders in the deepness of the nights.
Nature shall interrupt her noises at one stroke,
And there shall be no more, 'neath the magnificent heavens,   15
The bliss reconquered of the antique paradises,
Nor the parley of Adam and Eve upon the flowers,
Nor the divine sleep after so many sorrows;
This shall be when the globe with all who dwell therein,
A sterile block from its enormous orbit torn,   20
Stupid and blind and full of a last howling,
More heavy and more hopeless momently,
Against some other world immutable in its strength
Shall stave its old and miserable shell,
And letting stream, by a thousand yawning holes,   25
Its flame internal even with its oceans,
Shall go to fertilize with its unclean remains
The furrows of space wherein ferment the worlds.

Charles van Lerberghe

[Chanson]

Elle dort dans l'ombre des branches,
Parmi les fleurs du bel été.
Une fleur au soleil se penche . . .
N'est-ce pas un cygne enchanté?

Elle dort doucement et songe.   5
Son sein respire lentement.
Vers son sein nu la fleur allonge
Son long col frêle et vacillant.

Et sans qu'elle s'en effarouche,
La longue, pâle fleur a mis,   10
Silencieusement, sa bouche
Autour du beau sein endormi.

Song

She sleeps in the shadow of branches,
Among the flowers of the beautiful summer.
A flower to the sun is leaning . . . passing.
Is it the steps of an enchanted swan?

Sweetly she sleeps and dreams.   5
Slowly her breast respires.
Across her naked breast a flower stretches
Its long neck frail and vacillant.

And without alarming or awakening her,
The long, pale blossom puts,   10
Silently, its mouth
Around the beautiful breast asleep.

Pierre Lièvre

Paysage Elyséen

Sur des arbres que dore un éternel automne
un crépuscule ardent s'allonge infiniment.
Dans uu vent tiède et fort des feuilles tourbillonnent
et des rayons pesants tombent du firmament
             limpide et monotone.   5

La vigne vierge pend du haut des colonnades
dont quelques fûts brisés gisent près des bassins.
Des rosiers tout en fleurs grimpent aux balustrades
et des arbres taillés, par dessus les chemins
             se joignent en arcades.   10

D'innombrables pigeons animent les corniches
d'un ruineux palais qu'embrase le couchant.
Des statues mutilées y dansent dans des niches.
Quelques paons font traîner sur les perrons peuchants
             leur plumages trop riches.   15

En des lieux si sereins, sons de si beaux ombrages
des êtres radieux, aux calmes attitudes,
se continuent sans fin, immuables et sages,—
—Mais l'ennui souverain de la béatitude
             règne sur leurs visages.   20

Fin de souper

"Chérie, écoutez-moi, je suis triste, il est tard,
les restes du souper sont épars sur la nappe,
la musique se tait, les lustres sont blafards,
l'inquiétude me gagne: une anxiété me frappe.

Secourez-moi, Chérie, il le faut, inventez   5
ce que depuis toujours mon désespoir réclame,
je sens, je sens ce soir avec trop d'acuité
que j'ai tout dépassé . . . ah! j'ai la mort dans l'âme."

Mais la charmante enfant, qui songe à Dieu sait quoi,
sous son chapeau coûteux de grue un peu actrice,   10
les coudes sur la table et salissant ses doigts
suce indifféremment des pattes d'écrevisse.

Elysian Landscape

Eternal autumn gilds the trees whereon
an ardent twilight lengthens endlessly.
In a warm strong wind the leaves whirl on and on
while unremitting rays fall from a sky
monotonous and wan.   5

Vines of the wild grape hang from colonnades
whose broken shafts lie round the fountains' rim.
Blossoming roses climb the balustrades
and over garden paths the arbors trim
prolong their close arcades.   10

Peopled by flocks of pigeons turbulent
a ruinous palace in the sunset flares.
Dim statues seem to stir, in its niches pent,
While peacocks trail adown the leaning stairs
their plumes too opulent.   15

Amid so lovely shadows and serene places
dwell radiant beings in one calm attitude
immutable in wisdom and in graces . . .
but the sovereign boredom of beatitude
prevails on all their faces.   20

The End of Supper

Darling, listen to me, I am sad, it is late,
The remains of supper are scattered on the cloth.
The music pauses, the chandeliers grow dim,
A disquietude seizes me, as anxiety crushes me.

Believe me darling, it is needful, contrive   5
That which has ever reclaimed me from despair.
I feel, I feel to-night with too much keenness
That I have outlived everything . . . ah! there is death in my soul.

But the charming child who dreams of God knows what,
Under her costly hat of crane a little actress-like,   10
With elbows on the table and dirtying her fingers,
Sucks indifferently the claws of a crayfish.

Stuart Merrill

Celle qui prie

À Jonathan Sturges.

Ses doigts gemmés de rubacelle
Et lourds du geste des effrois
Ont sacré d'un signe de croix
Le samit de sa tunicelle.

Sous ses torsades où ruiselle   5
La rançon de maints rois,
Sa prunelle vers les orfrois
Darde une viride étincelle.

Et c'est par l'oratoire d'or
Les alléluias en essor   10
De l'orgue et du violoncelle:

Et, sur un missel à fermail
Qu'empourpre le soir d'un vitrail,
Ses doigts gemmés de rubacelle.

A Woman at Prayer

Her fingers gemmed with rubacelle
Are making now the sacred Sign
Upon the flowering sendaline
That hides her bosom's fall and swell.

Under the torse that holds entailed   5
The ransom of many a royal heart,
Her eyes across the orphrey dart
A flash of emeralds rain-assoiled.

Now, through the oratory-door
The halleluias float and soar   10
From organ and from violoncelle;

And evening, cast through purple panes,
On the vermilion missal stains
The fingers gemmed with rubacelle.

Alfred de Musset

Rappelle-toi

Rappelle-toi, quand l'Aurore craintive
    Ouvre au Soleil son palais enchanté;
    Rappelle-toi, lorsque la nuit pensive
    Passe en rêvant sous son voile argenté,
A l'appel du plaisir lorsque ton sein palpite,   5
Aux doux songes du soir lorsque l'ombre t'invite,
        Écoute au fond des bois
        Murmurer une voix:
           Rappelle-toi.

Rappelle-toi, lorsque les destinées   10
    M'auront de toi pour jamais séparé,
    Quand le chagrin, l'exil et les années
    Auront flétri ce cœur désespéré;
Songe à mon triste amour, songe à l'adieu suprême!
L'absence ni le temps ne sont rien quand on aime.   15
        Tant que mon cœur battra,
        Toujours il te dira:
           Rappelle-toi.

Rappelle-toi, quand sous la froide terre
    Mon cœur brisé pour toujours dormira;   20
    Rappelle-toi, quand la fleur solitaire
    Sur mon tombeau doucement s'ouvrira.
Je ne verrai plus; mais mon âme immortelle
Reviendra près de toi comme une sœur fidèle.
        Écoute, dans la nuit,   25
        Une voix qui gémit:
           Rappelle-toi.

Remember Thee

Remember thee, when the timid morning
Opens to the sun her enchanted palace;
Remember thee, when the pensive night
Dreamily passes under her silver veil,
When the heart palpitates to the morning's pleasure,   5
When shadows invite to the sweet reveries of eve,
   Harken amid the heart of the woods
   To a voice that murmurs—
     Remember thee.

Remember thee, when the destinies   10
Shall have parted thee from me forever;
When exile, and chagrin and the sad years
Shall have withered up their all-despairing heart;
In reverie dreams of my sad love, dreams of the last adieux!
Absence and time are nothing when we love.   15
   And while my heart shall beat
   It shall say evermore—
     Remember thee.

Remember thee when under the cold earth
My broken heart shall sleep for aye.   20
Remember thee, when the solitary flower
Above my tomb shall open softly;
Thou shalt not see me more; but mine immortal soul
Will return to thee like a faithful sister.
   Harken in the night   25
   A voice that cries—
     Remember thee.

Chanson

J'ai dit à mon cœur, à mon faible cœur:
N'est-ce point assez d'aimer sa maîtresse?
Et ne vois-tu pas que changer sans cesse,
C'est perdre en désirs le temps du bonheur?

Il m'a répondu: Ce n'est point assez,   5
Ce n'est point assez d'aimer sa maîtresse;
Et ne vois-tu pas que changer sans cesse
Nous rend doux et chers les plaisirs passés?

J'ai dit à mon cœur, à mon faible cœur:
N'est-ce point assez de tant de tristesse?   10
Et ne vois-tu pas que changer sans cesse
C'est à chaque pas trouver la douleur?

Il m'a répondu: Ce n'est point assez,
Ce n'est point assez de tant de tristesse;
Et ne vois-tu pas que changer sans cesse   15
Nous rend doux et chers les chagrins passés?

Song

I have said to my heart, my feeble heart,
Is it not enough to love our mistress?
And see you not that to change unceasingly
Is to lose in desire the time of happiness?

My heart has replied: It is not enough,   5
It is not enough to love our mistress;
And see you not that to change unceasingly
Renders more sweet and dear the pleasures past?

I have said to my heart, to my feeble heart:
Is it not enough to have so much of sadness?   10
And see you not that to change unceasingly
Is to find at every step another sorrow?

My heart has replied: It is not enough,
It is not enough to have so much of sadness,
And see you not that to change unceasingly   15
Renders more sweet and dear the past chagrins?

Hélène Picard

Le Désir d'Aimer

Le désir d'aimer passe sur ma lèvre,
    L'amour est si fort . . .
Je sens dans ma chair de flamme et de fièvre
    Mille aiguillons d'or . . .

Oui, les longs baisers au long souffle tiède,   5
    Et le frisson fou,
Tout ce qui veut bien, tout ce qui possède,
    Tout ce qui veut tout.

Pleurer d'infini sous la nuit immense,
    Trembler de bonheur,   10
Mourir de chagrin, d'ardeur, de silence
    Et d'avoir un cœur . . .

Oh! le Bien-aimé qu'on attend dans l'ombre,
    O soirs inconnus! . . .
Le désir qui croît, le vouloir qui sombre   15
    Entre des bras nus . . .

Et le beau courroux et la belle fièvre
    Aus brûlants yeux d'or,
Et la douce lèvre et la douce lèvre . . .
    L'amour est si fort . . .   20

The Desire of Loving

The desire to love passes over my lips,
  For love is so strong. . . .
I feel in my flesh the flame and the fever
  With a thousand goads of gold.

Yes, the long kisses with long soft breath,   5
  And the mad thrill,
All this excessively desired, all this which possesses
  All this which desires all.

Endlessly weep under the night immense
  Tremble with happiness,   10
Die of chagrin, of ardor, of silence,
  And of having a heart . . .

Oh! the Beloved who waits in the dusk,
  O evenings unknown! . . .
The desire that believes, the will that is sombre   15
  Within the naked arms . . .

And the beautiful rage and the lovely fever
  In the burning eyes of gold,
And the sweet lip and the sweet lip . . .
  For love is so strong . . .   20

Sully-Prudhomme

Sieste

Je passerai l'été dans l'herbe, sur le dos,
Le nuque dans les mains, les paupières mi-closes,
Sans mêler un soupir à l'haleine des roses,
Ni troubler le sommeil léger des clairs échos;

Sans peur je livrerai mon sang, ma chair, mes os,   5
Mon être, au cours de l'heure et des métamorphoses,
Calme, et laissant la foule innombrable des causes
Dans l'ordre universel assurer mon repos;

Sous le pavillon d'or que le soleil déploie,
Mes yeux boiront l'éther, don't l'immuable joie   10
Filtrera dans mon âme au travers de mes cils,

Et je dirai, songeant aux hommes: "Qui font-ils?"
Et le ressouvenir des amours et des haines
Me bercera, pareil au bruit des mers lointaines.

Siesta

I will pass the summer among the grasses, on my back
With eyes half-closed and hands behind my nape;
Mingling not even a sigh with the breath of roses
And troubling not the light sleep of the echoes.

And with no fear I will give my blood, my flesh, my bones,   5
My being to the course of hours and metamorphoses,
Tranquil, and letting the unnumbered throng of causes
In the universal order affirm my sure repose.

Under the gold pavilion builded by the sun
Thine eyes will drink the ether, whose immutable joy   10
Shall filter into my soul athwart my lashes,

And I will say, musing upon my fellow-men: "What do they?"
And the remembrances of love and hate
Will lull me like the sound of far-off seas.

Albert Samain

[Untitled]

Je rêve de vers doux et d'intimes ramages,
De vers à frôler l'âme ainsi que des plumages,

De vers blonds où le sense fluide se délie,
Comme sous l'eau chevelure d'Ophélie,

De vers silencieux, et sans rythme et sans trame,   5
Où la rime sans bruit glisse comme une rame,

De vers d'une ancienne étoffe, exténuée,
Impalpable comme le son et la nuée,

De vers de soirs d'automne ensorcelant les heures
Au rite féminin des syllabes mineures,   10

De vers de soirs d'amour énervés de verveine,
Où l'âme sente, exquise, une caresse à peine,

Et qui au long des nerfs bagnés d'ondes câlines
Meurent à l'infini en pâmoisons félines,
Comme un parfum dissous parmi des tiédeurs closes,   15

Voiles d'or, et *pianissim'amorose* . . .

Je rêve de vers doux mourant comme les roses.

I Dream

Of fair verse in which the sense is fluid and free and loose
Like the hair of Ophelia under water,

Of silent verse, without rhythm or plan,
Where the rhyme glides on like a noiseless oar,

Of verse of an ancient stuff outspun tenuously,   5
Impalpable like cloud and sound,

Of verse of evenings of autumn, enchanting the hours
With a feminine rite of minor syllables.

Of verse of evenings of love enervated with verbena,
When the soul feels exquisitely the caress that is near to pain.   10

Myrtil et Palémone

Myrtil et Palémone, enfants chers aux bergers,
Se poursuivent dans l'herbe épaisse des vergers,
Et font fuir devant eux, en de bruyantes joies,
Le file solennelle et stupid des oies.
Or Myrtil a vaincu Palémone en ses jeux;   5
Comme il l'étreint, rieuse, entre ses bras fougueux,
Il frémit de sentir, sous les toiles légères,
Palpiter tout à coup des formes étrangeres;
Et la double rondeur naissante des seins nus
Jaillit comme un beau fruit sous ses doigts ingénus.   10
Le jeu cesse . . . Un mystère en son cœur d'éclore,
Et, grave, il les caresse et les caresse encore.

[Myrtil and Palemone]

Myrtil and Palemone, children dear to the shepherds, go wandering in the thick grass of orchards, and make the stupid and solemn file of the jays flee before them in their noisy joy. Then Myrtil has defeated Palemone in her games; when he embraces her, laughing, in his hot arms, he trembles to feel the strange forms that palpitate all at once under the light cloth; the double and nascent rondure of nude breasts springs up like a beautiful fruit beneath his ingenuous fingers. The game ceases . . . A mystery flowers in his heart, and, grave, he caresses and caresses them again.

Fernand Severin

Bois sacré

Bois sacré du laurier céleste, et vous, sommets!
Les Muses vous ont fuis; vos échos sont muets;
Le chant divin des sœurs désole au loin la grève!

"O trop aimé mortel en allé sur la mer!
La pays même des deux pesait à ce cœur fier: 5
A qi veut l'action, c'est trop d'un si long rêve.

Et nous t'avions admis dans l'immortel essaim!
Las du rameau béni dont les Muses l'ont ceint,
Quel moins noble souci distrait ce front tranquille?

Malheureux qui nous fuit vers l'orageux labeur!   10
Ne tente pas la vie! Épargne à ta valeur,
Il en est temps encore! une lutte inutile.

Ah! reviens-nous! reviens! Les myrtes sont en fleurs!
Et, parmi les baisers, les rires et les pleurs,
Bien longtemps, comme des amantes et des mères,   15

Enfant! gémirons-nous, ne t'aimions-nous donc pas?
Où fuyais-tu? Quel trouble emportait ton cœur las,
Loin des Muses, hélas! vers nos sœurs éphémères?

Mais un plus pur désir a guidé ton exil!
Ce cœur trop confiant, qu'appelle un beau péril,   20
Ne cherchait que la gloire aux pays de la vie!

Rentre enfin dans la paix des songes! Laisse-nous
Clore tes yeux vaincus sous des baisers plus doux,
Oublie entre nos bras une aussi folle envie.

Si ton sang a rougi les chemins de l'erreur,   25
Ah! qu'importe? Un Léthé d'ineffable langueur
Baigne les vallons bleus où t'ont pleuré les Muses.

Que cherchais-tu, dis nous, parmi le peuple vain?
La lyre t'a bercé, dans un calme divin;
Là-bas gronde à jamais la vie, aux voix confuses!   30

Sonnet

If thy blood has reddened the roads of error and folly,
What matters it? A Lethe of ineffable languor
Bathes the blue valleys where the Muses weep for thee.

What thinkest thou to find among the people vain?
The lyre has cradled thee in a divine repose;   5
Life roars and mutters there with voices all confused.

Mais toi, chanteur paisable, à l'ombre de tes bois,
Silencieux pour tous, pour toi peuplés de voix,
En quel bienheureux songe, enfant, tu te recueilles!

Reviens-nous! et, fidèle au rêve familier,
Ravis le bois céleste où grandit ton laurier,   35
D'un chant simple et nombreux comme le bruit des feuilles."

O tranquil singer, in the shadow of thy wood
Silent for thee, peopled for thee with voices,
In what thrice-happy reverie retirest thou!

Return! and faithful still to thy familiar dream,   10
Ravish the heavenly wood where grows thy laurel-tree
With a song that is new and simple like the sound of leaves.

Paul Verlaine

Ariettes Oubliées IX

Le rossignol qui du haut d'une branche se regarde dedans, croit être tombé dans la rivière. Il est au sommet d'un chêne et toutefois il a peur de se noyer.

Cyrano de Bergerac.

L'ombre des arbres dans la rivière embrumée
        Meurt comme de la fumée,
Tandis qu'en l'air, parmi les ramures réeles,
        Se plaignent les tourterelles.

Combien, ô voyageur, ce paysage blame   5
        Ta mira blême toi-même,
Et que tristes pleuraient dans les hautes feuillées
        Tes espérances noyées!

Il Bacio

Baiser! rose trémière au jardin des caresses!
Vif accompagnement sur le clavier des dents
Des doux refrains qu'Amour chante en les cœurs ardents,
Avec sa voix d'archange aux langueurs charmeresses!

Sonore et gracieux Baisier, divin Baiser!   5
Volupté non pareille, ivresse inérrable!
Salut! L'homme, penché sur ta coupe adorable,
S'y grise d'un bonheur qu'il ne sait épuiser.

Comme le vin du Rhin et comme la musique,
Tu consoles et tu berces, et le chagrin   10
Expire avec la moue et ton pli purpurin . . .
Qu'un plus grand, Gœthe ou Will, te dresse un vers classique.

Moi, je ne puis, chétif trouvère de Paris,
T'offrir que ce bouquet de strophes enfantines:
Sois bénin et, pour prix, sur les lèvres mutines   15
D'Une que je connais, Baiser, descends, et ris.

IX (Ariettes Oubliées)

The nightingale, gazing below from the height of a branch, believes that it has fallen into the river. It is in the top of an oak, and all the while it fears that it will drown.

Cyrano de Bergerac.

The tree-reflections in the misty river die
Like a vapor on the sky,
While in the very boughs, 'neath the true firmament,
The turtle-doves lament.

How oft, O traveler, on this landscape wan and dim   5
Would thine own wan image swim,
And, all among the lofty leaves, how mournfully
Wept the drowned hopes of thee.

Il Bacio

Kiss! hollyhock in the garden of caresses! Thou live accompaniment on the keyboard of teeth to the sweet refrains that are sung by Love in ardent hearts with his archangelic voice of delightful languors.

Sonorous and gracious Kiss, divine Kiss! Hail, delight unparalleled, unenarrable intoxication! Man, bent above thine adorable cup, grows drunk with a happiness he can never exhaust.

Like Rhine wine and music, thou consolest and lullest, and chagrin expires with the moue in thine empurpled fold. . . . Let some greater one, Goethe or Will, uprear a classic verse for thee.

I, paltry troubadour of Paris, can offer nothing more than this bouquet of childish strophes. Be kind, O Kiss, and for recompense, on the stubborn lips of One that I know, descend and laugh.

La Bonne Chanson

IV

Puisque l'aube grandit, puisque voici l'aurore,
Puisque, après avoir fui longtemps, l'espoir veut bien
Revoler devers moi qui l'appelle et l'implore,
Puisque tout ce bonheur veut bien être le mien,

C'en fait à présent des funestes pensées,   5
C'en est fait des mauves rêves, ah! c'en est fait
Surtout de l'ironie et des lèvres pincées
Et des mots où l'esprit sans l'âme triomphait.

Arrière aussi les poings crispés et la colère
A propos des méchants et des sots rencontrés;   10
Arrière la rancune abominable! arrière
L'oubli qu'on cherche en des breuvages exécrés!

Car je veux, maintenant, qu'un Être de lumière
A dans ma nuit profonde émis cette clarté
D'une amour à la fois immortelle et première,   15
De par la grâce, le sourire et la bonté,

Je veux, guidé par vous beaux yeux aux flammes douces,
Par toi conduit, ô main où tremblera ma main,
Marcher droit, que ce soit par des sentiers de mousses
Ou que rocs et cailloux encombrent le chemin;   20

Oui, je veux marcher droit et calme dans la Vie,
Vers le but où le sort dirigera mes pas,
Sans violence, sans remords et sans envie:
Ce sera le devoir heureux aux gais combats.

Et comme, pour bercer les lenteurs de la route,   25
Je chanterai des airs ingénus, je me dis
Qu'elle m'écoutera sans déplaisir sans doute;
Et vraiment je ne veux pas d'autre Paradis.

La Bonne Chanson

No. I

Since the morning greatens, and the dawn is here,
Since, after fleeing me so long,
Hope flies again to one who calls it and implores it,
Since all this happiness is willing to be mine,

I shall be done with all these baleful thoughts,   5
And done with evil dreams, ah, done
Above all things with irony and tightened lips,
And words where wit triumphs without the soul.

Away likewise the clenchèd hands! the anger
Because of fools and evil-doers met;   10
Away the abominable rancor! away
The oblivion sought in an execrated beverage!

For I wish, now this Being made of light
Has poured upon my night profound the effulgence
Of love at once immortal and first-born,—   15
Though her sweet grace, her smile, her goodness,

I mean, guided by you, fair eyes of tender glance,
By you conducted, hand wherein my hand doth tremble,
To face straight on, whether by mossy paths,
Or the rock that rocks and pebbles have [. . .]   20

[*Balance missing or not translated.*]

VI

La lune blanche
Luit dans les bois;
De chaque branche
Part une voix
Sous la ramée . . .   5

O bien-aimée.

L'etang reflète,
Profond miroir,
La silhouette
Du saule noir   10
Où le vent pleure . . .

Rêvons, c'est l'heure.

Un vaste et tender
Apaisement
Semble descendre   15
Du firmament
Que l'astre irise . . .

C'est l'heure exquise.

XIV

Le foyer, la lueur étroite de la lampe;
La rêverie avec le doigt contre le tempe
Et les yeux se perdant parmi les yeux aimés;
L'heure du thé fumant et des livres fermés;
La douceur de sentir la fin de la soirée;   5
La fatigue charmante et l'attente adorée
De l'ombre nuptiale et de la douce nuit,
Oh! tout cela, mon rêve attendri le poursuit
Sans relâche, à travers toutes remises vaines
Impatient des mois, furieux des semaines!   10

No. III

The wan white moon
Shines in the wood;
From every bough
Issues a voice
Under the leaves.   5

O well-beloved,

The pool reflects
A mirror profound
The silhouette
Of the black willow   10
Where the wind weeps.

Dream: 'tis the hour.

A vast and tender
Appeasement seems
Now to descend   15
From the firmament
That is irised by the star.

'Tis the exquisite hour.

No. V

The hearth, the narrow glimmering of the lamp,
The reverie with the finger against the temple,
And eyes that lose themselves in the loved eyes;
The hour of steaming tea and books laid by;
The sweetness of feeling the end of eventide,   5
The joyful nearness, the adored anticipation,
Of the nuptial shadow and of the sweet night;
O! this, all this, my passionate dream pursues
Without remission, through all the vain delays,
Impatient with the months, and furious at the weeks.   10

XVII

N'est-ce pas? en dépit des sots et des méchants
Qui ne manqueront pas d'envier notre joie,
Nous serons fiers parfois et toujours indulgents.

N'est-ce pas? nous irons, gais et lents, dans la voie
Modeste que nous montre en souriant l'Espoir,   5
Peu soucieux qu'on nous ignore ou qu'on nous voie.

Isolés dans l'amour ainsi qu'en un bois noir,
Nos deux cœurs, exhalant leur tendresse paisible,
Seront deux rossignols qui chantent dans le soir.

Quant au Monde, qu'il soit envers nous irascible   10
Ou doux, que nous feront ses gestes? Il peut bien
S'il veut, nous caresser ou nous prendre pour cible.

Unis par le plus fort et le plus cher lien,
Et d'ailleurs, possédant l'armure adamantine,
Nous sourirons à tous et n'aurons peur de rien.   15

Sans nous préoccuper de ce que nous destine
Le Sort, nous marcherons pourtant du même pas,
Et la main dans la main, avec l'âme enfantine

De ceux qui s'aiment sans mélange, n'est-ce pas?

XIX

Donc, ce sera par un clair jour d'été:
Le grand soleil, complice de ma joie,
Fera, parmi le satin et la soie,
Plus belle encor votre chère beauté;

Le ciel tout bleu, comme une haute tente,   5
Frissonera somptueux à longs plis
Sur nos deux fronts heureux qu'auront pâlis
L'émotion du bonheur et l'attente;

Et quand le soir viendra, l'air sera doux
Qui se jouera, caressant, dans vos voiles,   10
Et les regards paisibles des étoiles
Bienveillamment souriront aux époux.

No. VI

Is it not so? In spite of fools and evildoers
Who will not fail to envy us our joy,
We shall be proud and sometimes, and always lenient.

Is it not so? Gaily and slowly we shall take the modest way
That Hope reveals to us in smiling, 5
And care but little if we be known or seen.

Alone in love as in a darkling wood,
Our hearts, exhaling their tranquil tenderness,
Shall be two nightingales who sing at eventide.

As for the world, though it be kind or angry toward us, 10
What will its gestures mean? It can,
If so it will, caress or take us for a target.

Bound by the strongest and the dearest bond,
And otherwise, possessed of adamantine armour,
We shall smile at all, we shall fear nothing. 15

Without concern for aught that fate may destine
We shall walk even with the self-same step,
Yea, hand in hand and with the childish soul

Of those who love in fashion unalloyed;
          Is it not so?

No. VII

It will be thus on a clear day of summer:
The great sun, accomplice of our joy,
Amid the satin and the silk,
Will render your dear beauty fairer still.

The heavens wholly blue, like a high tent, 5
Will sumptuously tremble in long folds
Over our blissful brows, made pale
With happiness and expectation;

And the sweet air, when evening comes
Will play caressingly within your veils 10
And the stars, with tranquil eyes,
Will smile benignly on the wedded lovers.

Crimen Amoris

Dans un palais, soie et or, dans Ecbatane,
De beaux démons, des satans adolescents,
Au son d'une musique mahométane,
Font litière aux Sept Péchés de leur cinq sens.

C'est la fête aux Sept Péchés: ô qu'elle est belle! 5
Tous les Désirs rayonnaient en feux brutaux;
Les Appétits, pages prompts que l'on harcèle,
Promenaient des vins roses dans des cristaux.

Des danses sur des rhythmes d'épithalames
Bien doucement se pâmaient en longs sanglots 10
Et de beaux chœurs de voix d'hommes et de femmes
Se déroulaient, palpitaient comme des flots.

Et la bonté qui s'en allait de ces choses
Était puissante et charmante tellement
Que la campagne autour se fleurit de roses 15
Et que la nuit paraissait en diamant.

Or, le plus beau d'entre tous ces mauvais anges
Avait seize ans sous sa couronne de fleurs.
Les bras croisés sur les colliers et les franges,
Il rêve, l'œil plein de flammes et de pleurs. 20

En vain la fête autour se faisait plus folle,
En vain les satans, ses frères et ses sœurs,
Pour l'arracher au souci qui le désole,
L'encourageaient d'appels de bras caresseurs,

Il résistait à toutes câlineries, 25
Et le chagrin mettait un papillon noir
A son cher front tout brûlant d'orfèvreries:
O l'immortel et terrible désespoir!

Il leur disait: "O vous, laissez-moi tranquille!"
Puis, les ayant baisés tous bien tendrement, 30
Il s'évada d'avec eux d'un geste agile,
Leur laissant aux mains des pans de vêtement.

Crimen Amoris

In a palace of silk and gold, in Ecbatana,
Beautiful demons, adolescent Satans brave,
'Mid the sound of dulcimers of Arabia,
To the seven sins their fivefold senses gave.

How fair it was, that feast of the sins which are seven!   5
Every desire glowed out in a brutal blaze;
The appetites, prompt pages harried and driven,
Set forth the rose-red wines upon golden trays.

Dances were danced to the rhythm of hymens of old,
Swooning and sinking away like unfinished sighs,   10
And the choral voices of men and women unrolled
With the beating of seas that fall, of billows that rise;

And from all these things a fulness went forth and a power
And a sorcery too strong for earthly bonds,
Till the plains around were filled with roses in flower   15
And the night itself was adorned with diamonds.

The fairest of all that evil seraphic host
Was but sixteen. Bowing his blossom-crowned head,
With arms upon jewelled fringe and collar crossed,
He dreamed, his eyes full of flames and tears unshed.   20

Vainly mounted the feast to a dizzier madness,
Vainly the brother Satans, the Satanesses,
To win him away from his desolating sadness,
Would hearten him with cajolements and caresses.

Deaf was he, and wholly insensate now,   25
And sorrow had set an ebon butterfly
Amid the jewels that burdened his ivory brow.
O dreadful despair! despair that could not die!

He said to his brothers and sisters: "Let me be."
When one by one they had kissed him with tender care,   30
He slid from their arms, evading them agilely,
And left in their hands his lappets of purple and vair.

Le voyez-vous stir la tour la plus céleste
Du haut palais, avec une torche au poing?
Il la brandit comme un héros fait d'un ceste: 35
D'en bas on croit que c'est une aube qui point.

Qu'est-ce qu'il dit de sa voix profonde et tendre
Qui se marie in claquement clair du feu
Et que la lune est extatique d'entendre?
"Oh! je serai celui-là qui sera Dieu!   40

"Nous avons tous trop souffert, anges et hommes,
De ce conflit entre le Pire et le Mieux.
Humilions, misérables que nous sommes,
Tous nos élans dans le plus simple des vœux.

"O vous tous, ô nous tous, ô les pécheurs tristes,   45
O les gais Saints, pourquoi ce schisme têtu?
Que n'avons-nous fait, en habiles artistes,
De nos travaux la seule et même vertu!

"Assez et trop de ces luttes trop égales!
Il va falloir qu'enfin se rejoignent les   50
Sept Péchés aux Trois Vertus Théologales!
Assez et trop de ces combats durs et laids!

"Et pour réponse à Jésus qui crut bien faire
En maintenant l'équilibre de ce duel,
Par moi l'enfer dont c'est ici le repaire   55
Se sacrifie a l'Amour universel!"

La torche tombe de sa main éployée,
Et l'incendie alors hurla s'élevant,
Querelle énorme d'aigles rouges noyée
Au remous noir de la fumée et du vent.   60

L'or fond et coule à flots et le marbre éclate;
C'est un brasier tout splendeur et tout ardeur.
La soie en courts frissons comme de l'ouate
Vole à flocons tout ardeur et tout splendeur.

Et les satans mourants chantaient dans les flammes,   65
Ayant compris, comme ils s'étaient résignés.
Et de beaux chœurs de voix d'hommes et de femmes
Montaient parmi l'ouragan des bruits ignés.

They beheld him soon on the most celestial tower
Of the proud palace, bearing a torch on high
As a warrior bears the brandished sword of power.   35
From below, it blazed like a morning star in the sky.

They heard him cry in a deep and tender voice
(With the crackling torch for chorus and period
That made the pale, ecstatical moon rejoice)
"I am he, that rebellious one who will be God!   40

"Too greatly have we suffered, angels and men,
In this endless war between the Worst and the Best,
Humiliated, unhappy have we been
In darkling flights by the simplest vows addressed.

[*This stanza not translated.*]

"Enough and too much of battles that none wins,
Whose ultimate end is only to reunite   50
The Three Divine Virtues with the Seven Sins,
Enough and too much of these combats dull and trite.

"In retort to Christ, who believes that He does well
To equilibrate the duel from above,
Through me this golden, silken lair which is Hell   55
Shall be sacrificed to the universal Love!"

Fom his outspread hand the flaring torch fell down . . .
And the fires kindled, rising and howling behind—
A monstrous war of red eagles that seemed to drown
In the black eddyings of the smoke and wind.   60

The gold ran molten in streams and the marble shattered,
A mighty furnace with heat and splendor brimmed,
And the burning silk in splendid flakes was scattered
From a furnace hearted with light and luminous-rimmed.

And the dying Satans sang amid the flame,   65
Having understood, with hearts and souls resigned,
And the choral voices of men and women became
One with the clamors of fire and the fiery wind.

Et lui, les bras croisés d'une sorte fière,
Les yeux au ciel où le feu monte en léchant,   70
Il dit tout bas une espèce de prière
Qui va mourir dans l'allégresse du chant.

Il dit tout bas une espèce de prière,
Les yeux au ciel où le feu monte en léchant . . .
Quand retentit un affreux coup de tonnerre,   75
Et c'est la fin de l'allégresse et du chant.

On n'avait pas agréé le sacrifice:
Quelqu'un de fort et de juste assurément
Sans peine avait su démêler la malice
Et l'artifice en un orgueil qui se ment.   80

Et du palais aux cent tours aucun vestige,
Rien ne resta dans ce désastre inouï,
Afin que par le plus effrayant prodige
Ceci ne fût qu'un vain rêve évanoui . . .

Et c'est la nuit, la nuit bleue aux mille étoiles;   85
Une campagne évangélique s'étend,
Sévère et douce, et, vagues comme des voiles,
Les branches d'arbre ont l'air d'ailes s'agitant.

De froids ruisseaux courent sur un lit de pierre;
Les doux hiboux nagent vaguement dans l'air   90
Tout embaumé de mystère et de prière;
Parfois un flot qui saute lance un éclair.

La forme molle au loin monte des collines
Comme un amour encore mal défini,
Et le brouillard qui s'essore des ravines   95
Semble un effort vers quelque but réuni.

Et tout cela comme un cœur et comme une âme,
Et comme un verbe, et d'un amour virginal,
Adore, s'ouvre en une extase et réclame
Le Dieu clément qui nous gardera du mal.   100

And he, with folded arms, with a haughty air,
His eyes to heaven, where the licking flames grew long,   70
Spoke in an undertone a sort of prayer
That sank and died in the gladness of the song.

Spoke in an undertone a kind of prayer,
His eyes to heaven, where the licking flames grew long,
Till a frightful thunder resounded above the glare   75
And made an end of the gladness and the song.

But inacceptable was the sacrifice,
Someone among the strong and the just had surely
Unmingled the malic and the artifice
In the skeins of a lying pride involved obscurely.   80

Of that high palace, proud with its hundred towers,
No ruin remained . . . no shadow nor any gleam.
How frightful the prodigy! the halls, the bowers
Became no more than a vain and vanished dream. . . .

Night, blue night with a thousand stars comes back.   85
A sweet, severe and evangelical plain
Extends, and vastnesses that are veils of black;
The boughs of trees seem ready to tremble again,

The cold streams run in a bed of pebbles and stone,
The sweet owls vaguely swim in an atmosphere   90
Where the balms of prayer and mystery are blown;
Sometimes in the rill a ripple flashes clear;

A doubtful figure climbs on the distant steep
Like a love whose unshapen features change and flow;
And the mists that soar from immobile roots asleep   95
Aspire, it would seem, to a goal where all things go.

And all these things, like a single heart and soul,
Like a spoken word, and with a virginal love,
Worship, and flower in ecstasy, and extol
Him that guards from evil, the clement God above.   100

En Sourdine

Calmes dans le demi-jour
Que les branches hautes font,
Pénétrons bien notre amour
De ce silence profond.

Fondons nos âmes, nos cœurs   5
Et nos sens extasiés,
Parmi les vagues langueurs
Des pins et des arbousiers.

Ferme tes yeux à demi,
Croise tes bras sur ton sein,   10
Et de ton cœur endormi
Chasse à jamais tout dessein.

Laissons-nous persuader
Au souffle berceur et doux
Qui vient à tes pieds rider   15
Les ondes de gazon roux.

Et quand, solennel, le soir
Des chênes noirs tombera,
Voix de notre désespoir,
Le rossignol chantera.   20

Le Faune

Un vieux faune de terre cuite
Rit au centre des boulingrins,
Présageant sans doute une suite
Mauvaise à ces instants sereins

Qui m'ont conduit et t'ont conduite,   5
Mélancoliques pèlerins,
Jusqu'à cette heure dont la fuite
Tournoie au son des tambourins.

En Sourdine

Calm within the twilight woven
By the lofty boughs above,
Let us with the deep unproven
Silence blend our proven love.

Heart and spirit, molten, waning,   5
Senses faint with ecstasy,
Mix them with dim languors raining
From the pine and arbute-tree.

Hold thy lids but half apart,
On thy breast thine arms entwine,   10
Chase from out thy drowsing heart
All desire and all design.

Let us lend our being wholly
To the cradling breeze that passes,
Wrinkling at our feet the lowly   15
Ocean of long russet grasses.

And when falls on solemn air
From black oaks the evening,
Voice of our unvoiced despair,
There the nightingale shall sing.   20

The Faun

An old clay faun eternally
Laughs from the center of the green,
Foretelling some ill end to be
Born of these moments too serene.

That have led you and have led me,   5
Sad pilgrims of a glad demesne,
Even where the final moments flee,
Timed to the sounding tambourine.

Green

Voici des fruits, des fleurs, des fueilles et des branches,
Et puis voici mon cœur, qui ne bat que pour vous.
Ne le déchirez pas avec vos deux mains blanches
Et qu'à vos yeux si beaux l'humble présent soit doux.

J'arrive tout couvert encore de rosée   5
Que le vent du matin vient glacer à mon front.
Souffrez que ma fatigue, à vos pieds reposée,
Rêve des chers instants qui la délasseront.

Sur votre jeune sein laissez rouler ma tête
Toute sonore encor de vos derniers baisers;   10
Laissez-la s'apaiser de la bonne tempête,
Et que je dorme un peu puisque vous reposez.

Claire de lune

Votre âme est un paysage choisi
Que vont charmant masques et bergamasques,
Jouant du luth et dansant et quasi
Tristes sous leurs déguisements fantasques.

Tout en chantant sur le mode mineur   5
L'amour vainqueur et la vie opportune,
Ils n'ont pas l'air de croire à leur bonheur
Et leur chanson se mêle au clair de lune,

Au calme clair de lune triste et beau,
Qui fait rêver les oiseaux dans les arbres   10
Et sangloter d'extase les jets d'eau,
Les grand jets d'eau sveltes parmi les marbres.

[Song from] *Les Uns et les autres*

Va! sans nul autre souci
Que de conserver ta joie!
Fripe les jupes de soie
Et goûte les vers aussi.

La morale la meilleure,   5
En ce monde où les plus fouts
Sont les plus sages de tous,
C'est encor d'oublier l'heure.

Green

Behold the fruits and flowers and leaves and branches,
And then behold my heart, that beats only for you.
Ah! Fear it not with your too white hands,
But let the humble gift be good to your fair eyes.

I come all covered still with dew   5
That the wind of morning freezes on my brow.
Suffer that my fatigue, reposing at your feet,
Dream of the moments dear that will revive it.

On your young breast permit my head to lie,
Resounding still with your last kisses;   10
Let the good tempest now subside,
And let me sleep a little, since you repose.

Moonlight

Your soul, it is a garden set apart,
Where masques and bergamasques go mummer-wise
And dance and strum the cithern, though at heart
Half-sad beneath their antical disguise.

Singing in minor mode, to muted string   5
Of love triumphant and life opportune,
They scarce believe the happy theme they sing,
And their songs pass and mingle with the moon,

The fair, the mournful moon, so silently
Making the birds to dream in coverts lone,   10
And the slim founts to sob with ecstasy
Among the tranquil statues bowed in stone.

Song from *Les Uns et les autres*

Go, with no other care
Than to maintain thy joy!
Crumple the silken skirts,
And know likewise the savor of the verses.

The best philosophy   5
In this world where the maddest
Are ever the wisest of all,
Is to forget and still forget the hour.

Il s'agit de n'être point
Mélancolique et morose.   10
La vie est-elle une chose
Grave et réelle à ce point?

Spleen

Les roses étaient toutes rouges,
Et les lierres étaient tout noirs.

Chère, pour peu que tu te bouges,
Renaissent tous mes désespoirs.

Le ciel était trop bleu, trop tendre,   5
La mer trop verte et l'air trop doux.

Je crains toujours,—ce qu'est d'attendre!—
Quelque fuite atroce de vous.

Du houx à la feuille vernie
Et du luisant buis je suis las,   10

Et de la campagne infinie
Et de tout, fors de vous, hélas!

A une Femme

A vous ces vers, de par la grâce consolante
De vos grands yeux où rit et pleure un rêve doux,
De par votre âme, pure et toute bonne, à vous
Ces vers du fond de ma détresse violente.

C'est qu'hélas! le hideux cauchemar qui me hante   5
N'a pas de trêve et va furieux, fou, jaloux,
Se multipliant comme un cortège de loups
Et se pendant après mon sort qu'il ensanglante.

Oh! je souffre, je souffre affreusement, si bien
Que le gémissement premier du premier home   10
Chassé d'Éden n'est qu'une églogue au prix du mien,

Et les soucis que vous pouvez avoir sont comme
Des hirondelles sur un ciel d'après-midi,
—Chère,—par un beau jour de septembre attiédi.

The question is to be no wise
Morose and melancholy.   10
Is life itself a thing
Grave and real enough for this?

Spleen

Rose-red were all the garden roses,
And black were all the ivies there.

Dear, if thou stir in thy repose,
I find again the old despair.

Too tender was the sky, too blue,   5
The sea too green, the air too sweet.

Always I fear, who wait for you,
Some flight on silent feet.

Of burnished box and holly bright
I am grown tired, and of the grass,   10

And fields and valleys infinite
And of all things but you, alas!

To a Woman

To you this verse for the consoling grace
Of your great eyes when laughs and weeps a lovely dream,
For your soul pure and wholly kind, to you
This verse from out the depths of my violent distress.

For alas! the hideous nightmare haunting me   5
Proffers no truce, and furious, jealous, mad
Goes multiplying itself like a train of wolves
And following on the track of my ensanguined fate.

Oh! I suffer, I suffer frightfully, so much
That the primordial moan of the first man   10
From Eden driven was as an eclogue unto mine!

And all the cares that you can have are like
To swallows in the skies of afternoon—
Dear—on a beautiful day of mild September.

Translations from the Spanish

Gustavo Adolfo Bécquer

Rimas LII

Olas gigantas que os rompéis bramando
en las playas desiertas y remotas
envuelto entre la sábana de espumas,
¡llevadme con vosotras!

Ráfagas de huracán que arrebatáis   5
del alto bosque las marchitas hojas,
arrastrado en el ciego torbellino,
¡llevadme con vosotras!

Nubes de tempestad que rompe en rayo
y en fuego ornáis las desprendidas orlas,   10
arrebatado entre la niebla oscura,
¡llevadme con vosotras!

Llevadme por piedad adonde el vértigo
con la razón me arranque la memoria.
¡Por piedad! ¡Tengo miedo de quedarme   15
con mi dolor a solas!

Rimas LX

Mi vida es un erial,
flor que toco se deshoja;
que en mi camino fatal
alguien va sembrando el mal
para que yo lo recoja.   5

Rimas XXXVIII

¡Los suspiros son aire, y van al aire!
¡Las lágrimas son agua, y van al mar!
Dime, mujer, cuando el amor se olvida,
¿sabes tú adónde va?

Invocation

Gigantic surges, shattered and returning
to roar upon the desert strands remote,
in the close-woven sheets of foam enshrouded,
carry me with you as you go.

Gusts of the hurricane, that tear the sere   5
thin leaves from lofty tops of upland oak,
dragged even as they in the blind eddies of wind,
carry me with you as you go.

Clouds of the tempest, cloven by the lighning ray,
that trims with fire your loosened fringes torn,   10
caught up into the rack obscure and formless,
carry me with you as you go.

In pity carry me, where reason and remembrance
are wrenched away by bournless vertigo . . .
in pity . . . for I dare not linger here   15
alone with all my sorrow.

The Sower

My life is like an untilled field;
at my touch the flowers wither;
still, before my fatal trail,
someone sows the bane and bale
that I must gather.   5

Where?

Our sighs return to the air above,
Our tears return to the seas below.
Then tell me, beloved, when love is forgotten,
Where does love go?

Rimas I (Libro de los gorriones)

Una mujer me ha envenenado el alma,
otra mujer me ha envenenado el cuerpo;
ninguna de las dos vino a buscarme,
yo de ninguna de las dos me quejo.

Como el mundo es redondo, el mundo rueda.   5
Si mañana, rodando, este veneno
envenena a su vez, ¿por qué acusarme?
¿Puedo dar más de lo que a mí me dieron?

The World Rolls On

One woman set her poison on my soul,
another, all her venom in my flesh:
Neither of them had sought me for her victim,
Therefore of neither can I make complaint.

As, being itself a sphere, the world rolls on   5
from morn to morn, rotating still, this venom
envenoms in its turn: then blame me not:
can I give more of it than was given me?

José A. Calcaño

El ciprés

     Si por mi tumba
Pasas un día
Y amante evocas
El alma mía,
Verás un ave   5
Sobre un ciprés:
Habla con ella,
Que mi alma es.

     Si tú me nombras,
Si tú me llamas,   10
Si allí repites
Que aun fiel me amas,
Da oído al viento
Dentro el ciprés,
Y con él habla,   15
Que mi alma es.

     Pero si esclava
Ya de otro dueño
Turbas é insultas
Mi ultimo sueño,   20
Guárdate, ingrata,
De ir al ciprés,
Huye su sombra,
Que mi alma es.

     Huye del ave   25
Y huye del viento,
De toda forma,
De todo acento . . .
¡Ay! ¡pero es vano!
Doquiera estés,   30
Verás la sombra
De ese ciprés.

The Cypress

If passing sometime
beside my grave
thy love would awaken
the soul once mine,
thou wilt see a bird   5
on a cypress perched:
then speak with the bird,
which is my soul.

If thou callest my name,
if thou summonest me,   10
softly repeating
that love is for aye,
thou wilt hear the wind
in the cypress blowing:
then speak with the wind,   15
which is my soul.

But if being even now
the thrall of another
thou troublest and floutest
my ultimate slumber,   20
take care, O unkindest,
approach not the cypress,
flee from its shadow,
which is my soul.

Flee from the bird,   25
whatever its plumage,
flee from the wind,
whatever its rune.
Ah! . . . vain is thy flight!
wheresoever thou goest   30
there follows the shadow
cast by the cypress.

José Santos Chocaño

El sueño del caimán

Enorme tronco que arrastró la ola,
yace el caimán varado en la ribera:
espinazo de abrupta cordillera,
fauces de abismo y formidable cola.

El sol lo envuelve en fúlgida aureola;   5
y parece lucir cota y cimera,
cual monstruo de metal que reverbera
y que al reverberar se tornasola.

Inmóvil como un ídolo sagrado,
ceñido en mallas de compacto acero,   10
está ante el agua extático y sombrío,

a manera de un príncipe encantado
que vive eternamente prisionero
en el palacio de cristal de un río . . .

The Sleep of the Cayman

Enormous trunk the waters have dragged along,
the alligator lies grounded on the strand,
with spine that seems a rounded *cordillera*,
with abysmal gullet and formidable tail.

The sun enfolds him in a glowing aureole,   5
sombre with gleams that ripple over crest and armor—
a monster of metal that reverberates
the light in chameleon colors ever-changing.

Immobile like a sacred idol,
engirt with serried plates of compact steel,   10
he remains ecstatical and dark before the water,

in the manner of some enchanted prince
who lives eternally a prisoner
in the crystal palace of a river.

Rubén Darío

El Cantar de los Cantares

Aroma puro y ámbar delicado;
miel sabrosa que liban las abejas;
lo blanco del vellón de las ovejas;
lo fresco de las flores del granado;

el pétalo del lirio perfumado;   5
ojos llenos de ardor; bocas bermejas;
besos de fuego; enamoradas quejas;
caricias de la amada y del amado;

fruición de gozo; manantial de vida;
reflejos de divinos luminares;   10
pasión intensa en lo interior nacida;

el himno celestial de los hogares . . .
Con eso sueña el alma entristecida
al rumor del Cantar de los Cantares.

The Song of Songs

Purest aroma and amber exquisite;
savorous honey that the bees have sucked;
the unshadowed whiteness of the fleece of sheep;
the sanguine freshness of pomegranate flowers;

the petals of the perfumed lily;   5
eyes filled with ardor and valor; vermilion mouths;
kisses of fire; amorous complaints;
caresses of the lover and the beloved;

fruition of delight; fountain of life;
reflexion cast by divine luminaries;   10
intensest passion, born interiorly;

the celestial hymn that arises from human hearths . . .
such images the saddened soul will dream
at any mention of the Song of Songs.

Juana de Ibarbourou

Vida aldeana

Iremos por los campos, de la mano,
A través de los bosques y los trigos,
Entre rebaños cándidos y amigos,
Sobre la verde placidez del llano.

Para comer, el fruto dulce y sano   5
De las rústicas vides y los higos
Que coronan las tunas. Como amigos
Partiremos el pan, le lache, el grano.

Y en las mágicas noches estrelladas,
Bajo la calma azul, entrelazadas   10
Las manos, y los labios temblorosos.

Renovaremos nuestro muerto idilio,
Y será como un verso de Virgilio
Vivido ante los astros luminosos.

Rustic Life

We shall go forth across the country-side,
across the woodland and the fields of wheat,
amid the simple and friendly flocks,
over the green tranquility of the plain,

to eat again the sound and dulcet fruit   5
of rural vines and the figs
that crown the plats of prickly pear. Like friends
we shall divide the bread, the milk, the seeds.

And in the magical and starry nights,
beneath an azure calmness, with our hands   10
entwined, and trembling lips,

we shall renew our fugitive perished idyl,
and it will be as if some verse from Virgil
were lived and sung before the luminous stars.

Jorge Isaacs

Luminar

> On n'ecrit pas cette histoire, on la chante.
> LAMARTINE.

En las horas de azules remembranzas,
al ritmo vesperal de mis dolores,
como en cofre de lágrimas y flores,
he buscado mis muertas esperanzas.
En el hechizo del Poema . . . (danzas   5
de ternuras y anhelos, y fulgores
de un ensueño de mágicos colores
que va en pos de mentidas lontananzas . . .)
Me dice ese poema la tristeza
de la tarde en un ¡ay! paso, muy paso,   10
cuando en las vueltas del camino reza.
El viento al ciaroscuro del ocaso;
del recuerdo la mística terneza,
y de la noche el fúnebre aletazo!

Luminary

In the hours of blue rememberances,
to the vespertinal rhythm set by sorrow,
as in some opened coffer of tears and flowers,
I have sought my perished expectations.

In the enchantment of the Poem . . . (dances   5
of tenderness and desire, and fulgors
of a revery with magic colors
far-flown in pursuit of mendacious distances . . .)

This poem is dictated by the sadness
of evening in my soul. I am stricken, deeply stricken,   10
when at the turns of the road the pausing wind

bows down to worship the chiaro-oscuro of sunset;
feeling the mystical caress of memory
and the funereal wing-stroke of the night.

Juan Lozano y Lozano

Ritmo

Lo que la imagen a decir no alcanza,
lo puede revelar el ritmo escueto;
cada metro, por sí, tiene un secreto
poder de sugestión y de añoranza.

Así, cuando me huelgo en la confianza   5
de haberte aprisionado en mi soneto,
no es por gracia de un arte aún incompleto,
sino por una dócil semejanza.

Tu voz recuerda el timbre cristalino
de un verso endecasílabo, tu austera   10
frente, evoca un exámetro latino.

Y en ciertas horas de emoción sincera
fluye en mi inspiración tu cabellera
como un desmadejado alejandrino.

Rhythm

All that the image tells can never overtake
the revelation of the unchained rhythm;
each meter in itself contains a secret
power of suggestion, and potential sadness.

Thus, when I rest in the assurance   5
of having prisoned thee in my strait sonnet,
it is not by grace of an art still incomplete,
but only for an obedient likeness.

Thy voice recalls the timbre crystalline
of hendecasyllabic verse, and thy severe   10
forehead evokes a Latin hexameter,

and in certain hours of clear emotion
thy tresses flow in the stream of my inspiration,
unwinding slowly like a languid alexandrine.

Amado Nervo

Noche

Madre misteriosa de totos los génesis, madre
portentosa, muda y fiel de las almas excelsas;
nido inmensurable de todos los soles y mundos;
piélago en que tiemblan los fiats de todas las causas!
¡Oh camino enorme que llevas derecho al enigma;   5
reino de los tristes, regazo de nuestra esperanza;
taciturno amparo de males de amor sin remedio;
madrina enlutada de bellas adivinaciones;
ámbito en que vuelan las alas de azur de los sueños:
sean mis pupilas espejo que copie tus orbes;   10
sea tu silencio sutil comunión de mi vida;
sean tus arcanos divino aguijón de mi mente;
sea tu remota verdad, tras la tumba, mi herencia!

Night

Mysterious mother of all cosmic origins, mother
portentous, faithful and mute, of all souls exalted;
incommensurable nest of all the suns and the planets;
full-tided sea wherein quiver the fiats of sources and causes!
Oh enormous road arising straight unto mystery;   5
realm of the sorrowful, lap in which lieth our hope;
taciturn asylum for evils of love without remedy;
weed-wearing godmother-in-mourning of marvellous divinations;
circuit of limitless flight for dreams with cerulean wings:
let mine eyes be always the mirrors that reflect thine orbs;   10
let thy silence remain the subtle communion shared by my being;
be thy supernal arcanes the cogent spur of my mind;
be thou that remoter truth, inherited past the tomb!

Appendix

XXVII. *Sed non satiata*

O deity bizarre, and brown as are the nights,
With perfume strangely blent of musk and of havana,
Devised by some obi, the Faust of the savannah,
Sorceress with flanks of ebon, queen of long midnights,

At evening I prefer to opium, faithfully,   5
The elixir of thy lip that flaunts oblivion:
When thee-ward my desires in caravan have gone,
Thine eyes are wells where mine unquenchable ennui

Is quaffing . . . From these eyes, where body and soul suspire,
O demon without pity, pour me less of fire!   10
Mine arms are not the Styx to embrace thee and to bear—

Alas! and 'tis not I, Maegara liertine,
Who will break thy body's pride, and put thee to despair,
In the hell of thine own bed a second Proserpine!

LV. L'Irréparable

I

Can we stifle the old, the long Remorse, who lives and moves and twists and turns, and feeds upon us like the work upon the dead, or like the caterpillar upon the oak? Can we stifle the implacable Remorse?

In what philter, in what wine, in what magistral, may we drown this ancient enemy, gluttonous and destructive like the courtesan, patient like the ant? In what philter?—in what wine?—in what magistral?

Tell it, fair sorceress, oh! tell, if thou dost know, to a spirit crushed with anguish, and like the one who is overwhelmed by mortal wounds and bruised by the hoofs of horses; tell it, fair sorceress, oh! tell if thou dost know, to this dying wretch whom the wolf already smells, and whom the crow surveys to this broken soldier who must needs despair of having his cross and his tomb; this dying wretch whom the wolf already smells!

Can one illuminate a black and muddy sky? Can one tear apart the darkness more dense than pitch, without morn and without even, without stars, without funereal lightnings? Can one illuminate a black and muddy sky?

Our hope, that burned in the panes of the tavern, is blown out, is dead forever! Without moon and without rays, to find where lodge the martyrs of an evil road! The Devil has put out all the panes of the tavern!

Adorable sorceress, dost thou love the damned? Say, dost thou know the irretrievable? Dost thou know Remorse, with the envenomed darts for whom our heart serves as target? Adorable sorceress, dost thou love the damned?

The irreparable gnaws with its accursed teeth; it gnaws our soul, a piteous monument, and often, like the termite, it attacks the edifice by the foundation. The Irreparable gnaws with its accursed teeth.

II

I have seen, sometimes, in the midst of a common theater, enkindled by the sonorous orchestra, a Fay who relumes a miraculous dawn in an infernal sky; I have seen, sometimes, in the midst of a common theater, a Being, wholly made of light and gold and gauze, who casts to the earth an enormous Satan; but my heart, forever unvisited by ecstasy, is like a theater where one awaits in vain, always in vain, the Being with the wings of gauze!

[XCIV. Hymne]

Sachet whose perfumes ever fill
The chambers of an old delight,
Forgotten censer, fuming still
In silence through the secret night.

CXLI. Un Voyage à Cythère

My heart, as flies a homing bird, flew joyously,
And hovered freely nigh the thrilling sail and mast;
The vessel rolled beneath a cloudless heaven vast,
Like a mad angel drunken with immensity.

What is this dark and mournful isle?—It is Cythera,   5
(One said) whose fortunate fame in all the songs is told:
For all the ancient boys, the common Land of Gold.
See, after all, it is a poor, paltry Terra.

—Isle of sweet secrets and of amorous carnivals!
Like an aroma, still upon thy seas and skies   10
The splendid phantom of the antique Venus lies,
And ever on the soul a love and languor falls.

Isle of green myrtles, full of flower-plighted closes,
Knowing the eternal reverence of every nation,

Wherefrom the sigh of hearts in solemn adoration 15
Rolls like an incense from a garden glad with roses,

Or the long plaint of doves amid the summer pine!
—Cythera was no more than sterile dust and stones,
A rocky desolation troubled with harsh moans.
Nathless I saw thereon a portent and a sign: 20

[*Balance missing or not translated.*]

The Peace-Pipe

by Henry Wadsworth Longfellow

On the Mountains of the Prairie,
On the great Red Pipe-stone Quarry,
Gitche Manito, the mighty,
He the Master of Life, descending,
On the red crags of the quarry
Stood erect, and called the nations,
Called the tribes of men together.
From his footprints flowed a river,
Leaped into the light of morning,
O'er the precipice plunging downward
Gleamed like Ishkoodah, the comet,
And the Spirit, stooping earthward,
With his finger on the meadow
Traced a winding pathway for it,
Saying to it, "Run in this way!"
From the red stone of the quarry
With his hand he broke a fragment,
Moulded it into a pipe-head,
Shaped and fashioned it with figures;
From the margin of the river
Took a long reed for a pipe-stem,
With its dark green leaves upon it;
Filled the pipe with bark of willow,
With the bark of the red willow;
Breathed upon the neighboring forest,
Made its great boughs chafe together,
Till in flame they burst and kindled;
And erect upon the mountains,
Gitche Manito, the mighty,

Smoked the calumet, the Peace-Pipe,
As a signal to the nations.
And the smoke rose slowly, slowly,
Through the tranquil air of morning,
First a single line of darkness,
Then a denser, bluer vapor,
Then a snow-white cloud unfolding,
Like the tree-tops of the forest,
Ever rising, rising, rising,
Till it touched the top of heaven,
Till it broke against the heaven,
And rolled outward all around it.
From the Vale of Tawasentha,
From the Valley of Wyoming,
From the groves of Tuscaloosa,
From the far-off Rocky Mountains,
From the Northern lakes and rivers
All the tribes beheld the signal,
Saw the distant smoke ascending,
The Pukwana* of the Peace-Pipe.
And the Prophets of the nations
Said: "Behold it, the Pukwana!
By this signal from afar off,
Bending like a wand of willow,
Gitche Manito, the mighty,
Calls the tribes of men together,
Calls the warriors to his council!"
Down the rivers, o'er the prairies,
Came the warriors of the nations,
Came the Delawares and Mohawks,
Came the Choctaws and Camanches,
Came the Shoshonies and Blackfeet,
Came the Pawnees and Omawhas,†
Came the Mandans and Dacotahs,
Came the Hurons and Ojibways,
All the warriors drawn together
By the signal of the Peace-Pipe,

---

* Smoke.

† Note the pronunciation, the accent being on the second syllable which makes the word euphonious,—very different from the pronunciation of the present day. A similar remark may be made of the Indian words Ida´ho, Otta´wa, and others.

To the Mountains of the Prairie,
To the Great Red Pipe-stone Quarry.
And they stood there on the meadow,
With their weapons and their war-gear,
Painted like the leaves of Autumn,
Painted like the sky of morning,
Wildly glaring at each other;
In their faces stern defiance,
In their hearts the feuds of ages,
The hereditary hatred,
The ancestral thirst of vengeance.
   Gitche Manito, the mighty,
The creator of the nations,
Looked upon them with compassion,
With paternal love and pity;
Looked upon their wrath and wrangling
But as quarrels among children,
But as feuds and fights of children!
Over them he stretched his right hand,
To subdue their stubborn natures,
To allay their thirst and fever,
By the shadow of his right hand;
Spake to them with voice majestic
As the sound of far-off waters,
Falling into deep abysses,
Warning, chiding, spake in this wise:—
"O my children! my poor children!
Listen to the words of wisdom,
Listen to the words of warning,
From the lips of the Great Spirit,
From the Master of Life, who made you:
"I have given you lands to hunt in,
I have given you streams to fish in,
I have given you bear and bison,
I have given you roe and reindeer,
I have given you brant and beaver,
Filled the marshes full of wild fowl,
Filled the rivers full of fishes;
Why then are you not contented?
Why then will you hunt each other?
"I am weary of your quarrels,
Weary of your wars and bloodshed,

Weary of your prayers for vengeance,
Of your wranglings and dissensions;
All your strength is in your union,
All your danger is in discord;
Therefore be at peace henceforward,
And as brothers live together.
"I will send a Prophet to you,
A Deliverer of the nations,
Who shall guide you and shall teach you,
Who shall toil and suffer with you.
If you listen to his counsels,
You will multiply and prosper;
If his warnings pass unheeded,
You will fade away and perish!
"Bathe now in the stream before you,
Wash the war-paint, from your faces,
Wash the blood-stains from your fingers,
Bury your war-clubs and your weapons,
Break the red stone from this quarry,
Mould and make it into Peace-Pipes,
Take the reeds that grow beside you,
Deck them with your brightest feathers,
Smoke the calumet* together,
And as brothers live henceforward!"
Then upon the ground the warriors
Threw their cloaks and shirts of deerskin,
Threw their weapons and their war-gear,
Leaped into the rushing river,
Washed the war-paint from their faces.
Clear above them flowed the water,
Clear and limpid from the footprints
Of the Master of. Life descending;
Dark below them flowed the water,
Soiled and stained with streaks of crimson,
As if blood were mingled with it!
From the river came the warriors,
Clean and washed from all their war-paint;
On the banks their clubs they buried,
Buried all their warlike weapons.
Gitche Manito, the mighty,

---

* The pipe of peace.

The Great Spirit, the creator,
Smiled upon his helpless children!
And in silence all the warriors
Broke the red stone of the quarry,
Smoothed and formed it into Peace-Pipes,
Broke the long reeds by the river,
Decked them with their brightest feathers,
And departed each one homeward,
While the Master of Life, ascending,
Through the opening of cloud-curtains,
Through the doorway of the heaven,
Vanished from before their faces,
In the smoke that rolled around him,
The Pukwana of the Peace-Pipe!

Notes

A. *Les Fleurs du mal* by Charles Baudelaire

The text of Baudelaire's *Les Fleurs du mal* is taken from *Les Fleurs du mal*, ed. Ernest Raynaud (Paris: Garnier Frères, 1949).

Preface. MS (*JHLL, JHLS).

I. Bénédiction. MS (JHLS).

II. The Albatross. MS (*JHLL, JHLS [one ms. as "L'Albatros"]).

III. Elevation. MS (JHLS [one ms. as "Élevation"]).

IV. Correspondences. MS (JHLS).

V. [Untitled]. MS (JHLL).

VI. The Beacons. MS (JHLL [as "Les Phares"], *JHLS [one ms. as "Les Phares"]).

VII. The Sick Muse. MS (JHLS [one ms. as "La Muse Malade"]). *AJ* 25, No. 37 (25 June 1925): 10 (as "La Muse Malade"). *WT* 27, No. 4 (April 1936): 485. In *SP*.

VIII. The Venal Muse. MS (JHLS, *S [1952]). In *S* (as "La Muse vénale").

IX. The Evil Monk. MS (JHLS [one ms. as "Le Mauvais Moine"]). *AJ* 26, No. 9 (10 December 1925): 13.

X. L'Ennemi. MS (JHLS). The title translates to "The Enemy."

XI. Le Guignon. MS (JHLS). The title translates to "Bad Luck."

XII. Anterior Life. MS (AH [PH], JHLS, NYPL). *Arkham Sampler* 1, No. 4 (Autumn 1948): 81. In *S&P*, *SP*.

XIII. Travelling Gypsies. MS (JHLS [one ms. as "Bohemiens en Voyage"]).

XIV. L'Homme et la mer. MS (JHLS). The title translates to "Man and the Sea."

XV. Don Juan aux enfers. MS (JHLS). The title translates to "Don Juan in Hell." In line 3, "Antisthenes" refers to the reputed founder of the Cynic school of philosophy (445?–360? B.C.E.), a friend of Socrates who practiced extreme asceticism. Sganarelle, Don Luis, and Elvire are all characters in Molière's *Don Juan* (1665). Sganarelle is Don Juan's valet, Don Luis his distressed father; and Elvire is his betrayed wife.

XVI. To Theodore de Banville. MS (JHLS [one ms. as "A Theodore de Banville"]). Theodore de Banville (1823–1891) was a leading poet, dramatist, and critic of the period.

XVII. Chastisement of Pride. MS (JHLS [one ms. as "Chatiment d'Orgueil"]).

XVIII. Beauty. MS (*JHLS [one ms. as "La Beauté"], NYPL). *AJ* 25, No. 18 (12 March 1925): 4.

XIX. The Ideal. MS (JHLS [as "L'Idéal"], *S [1952]). *AJ* 25, No. 39 (9 July 1925): 10 (as "L'Idéal"). In *S* (as "L'Idéal"), *SP*. In line 5, "Gavarni" refers to Paul Gavarni, pseudonym of Sulpice Guillaume Chevalier (1804–1866), a French artist and caricaturist who illustrated the works of Balzac, Eugène Sue, and others. In line 14, "Anakim" ("Titans" in Baudelaire) is a pre-Canaanite tribe cited in the Old Testament.

XX. The Giantess. MS (JHLL, JHLS [one ms. as "La Géante"], NYPL [as "La Géante"], *S [1952], SHSW). In *S* (as "La Géante"). *Arkham Sampler* 2, No. 3 (Summer 1949): 82. In *SP*.

XXI. Le Masque. MS (JHLS, *PH). The title and subtitle translate to: "The Masque: An Allegorical Statue in the Manner [lit., 'taste'] of the Renaissance." Ernest Christophe (1827–1892) was a French sculptor who executed a sculpture in marble entitled "Le Masque" in 1867–76.

XXII. Hymn to Beauty. MS (JHLS [as "Hymne à la Beauté"], *S [1952]). *AJ* 25, No. 48 (10 September 1925): 8 (as "Hymne à la Beauté"). In *S* (as "Hymne à la Beauté"). *WT* 29, No. 6 (June 1937): 719. In *SP*.

XXIII. Exotic Perfume. MS (JHLL, PH). *Measure* No. 50 (April 1925): 9. In *S (as "Parfum Exotique"). The ms. at JHLL was first entitled "Exotic Memory."

XXIV. The Chevelure. MS (JHLS [one ms. as "La Chevelure"]). "Chevelure" is a head of hair.

XXV. [Untitled.] MS (JHLS).

XXVI. [Untitled.] MS (BL, Samuel Loveman papers; *PH).

XXVII. *Sed non satiata.* MS (JHLL, JHLS, MCL, NYPL, PH [two different translations]). *Arkham Sampler* 2, No. 2 (Spring 1949): 24. In *SP*. The title (in Latin) translates to: "But she [who is] not satisfied." The name of the goddess addressed in this poem is not (as CAS's line 14 might suggest) Megara, since that is a city in Greece. CAS is apparently guilty of a mistranslation, as in French "mégère" means shrew or termagent.

XXVIII. [Untitled.] *MS (JHLL).

XXIX. Le Serpent qui danse. MS (*JHLL, JHLS). The title translates to "The Dancing Serpent."

XXX. Une Charogne. MS (JHLS). *WT* 12, No. 2 (August 1928): 262–63 (as one of "Three Poems in Prose"). The title translates to "A Carcass."

XXXI. *De profundis clamavi.* MS (*JHLL, JHLS). The title (in Latin) translates to "I have cried from the depths." The phrase (*De profundis clamavi ad te Domine*) is from Psalms 130:1 (Vulgate), translated in the King James Bible as: "Out of the depths have I cried unto thee, O Lord."

XXXII. The Vampire. MS (JHLS).

XXXIII. [Untitled.] MS (PH).

XXXIV. The Remorse of the Dead. *MS (PH). *Measure* No. 50 (April 1925): 9 (as by [not translated by] CAS).

XXXV. The Cat. MS (JHLS [one ms. as "Le Chat"]).

XXXVI. The Duel. MS (JHLS [one ms. as "Duellum"]).

XXXVII. The Balcony. MS (JHLL, JHLS, *MCL). *AJ* 25, No. 37 (24 September 1925): 4. *Bacon's Essays* 2, No. 1 (Spring 1929): [1] (as "Le Balcon").

XXXVIII. The Possessed. MS (JHLS [one ms. as "Le Possédé"]).

XXXIX. Un Fantôme. MS (JHLS). The title translates to "A Phantom." The titles of the individual segments translate to "Darkness," "Perfume," "The Frame," and "The Portrait."

XL. [Untitled.] MS (JHLS).

XLI. *Semper eadem*. MS (JHLS, NYPL, *S [1952]). *AJ* 25, No. 36 (18 June 1925): 8. In *S. Step Ladder* 13, No. 5 (May 1927): 137. In *SP*. The title (in Latin) translates to: "She [is] always the same."

XLII. Tout entière. MS (JHLS). The title translates to "Entirely."

XLIII. [Untitled.] MS (JHLL).

XLIV. Le Flambeau vivant. MS (JHLS). The title translates to "The Living Torch."

XLV. Réversibilité. MS (JHLS). The title translates to "Reversibility."

XLVI. Confession. MS (*JHLL, JHLS).

XLVII. The Spiritual Dawn. MS (JHLS [one ms. as "L'Aube Spirituelle"], NYPL [as "L'Aube Spirituelle"], PH [one ms. as "L'Aube Spirituelle"], *S [1952]). *AJ* 25, No. 53 (15 October 1925): 4 (as "L'Aube Spirituelle"). In *S* (as "L'Aube Spirituelle"), *SP*.

XLVIII. Evening Harmony. MS (JHLS [one ms. as "Harmonie du Soir," another as "Harmony of Evening"], NYPL [as "Harmonie du Soir"], *S [1952]). *AJ* 25, No. 47 (3 September 1925): 6 (as "Harmonie du Soir"). In *S* (as "Harmonie du Soir"), *SP*.

XLIX. Le Flacon. MS (JHLS). The title translates to "The Flask" (rendered by CAS as "flagon").

L. The Poison. MS (JHLS [one ms. as "Le Poison"], PH [as "Le Poison"]). In *SP*.

LI. Doubtful Skies. MS (JHLS [one ms. as "Ciel Brouillé"], NYPL [as "Ceil Brouille" (*sic*)], *S [1952]). *AJ* 25, No. 34 (4 June 1925): 9. In *S, SP*.

LII. Le Chat. MS (JHLS). The title translates to "The Cat."

LIII. Le Beau Navire. MS (BL, Samuel Loveman papers; *JHLL, JHLS). The title translates to "The Good Ship."

LIV. L'Invitation au voyage. MS (*JHLL, JHLS). The title translates to "Invitation to the Voyage."

LV. The Irreparable. MS (JHLL [as "L'Irréparable"], JHLS [as "L'Irréparable"], *PH [verse]). *WT* 12, No. 2 (August 1928): 261 (as "L'Irreparable"; as one of "Three Poems in Prose"; see Appendix). In *GF* (as "L'Irreparable").

LVI. Causerie. MS (JHLS, NYPL). *AJ* 25, No. 30 (7 May 1925): 4 (*revised clipping in JHLS). In French as in English, "causerie" means "talk" or "chat."

LVII. Song of Autumn. MS (JHLL [one ms. as "Chant d'Automne"], JHLS [one ms. as "Chant d'Automne"], PH [as "Chant d'Automne"]). *WT* 26, No. 4 (October 1935): 506. In *S&P,*SP*.

LVIII. A une Madone. MS (JHLS). The title translates to "To a Madonna." CAS has not translated Baudelaire's subtitle ("A prayer in the Spanish style [or taste]").

LIX. Chanson d'après-midi. MS (*JHLL, JHLS). The title translates to "Afternoon Song."

LX. Sisina. MS (JHLS). Sisina was a friend of one of Baudelaire's mistresses, Madame Sabatier.

LXI. Vers pour le Portrait d'Honoré Daumier. MS (JHLS). The title translates to "Verses for the Portrait of Honoré Daumier." Daumier (1808–1879) was a French painter and caricaturist. Baudelaire's poem was meant to accompany a portrait of Daumier by Michel Pascal.

LXII. *Francisca meæ laudes*. Not translated by CAS. The title (in Latin) translates to "The Praises of My Francisca." Baudelaire has written the poem in imitation of such early medieval Latin poems as the "Stabat Mater."

LXIII. To a Creole Lady. MS (JHLS [one ms. as "A une Dame Creole"]).

LXIV. *Mœsta et errabunda*. MS (JHLS, NYPL, *S [1952]). *AJ* 25, No. 44 (13 August 1925): 4. In *S. Step Ladder* 13, No. 5 (May 1927): 140. In *SP*. The title (in Latin) translates to "She [who is] sad and wandering."

LXV. The Phantom. MS (JHLS [as "Le Revenant"]). *WT* 13, No. 5 (May 1929): 720 (as "Le Revenant"). In *SP*.

LXVI. Sonnet d'automne. MS (JHLS). The title translates to "Autumn Sonnet."

LXVII. Tristesses de la lune. MS (*JHLL, JHLS). The title translates to "Sadnesses of the Moon."

LXVIII. The Cats. MS (JHLS, *PH [as "Les Chats"]).

LXIX. The Owls. MS (JHLS [one ms. as "Les Hiboux"], PH [as "Les Hiboux"]). *AJ* 25, No. 51 (1 October 1925): 4 (as "Les Hiboux"). *Step Ladder* 13, No. 5 (May 1927): 138 (as "Les Hiboux"). *WT* 36, No. 2 (November 1941): 120 (as translated by "Timeus Gaylord"). In *Dark of the Moon*, ed. August Derleth (Sauk City, WI: Arkham House, 1947), pp. 346–47 (as by [not translated by] "Timeus Gaylord"). In *SP*.

LXX. La Pipe. MS (JHLS). The title translates to "The Pipe." "Cafrine" is the feminine form of the Arabic word *Kaffir* (or *Kafir*), meaning "unbeliever" and referring to all non-Islamic inhabitants of Africa.

LXXI. Music. MS (JHLL, JHLS, NYPL [all as "La Musique"], *S [1952]). *AJ* 25, No. 38 (2 July 1925): 3 (as "La Musique"). In *S*.

LXXII. Sépulture. Not translated by CAS.

LXXIII. Une Gravure fantastique. MS (*JHLL, JHLS). The title translates to "A Fantastic Engraving." Baudelaire's poem was inspired by an engraving by the British painter John Hamilton Mortimer (1740–1779).

LXXIV. Le Mort joyeux. MS (*JHLS, NYPL). The title translates to "Happy Death."

LXXV. The Barrel of Hate. MS (*JHLL [as "Le Tonneau de la Haine"], JHLS [one ms. as "Le Tonneau de la Haine"]).

LXXVI. La Cloche fêlée. MS (JHLL [untitled], *JHLS). The title translates to "The Cracked Bell."

LXXVII. Spleen. MS (JHLS).

LXXVIII. Spleen. MS (*JHLL, JHLS).

LXXIX. Spleen. MS (JHLS).

LXXX. Spleen. MS (JHLS, NYPL, MCL). *WT* 7, No. 2 (February 1926): 254. In *SP*.

LXXXI. Obsession. MS (JHLS, *S [1952]). In *S*. *Step Ladder* 13, No. 5 (May 1927): 139. In *SP*.

LXXXII. Le Goût du Néant. Not translated by CAS. The title translates to "The Taste for Nothingness."

LXXXIII. Alchemy of Sorrow. MS (JHLS [as "Alchimie de la Douleur"]). *AJ* 25, No. 49 (17 September 1925): 4 (as "Alchimie de la Douleur"). In *S*. *Step Ladder* 13, No. 5 (May 1927): 138 as "Alchimie de la Douleur". *Bacon's Essays* 2, No. 2 (Summer 1929): 7 (as "Alchimie de la Douleur"). In *SP*.

LXXXIV. Sympathetic Horror. MS (JHLS [one ms. as "L'Horreur Sympathique," another as "Magnetic Horror"]). *AJ* 25, No. 46 (27 August 1925): 6 (as "Horreur Sympathique"). In *S* (as "Horreur Sympathique"). *WT* 7, No. 5 (May 1926): 664 (as "Horreur Sympathique"). In *Flowers of Evil*, ed. James Laver (London: Limited Editions Club/Fanfare Press, 1940), p. 134 (as "Magnetic Horror"). In *SP*. The reference to Ovid in line 7 is to the Latin poet P. Ovidius Naso (43 B.C.E.–17 C.E.), who was banished from Rome in 8 C.E. and spent the remainder of his life in a remote region in Asia Minor, where he wrote the *Tristia* and other self-pitying works.

LXXXV. Le Calumet de paix. MS (JHLS). The title translates to "The Peace Pipe." Baudelaire's poem is a loose paraphrase of Longfellow's poem "The Peace-Pipe" (from *The Song of Hiawatha*, 1855). See Appendix.

LXXXVI. A Pagan's Prayer. MS (*JHLL, JHLS [as "La Prière d'un Paien"]). In line 4, the Latin translates to "Goddess! Listen to one who is beseeching you!"

LXXXVII. The Cover. MS (JHLS [one ms. as "Le Couvercle"]).

LXXXVIII. L'Imprévu. MS (*JHLL, JHLS). The title translates to "The Unexpected."

LXXXIX. Examination at Midnight. MS (JHLS [one ms. as "L'Examen de Minuit"], NYPL [as "L'Examen de Minuit"], *S [1952]). *AJ* 25, No. 40 (16 July 1925): 2 (as "L'Examen de Minuit"). In *S* (as "L'Examen de Minuit"). In *Flowers of Evil*, ed. James Laver (London: Limited Editions Club/Fanfare Press, 1940), pp. 147–48 (as "Self-Questioning at Midnight"). In *SP*.

XC. Madrigal of Sorrow. MS (JHLS [one ms. as "Madrigal Triste"]).

XCI. The Adviser. MS (JHLS [one ms. as "L'Avertisseur"]).

XCII. To a Malabaress. MS (JHLL [as "A une Malabaraise"], JHLS [one ms. as "A une Malabaresse"], *PH [as "A une Malabaraise"]). A Malabaress is a female resident of the region of Malabar, in southern India.

XCIII. The Voice. MS (JHLS [as "La Voix"]). In *SP*.

XCIV. Hymn. MS (JHLS [one ms. as "Hymne"]). See Appendix.

XCV. The Rebel. MS (JHLS [one ms. as "Le Rebelle"]).

XCVI. The Eyes of Bertha. MS (JHLS [one ms. as "Les Yeux de Berthe"]).

XCVII. The Fountain. MS (JHLS [one ms. as "Le Jet d'Eau"]).

XCVIII. La Rançon. MS (JHLS). The title translates to "The Ransom."

XCIX. Very Far from Here. MS (JHLS [one ms. as "Bien Loin d'Ici"]).

C. Le Coucher du Soleil romantique. MS (JHLS, NYPL). *United Amateur* 25, No. 2 (May 1926): 6. The title translates to "The Setting of the Romantic Sun."

CI. On "Tasso in Prison" by Eugène Delacroix. MS (*JHLL, JHLS [as "Sur le Tasse en Prison"]). Delacroix (1798–1863) was perhaps the most important French Romantic painter of his time. There are two paintings by Delacroix on the subject of Tasso in prison, one painted in 1824 (now in the E. G. Bührle Foundation, Zurich) and one in 1839 (now in the Oskar Reinhart Collection, Winterthur). Both relate the episode in the life of the Italian epic poet Torquato Tasso (1544–1595) when he spent seven years (1579–86) confined to a lunatic asylum.

CII. The Gulf. MS (*JHLL, JHLS [as "Le Gouffre"]).

CIII. The Lament of Icarus. MS (JHLS [one ms. as "Les Plaintes d'un Icare"]).

CIV. Contemplation. MS (JHLS [one ms. as "Recueillement"]).

CV. *L'Héautontimorouménos.* MS (JHLS). The French title is a transliteration of a Greek word meaning "he who torments himself." It was the title of a play by Latin dramatist Terence (P. Terentius Afer, 193?–159 B.C.E.). For CAS's "Maegara" see *"Sed non satiata"* (XXVII).

CVI. The Irremediable. MS (JHLS [as "L'Irrémédiable"], *S [1952]). *AJ* 25, No. 41 (23 July 1925): 3 (as "L'Irrémédiable"). In *S* (as "L'Irrémédiable"; part I only). In *Flowers of Evil*, ed. James Laver (London: Limited Editions Club/Fanfare Press, 1940), pp. 172–74. In *SP*.

CVII. The Clock. MS (*JHLL [as "L'Horloge"], JHLS [one ms. as "L'Horloge"]).

CVIII. Paysage. MS (JHLS, *PH). The title translates to "Landscape."

CIX. The Sun. MS (JHLL [as "Le Soleil"], JHLS [one ms. as "Le Soleil"], *PH [as "Le Soleil"]).

CX. Lola de Valence. MS (JHLL, *JHLS). The painting (1862) by Manet (1832–1883), a leading Impressionist painter, is now in the Musée d'Orsay, Paris.

CXI. La Lune offensée. MS (*JHLL, JHLS). The title translates to "The Offensive Moon."

CXII. A une Mendiante rousse. MS (JHLS, *PH). The title translates to "To a Russian Beggarwoman." In line 30, Baudelaire refers to "Belleau" (i.e., French poet Remy Belleau, 1528–1577). CAS has rendered this "Boileau" (i.e., French poet and critic Nicholas Boileau-Despréaux, 1636–1711). In line 38, "Ronsard" refers to Pierre de Ronsard (1524–1585), French poet who specialized in odes. In line 44, "Valois" refers to the Valois dynasty that ruled France from 1328 to 1589. In line 47, "Véfour" refers to Le Grand Véfour, one of Paris's oldest and most celebrated restaurants, in continuous operation since 1784.

CXIII. Le Cygne. MS (JHLS). The title translates to "The Swan." In the first stanza, Baudelaire is referring to Andromache, the wife (later widow) of

Hector, the Trojan general defeated and killed by Achilles. The Simois is a river in Asia Minor cited by Homer in the *Iliad*.

CXIV. Les Sept Vieillards. MS (*JHLL, JHLS). *WT* 12, No. 2 (August 1928): 261–62 (as one of "Three Poems in Prose"). The title translates to "The Seven Old Men."

CXV. Les Petites Vieilles. MS (JHLS). The title translates to "The Little Old Women." Eponine is a character in Victor Hugo's *Les Misérables* (1862); she is the daughter of an innkeeper and has fallen in love with Marius. Lais was a celebrated courtesan in ancient Corinth (c. 4th century B.C.E.). In line 37, Frascati was a town in ancient Latium (Italy), near Rome. In line 38, Thalia was the muse of comedy.

CXVI. The Blind. MS (*JHLL [as "Les Aveugles"], JHLS [one ms. as "Les Aveugles"]).

CXVII. To a Passer-By. MS (JHLS [one ms. as "A Une Passante"]).

CXVIII. The Toiling Skeleton. MS (JHLS [one ms. as "Le Squelette Laboureur"]).

CXIX. Evening Twilight. MS (JHLS [one ms. as "Le Crépuscule du Soir"]).

CXX. The Game. MS (JHLS [one ms. as "Le Jeu"]).

CXXI. The Dance of Death. MS (*JHLL [as "Danse Macabre"], JHLS [one ms. as "Danse Macabre"]). The ms. at JHLL was originally titled "The Dance of Death."

CXXII. The Love of Falsehood. MS (JHLL, JHLS [one ms. as "L'Amour du Mensonge"], *PH).

CXXIII. [Untitled.] MS (JHLL).

CXXIV. [Untitled.] MS (JHLL).

CXXV. Mists and Rains. MS (JHLL [as "Brumes et Pluies"], JHLS [one ms. as "Brumes et Pluies"], MCL [one ms. as "Brumes et Pluies"]). *AJ* 26, No. 6 (19 November 1925): 5 (as "Brumes et Pluies"). *Recluse* No. 1 (1927): 60. In *SP*.

CXXVI. Parisian Dream. MS (JHLS [one ms. as "Rêve Parisien"], NYPL [as "Rêve Parisien"], PH [as "Rêve Parisien"], *S [1952]). In *S* (as "Rêve Parisien"), *SP* (as "A Parisian Dream").

CXXVII. Le Crépuscule du matin. MS (*JHLL, JHLS). The title translates to "Daybreak."

CXXVIII. L'Ame du vin. MS (JHLL [untitled], *JHLS). The title translates to "The Soul of Wine."

CXXIX. The Wine of the Rag-Pickers. MS (*JHLL [as "Le Vin des Chiffoniers"], JHLS [one ms. as "Le Vin des Chiffoniers"]).

CXXX. The Wine of the Assassin. MS (JHLS [one ms. as "Le Vin de l'Assassin"]).

CXXXI. The Wine of the Solitary. MS (JHLS [one ms. as "Le Vin du Solitaire"], *PH [as "Le Vin du Solitaire"]).

CXXXII. The Wine of Lovers. MS (JHLS [as "Le Vin des Amants"]). *AJ* 25, No. 42 (30 July 1925): 4 (as "Le Vin des Amants"). In *S* (as "Le Vin des Amants"). *United Amateur* 25, No. 3 (July 1926): 6 (as "Le Vin des Amants"). *Step Ladder* 13, No. 5 (May 1927): 139 (as "Le Vin des Amants"). In **SP*.

CXXXIII. Epigraph for a Condemned Book. MS (JHLS [one ms. as "Epigraphe pour un Livre Condamné"], *PH [as "Epigraphe pour un Livre Condamné"]). *WT* 11, No. 3 (March 1928): 385 (as "Epigraphe pour un Livre Condamné").

CXXXIV. Destruction. MS (JHLS [one ms. as "La Destruction"]).

CXXXV. Une Martyre. MS (JHLL, JHLS, *PH). The title translates to "A [Female] Martyr." The subtitle translates to "Drawing by an Unknown Master."

CXXXVI. Femmes damnées. MS (*JHLL, JHLS). The title translates to "Damned Women."

CXXXVII. The Two Kind Sisters. MS (JHLS [one ms. as "Les Deux Bonnes Soeurs," another as "The Two Good Sisters"]). *Sinisterra* 2, No. 2 (Autumn 1954): 36. In **SP*.

CXXXVIII. The Fountain of Blood. MS (JHLS [as "La Fontaine de Sang"], *S [1952]). In *S* (as "La Fontaine de Sang"), *SP*.

CXXXIX. Allégorie. MS (JHLS).

CXL. Beatrice. MS (JHLS [one ms. as "La Béatrice"], PH [as "La Béatrice"]). In **SP*.

CXLI. Un Voyage à Cythère. MS (JHLS [verse translation (unfinished; see Appendix); *prose translation]). The title translates to "A Voyage to Cythera." Cythera was an island off the coast of Greece, in the Ionian Sea, where Aphrodite (sometimes called Cytherea) was worshipped.

CXLII. Love and the Cranium. MS (JHLS [one ms. as "L'Amour et le Crane"]).

CXLIII. The Denial of St. Peter. MS (*JHLL [as "Le Reniement de Saint Pierre"], JHLS [one ms. as "Le Reniement de Saint Pierre"]).

CXLIV. Abel et Caïn. MS (JHLS). The title translates to "Abel and Cain."

CXLV. Litany to Satan. MS (JHLS [one ms. as "Les Litanies de Satan"]).

CXLVI. The Death of Lovers. MS (JHLL [as "La Mort des Amants" (prose)], JHLS [one ms. as "La Mort des Amants"], NYPL [as "La Mort des

Amants"], PH [as "La Mort des Amants"]). *AJ* 25, No. 42 (30 July 1925): 4 (as "La Mort des Amants"). *United Amateur* 25, No. 3 (July 1926): 6 (as "La Mort des Amants"). *Arkham Sampler* 2, No. 4 (Autumn 1949): 80. In **SP*.

CXLVII. La Mort des pauvres. MS (JHLS). The title translates to "The Death of the Poor."

CXLVIII. La Mort des artistes. MS (JHLL [prose], JHLS, *PH). *AJ* 25, No. 43 (6 August 1925): 4 (as "Le Vin des Amants" [*sic*]). The title translates to "The Death of Artists."

CXLIX. Le Fin de la journée. MS (JHLS). The title translates to "The End of the Day."

CL. Le Rêve d'un curieux. MS (*JHLL, JHLS). The poem is dediated to Félix Nadar, pseudonym of Gaspard-Félix Tournachon (1820–1910), French photographer and friend of Baudelaire. The title translates to "The Dream of an Inquisitive Person."

CLI. The Voyage. MS (JHLS [one ms. as "Le Voyage"]). Maxime du Camp (1822–1894) was a friend of Baudelaire and Flaubert and a founder of the *Revue de Paris*.

Jetsam

I. Les Bijoux. MS (JHLS, *PH). The title translates to "The Jewels."

II. Lethe. MS (JHLL, JHLS [one ms. as "Le Léthé"], PH [one ms. as "Le Léthé"], SHSW). *Arkham Sampler* 2, No. 3 (Summer 1949): 83. In *S&P*, **SP*.

III. To Her Who Is Too Gay. MS (JHLS [original title "A Celle Qui Est Trop Gaie"]).

IV. Lesbos. MS (JHLS).

V. Femmes damnées: Delphine et Hippolyte. MS (JHLL, JHLS, PH).

VI. The Metamorphoses of the Vampire. MS (BL, Samuel Loveman papers [as "Les Metamorphoses du vampire"]; JHLS [one ms. as "Les Metamorphoses du Vampire"], PH [as "Les Métamorphoses du Vampire"]). In *S&P*, **SP*.

B. Translations from the French

From Marie Dauguet

Marie Dauguet (1860–1924) was a musician and painter as well as a lyric poet. Some of her work incorporates dialectical usages to convey a sense of rusticity. Her volumes include *Par l'amour* (1904), *Clartés* (1907), *Les Pastorales* (1908), *L'Essor victorieux* (1911), and *Ce n'est rien, c'est la vie* (1924).

"Epilogue" by Dauguet is taken from *Par l'Amour* (Paris: Mercure de France, 1904), p. 133.

[Untitled.] MS (JHLS). CAS translated only stanzas 3, 4, 8, and 9.

From Théophile Gautier

Théophile Gautier (1811–1872), best known for the novel *Mademoiselle de Maupin* (1835), whose preface became the Bible of the "art for art's sake" school, was also a widely published poet and critic. As a poet, he became a leading representative of the formalistic Parnassianism of the mid-19th century, in such volumes as *Emaux and camées* (1852) and in two long narrative poems, *Albertus* (1832) and *La Comédie de la mort* (1838). Among his critical works are *Les Grotesques* (1844), essays on French writers; *L'Art moderne* (1855); and *Histoire de l'art dramatique depuis vingt-cinq ans* (1858–59; 6 vols.). He was also the author of numerous stories of horror and fantasy, translated by Lafcadio Hearn as *One of Cleopatra's Nights and Other Fantastic Romances* (1882). Baudelaire dedicated *Les Fleurs du mal* to him.

Poems by Gautier are taken from *Poésies Complètes*, ed. René Jasinski (Paris: A. G. Nizet, 1970), Vol. 2, p. 122 ("Le Pot de fleurs"), Vol. 3, p. 198 ("L'Impassible"), Vol. 2, p. 74 ("Pastel").

The Flower-Pot. MS (JHLS).

The Impassible. MS (JHLS).

Pastel. MS (JHLS). In line 10, "la Parabère" refers to Marie-Madeleine de La Vieuville, Marquise de Parabère, a mistress of the Regent during the minority of Louis XIV. "Pompadour" refers to Jeanne Antoinette Poisson, Marquise de Pompadour (1721–1764), the most famous of Louis XIV's mistresses.

From Gérard de Nerval

Gérard de Nerval (pseudonym of Gérard Labrunie, 1808–1855) was a poet, novelist, short story writer, and close friend of Théophile Gautier. He spent much of his life in poverty, frequently traveling as a vagabond. In 1841 he had a bout of madess, and for the remainder of his life he was in and out of hospitals, suffering from manic depression and schizophrenia. Some of his poetry appeared in the volume *Petits Châteaux de Bohème* (1852). His best-known work is the autobiographical *Sylvie* (1853), about his love for three women, mingled with reminiscences of his childhood. He also wrote the travel works *Voyage en Orient* (1851), *Les Illuminés* (1852), *Nuits d'Octobre* (1852), and *Promenades et souvenirs* (1854–56).

Poems by Gérard de Nerval are taken from *Oeuvres Complètes*, ed. Jean Guillaume and Claude Richois (Paris: Gallimard, 1993), Vol. 3, pp. 648 ("Artémis"), 651 ("Vers dorés"). Four lines translated from Gérard's "El Desdichado" ("I am that dark, that disinherited . . ."), appearing as an epigraph to *SP*, are from Andrew Lang's translation.

Artemis. MS (JHLS). In line 10, Saint Gudule (d. c. 710) is the patroness of Brussels.

Golden Verses. MS (JHLS).

From José-Maria de Heredia

José-Maria de Heredia (1852–1905) was a French poet born in Cuba of French-Spanish parentage. Influenced by Leconte de Lisle, he was a leading practitioner of the Parnassian school, which stressed adherence to formalism in poetry. He concentrated on the sonnet, and his volume *Les Trophées* (1893) received great acclaim.

Poems by Heredia are taken from *Les Trophées*, ed. W. R. Ince (London: Athlone Press, 1979), pp. 33 ("L'Oubli"), 34 ("Némée"), 69 ("Antoine et Cléopâtre"), 75 ("Vitrail"), 81 ("La Dogaresse"), 91 ("Le Samouraï"), 93 ("Le Récif de corail"), 99 ("Soleil couchant"), 106 ("Sur un Marbre brisé").

Antony and Cleopatra. MS (JHLS).

The Coral Reef. MS (*JHLL, JHLS).

La Dogaresse. MS (JHLS). The title is a French rendition of the Italian word *dogaressa*, the wife of the Doge, the chief magistrate of Venice.

Nemea. MS (*JHLL, JHLS). The poem concerns Hercules' taming of the lion of Nemea (a region in Greece), one of the twelve labors imposed upon him by Eurystheus, king of Argos.

Oblivion. MS (*JHLL, JHLS, SHSW). *Arkham Sampler* 2, No. 3 (Summer 1949): 73. In *DC, SP*. In line 13, "Nereusean" (not found in Heredia's poem) is an adjectival form of the proper name Nereus, in Greek mythology a sea-god and the father of the Nereids.

On a Broken Statue. MS (*JHLL, JHLS).

The Samurai. MS (*JHLL, JHLS).

A Setting Sun. MS (JHLS). In line 7, "Angelus" is a bell rung at morning, noon, and sunset in Catholic churches to commemorate the mystery of the Incarnation.

The Stained Window. MS (JHLS).

From Victor Hugo

Victor Hugo (1802–1885), perhaps the leading French author of the 19th century, is best known for the novels *Notre-Dame de Paris* (1831), usually translated as *The Hunchback of Notre Dame*, and *Les Misérables* (1862); but he was also renowned as a poet, beginning with *Odes* (1822). His poetry was inspired both by classical French verse forms and by German and British Romanticism. Revised editions of his first volume, retitled *Odes et ballades*, appeared in 1826 and 1828, and were followed by *Les Orientales* (1829), *Les Feuilles d'automne* (1831), *Les Chants du crépuscule* (1835), *Les Châtiments* (1853), *La Légende des siècles*

(1859), *Les Chansons des rues et des bois* (1865), and several others. *Hernani* (1830) established him as a leading dramatist.

Poems by Hugo are taken from *Oeuvres Complètes: Poésie II*, ed. Jean Gaudon (Paris: Robert Laffont, 1985), pp. 203–3 ("Le Rouet d'Omphale"), 323–24 ("Crépuscule"), *Oeuvres Complètes: Poésie I*, ed. Claude Gély (Paris: Robert Laffont, 1985), pp. 577–79 ("Ce qu'on entend sur la montagne").

Twilight. MS (JHLS).

What One Hears on the Mountain. MS (JHLS). In line 3, "the Sound" (le Sund) refers to the Oresund, the channel between Sweden and Denmark.

The Wheel of Omphale. MS (JHLL, JHLS, MCL, SHSW). In **SP*. In Greek mythology, Omphale was a queen of Lydia to whom Hercules was sold as punishment for his murder of Iphitus. Hercules was forced to do woman's work in women's clothing while Omphale took over his lion's skin and club. The poem's final stanza refers to several of Hercules' labors.

From Tristan Klingsor

Tristan Klingsor (pseudonym of Léon Leclère, 1874–1966) was a poet, painter, art critic, and musician. His early work was in the Symbolist mode, inspired by fairy tales and medieval legend. Among his volumes of poetry are *Schéhérazade* (1903), *Le Valèt du cœur* (1908), and *L'Escarbille d'or* (1922).

"Plaisir d'amour" is taken from Pierre Menanteau, *Tristan Klingsor: Une étude et un choix de poèmes* (Vienna: Pierre Seghers, 1965), p. 117.

Plaisir d'amour. MS (JHLS).

From Alphonse Louis Marie de Lamartine

Alphonse de Lamartine (1790–1869) was a poet, historian, travel writer, and politician. His earliest work was a volume of poems, *Méditations poétiques* (1826), the first of many volumes of lyric and narrative poetry, including *Harmonies poétiques et religieuses* (1830), *Recueillements poétiques* (1839), and two "fragments" of a Christian epic, *Jocelyn* (1836) and *La Chute d'un ange* (1838). His early success as a poet led to diplomatic assignments in Italy, and he was also involved in the establishment of a provisional government during the revolution of 1848. Among his historical works, the best-known is *Histoire des Girondins* (1847), an influence on the 1848 revolution. He also wrote the critical work *Les Destinées de la poésie* (1834).

"Le Lac" by Lamartine is taken from *Méditations poétiques* (Paris: Librairie Garnier Frères, 1925), pp. 29–41.

The Lake. MS (JHLS). The poem was inspired by Lamartine's love for the consumptive Julie Charles and is his most famous poem.

From Charles-Marie René Leconte de Lisle

Charles-Marie René Leconte de Lisle (1818–1894) was a French poet and a leading member of the Parnassian school. His volumes *Poèmes antiques* (1852) and *Poèmes barbares* (1862) signal a break from Romanticism and a return to formalism; later volumes include *Poèmes tragiques* (1884) and *Derniers poèmes* (1895). As a poet, he rejected both didacticism and Romantic indulgence in the emotions, seeking solace in ancient civilization and in a focus on pure beauty as embodied in word, sound, and image. As such, he was an influence on Mallarmé and other Symbolists.

Poems by Leconte de Lisle are taken from *Oeuvres* (Paris: Librairie Alphonse Lemerre, 1935), Vol. 1, pp. 37 ("L'Ecclésiaste"), 172–73 ("Les Hurleurs"), 193–94 ("Le Sommeil du condor"), 198–200 ("La Panthère noire"), 222 ("Les Montreurs"), 261–62 ("Solvet seclum").

The Black Panther. MS (JHLS).

Ecclesiastes. Written 4 March 1949. MS (JHLS). *Epos* 8, No. 2 (Winter 1956): 14. An unidentified clipping exists among CAS's papers with an undated reprint from *Epos*. In *S&P*, **SP*. The poem is a rumination on the celebrated passage in Ecclesiastes: "Then I commended mirth, because a man hath no better thing under the sun, than to eat, and to drink, and to be merry: for that shall abide with him of his labour the days of his life, which God giveth him under the sun" (8:15). The first two lines allude to another passage in Ecclesiastes: "For him that is joined to all the living there is hope: for a living dog is better than a dead lion" (9:4).

The Exhibitionists. MS (JHLS).

The Howlers. MS (JHLS).

The Sleep of the Condor. MS (JHLL, JHLS). In **SP*.

Solvet seclum. MS (*JHLL, JHLS). The title refers to a passage in the *Dies Irae:* "Dies irae, dies illa solvet seclum in favilla" ("The day of wrath, that day of grief shall change the world to ash").

From Charles van Lerberghe

Charles van Lerberghe (1861–1907) was a Belgian poet and dramatist, now best known for the poetry volumes *Entrevisions* (1898) and *Chanson d'Eve* (1904). He is also the author of the play *Les Flaireurs* (1889), written under the influence of Maurice Maeterlinck.

["Chanson"] by Lerberghe is taken from *Chanson d'Eve* (Paris: Mercure de France, 1904), p. 136.

Song. MS (JHLS).

From Pierre Lièvre

Pierre Lièvre (1882–1939) is a French poet and scholar about whom very little is known. He is the author of *Ouvrages galants et moreaux* (1929) and *L'Extravagante punie* (1931). He also edited the plays of Corneille (1934) and translated Ovid's *Ars Amatoria* (*L'Art d'aimer*, 1935).

Both poems by Lièvre are taken from *Contemporary French Poetry*, selected and translated by Jethro Bithell (New York: The Walter Scott Publishing Co., 1912), "Paysage Elyséen" on p. lxii, "Fin de souper" on p. lxi.

Elysian Landscape. MS (JHLS). In *SP.

The End of Supper. MS (JHLS).

From Stuart Merrill

Stuart Merrill (1863–1915) was an American-born poet educated in France; he wrote in both French and English. Most of his poems are of the Symbolist school. Among his French publications are the poetry volumes *Les Quatre Saisons* (1900) and *Une Voix dans la foule* (1909). In English he compiled *Prose Pastels* (1890), a collection of translations of French prose-poems read by CAS.

"Celle qui prie" by Merrill is taken from *Poèmes 1887–1897* (Paris: Société de Mercure de France, 1897), p. 89.

A Woman at Prayer. Written before 21 May 1925. MS (NYPL).

From Alfred de Musset

Alfred de Musset (1810–1857) was a French poet, novelist, and dramatist. He began his literary career with a translation of Thomas De Quincey's *Confessions of an English Opium-Eater* (1828). Two years later he published a series of narrative poems, *Contes d'Espagne et d'Italie*, that exhibited his adherence to the Romantic school. His most celebrated poetic work is *Les Nuits* (1835–37). He also wrote several dramatic poems (*Les Caprices de Marianne*, 1833; *On ne badine pas avec l'amour*, 1834), the novel *La Confession d'un enfant du siècle* (1836), and a philosophical work, *L'Espoir en Dieu* (1838).

Poems by Musset are taken from *Oeuvres Complètes* (Paris: L. Hébert, 1888), Vol. 1, p. 206 ("Chanson"), Vol. 2, pp. 277–78 ("Rappelle-toi").

Remember Thee. MS (JHLS).

Song. MS (JHLS).

From Hélène Picard

Hélène (Dumas) Picard (1878–1945) was a French poet, novelist, and playwright. She was the author of the novel *Sabbat* (1923) and the poetry collections *Les Fresques* (1908), *Rameaux* (1919), *L'Instant éternel* (1921), *Pour un maurais garçon* (1927). She also wrote a two-volume memoir of her childhood, *Souvenirs d'enfance* (1911–13).

"Le Désir d'Aimer" is taken from *L'Instant éternel* (Paris: Editions E. Sansot, 1921), p. 29.

The Desire of Loving. MS (JHLS).

From Sully-Prudhomme
Sully-Prudhomme is the pseudonym of René-François-Armand Prudhomme (1839–1907), a member of the Parnassian school. He is best known for his poetry volumes *Les Épreuves* (1866), *La Justice* (1878), *Le Presme* (1886), and the posthumous *Épaves* (1908). He also wrote several treatises on poetry and art, including *L'Expression dans le beaux-arts* (1883), *Réflexions sur l'art des vers* (1892), and *Testament poétique* (1897), as well as some works of philosophy (e.g., *Sur l'origine de la vie terrestre*, 1893; *Le Vrai Religion selon Pascal*, 1905).

"Sieste" by Sully-Prudhomme is taken from *Poésies (1865–1867)* (Paris: Alphonse Lemerre, 1883), p. 339.

Siesta. MS (JHLS).

From Albert Samain
Albert Samain (1858–1900) received tremendous acclaim upon the publication of the poetry volume *Au Jardin de l'Infante* (1893), showing the influence of Baudelaire, Verlaine, and Poe. Later volumes, showing traces of both the Decadent and the Symbolist movements, include *Aux Flancs de vase* (1898) and *Contes* (1902).

[Untitled] by Samain is taken from *Au Jardin de l'Infante* (Paris: Mercure de France, 1914), pp. 67–68. "Myrtil et Palémone" is taken from Samain's *Oeuvres* (Paris: Mercure de France, 1939), Vol. 2, p. 267.

I Dream. MS (JHLS).
[Myrtil and Palemone.] MS (JHLS).

From Fernand Severin
Fernand Severin (1867–1931) was a Belgian author who proclaimed his devotion to Symbolism with the volume *Le Lys* (1888). Later volumes include *Le Don d'enfance* (1891) and *Un Chant dans l'ombre* (1895), which betrays some influence from the Pre-Raphaelites. He achieved his greatest celebrity with the poetry volumes *Poèmes ingénues* (1899), *La Solitude heureuse* (1904), and *Les Matins angéliques* (1908). After many years of silence he then issued *La Source au fond des bois* (1924). He was a professor at the University of Gand and one of the founding members of the Académie royale de langue et de littérature françaises de Belgique (1920).

"Bois sacré" by Severin is taken from *Poèmes: Oeuvre complète* (Paris: Pierre Bricage, 1951), pp. 55–56.

Sonnet. MS (JHLS). CAS appears to have translated only the last four stanzas of the poem. It is not clear why he titled the poem "Sonnet," as his text is only twelve lines long.

From Paul Verlaine

Paul Verlaine (1844–1896) is one of the most significant French poets of the second half of the 19th century and a leading member of the Symbolist school. Befriending the young poet Arthur Rimbaud, he lived with him for a time in Brussels and London (1872–73); he wounded Rimbaud during a drunken quarrel and was sentenced to two years' imprisonment. His major poetical works are *Poèmes saturniens* (1866), *La Bonne Chanson* (1870), *Romances sans paroles* (1873–74), *Amour* (1888), *Bonheur* (1891), and *Chansons pour elle* (1891). He also wrote the critical work *Les Poètes maudits* (1884). Verlaine sought to bring poetry close to the realm of music by emphasizing its lyricism, fluidity, and variations of rhythm and meter.

Poems by Verlaine are taken from *Oeuvres Poétiques Complètes*, ed. Y.-G. Le Dantec (Paris: Bibliothèque Pléiade, 1950), p. 126 ("Ariettes Oubliées IX"), *Oeuvres Complètes*, ed. Charles Morice (Paris: Albert Messein, 1920), Vol. 1, pp. 16 ("A une femme"), 54 ("Il Bacio"), 83 ("Claire de Lune"), 101 ("Le Faune"), 112–13 ("En Sourdine"), 123–24 ("La Bonne Chanson IV"), 127–28 ("VI"), 138 ("XIV"), 143–44 ("XVII"), 146 ("XIX"), 182 ("Green"), 183 ("Spleen"), 358 ("[Song from] *Les Uns et les autres*"), 395–99 ("Crimen Amoris").

IX (Ariettes Oubliées). MS (JHLL, *JHLS). In *SP*. The title translates to: "Forgotten Ariettas" (from the Italian *arietta*, a short song; diminutive of *aria*).

Il Bacio. MS (JHLS). The title is Italian for "The Kiss."

La Bonne Chanson. The title translates to "The Good [or Beautiful] Song." Only five of the presumable seven poems of this cycle translated by CAS survive.
    No. I. MS (JHLS).
    No. III. MS (JHLS).
    No. V. MS (JHLS).
    No. VI. Written c. late April 1928. MS (JHLS).
    No. VII. MS (JHLS).

Crimen Amoris. MS (JHLL, JHLS). In *SP*. The title is Latin for "The Crime of Love."

En Sourdine. Written 14 December 1926. MS (JHLL, JHLS, PH). In *SP*. The title translates to "Softly" or "Under One's Breath."

The Faun. MS (JHLS). In *SP*.

Green. MS (JHLS).

Moonlight. MS (JHLS [as "Claire de Lune"]; MCL [as "Claire de Lune"]). *WT* 36, No. 6 (July 1942): 49 (as "Translated by Timeus Gaylord"). In **SP*.

Song from *Les Uns et les autres.* MS (JHLS).

Spleen. MS (JHLS).

To a Woman. MS (JHLS).

C. Translations from the Spanish

From Gustavo Adolfo Bécquer

Gustavo Adolfo Bécquer (pseudonym of Gustavo Adolfo Domínguez Bastida, 1836–1870), born in Seville, was a major Romantic poet. Impoverished for most of his life, he worked alternately as a librettist, journalist, and historian. The only book published in his lifetime was *Historia de los templos de España* (1857; with Juan de la Puerta). He wrote his most celebrated poetical work, the *Rimas*, in 1867–68, but lost the manuscript during the revolution of 1868 and was forced to reconstruct it from lost drafts. They were first published in the posthumous *Obras* (1871).

Poems by Bécquer are taken from *Rimas, otros poemas, obra en prosa* (Madrid: Editorial Espasa Calpe, 2000), pp. 988 ("Rimas XXXVIII"), 995–96 ("Rimas LII"), 1001 ("Rimas LX"), 1017 ("Rimas I [Libro de los gorriones]").

Invocation. MS (JHLS).

The Sower. *MS (JHLS). *Asmodeus* No. 2 (Fall 1951): 9.

Where? MS (AH [PH]; JHLL [as "Rimas XXXIII"], SHSW, UCLA). In *S&P* (as "Rimas XXXIII"). In **SP*.

The World Rolls On. MS (JHLS).

From José A. Calcaño

José Antonio Calcaño (1827–1897) was a Venezuelan poet, often referred to as "the Nightingale." His *Obras poéticas* appeared in 1895. He was also the author of a novel, *Dos fieras* (1902).

"El ciprés" by Calcaño is taken from *Obras poeticas* (Paris: Garnier Hermanos, 1895), pp. 108–9.

The Cypress. MS (JHLL, JHLS, UCLA). *Spearhead* 2, no. 1 (Summer 1950): [12]. In *S&P*. In **SP*.

From José Santos Chocaño

José Santos Chocaño (1875–1934) was a Peruvian poet best known for the treatise *Alma América* (1906). Among his poetry volumes are *Fiat lux* (1908) and *Primicias de oro de Indias* (1934). After killing a political enemy, he moved to Chile, where he was himself murdered.

"El sueño del caimán" by Chocaño is taken from *Antologia poetica*, 2nd ed. (Lima, Peru: Studium, 1975), p. 87.

The Sleep of the Cayman. MS (JHLS [as "The Sleep of the Alligator"], PH). **Asmodeus* No. 2 (Fall 1951): 22.

From Rubén Darío

Rubén Darío (pseudonym of Félix Rubén García Sarmiento, 1867–1916) was born in Nicaragua but became perhaps the leading Spanish language poet of his time. His first volume, *Azul* (1888), contained both poems and stories. In 1896 he published two important volumes, *Los raros*, a book of sketches of authors (including Leconte de Lisle and Poe), and the poetry collection *Prosas profanas*, which was widely admired for its bold use of language and metrical innovations. Also important were *Cantos de vida y esperanza* (1905), *El canto errante* (1907), *Poema del otoño y otros poemas* (1910), and *Canto a la Argentina y otros poemas* (1914).

"El Cantar de los Cantares" by Darío is taken from *Obras poéticas completas*, rev. ed., ed. Federico Carlos Sainz de Robles (Madrid: M. Aguilar, 1945), pp. 77–78.

The Song of Songs. MS (PH).

From Juana de Ibarbourou

Juana de Ibarbourou (born Juanita Fernández Morales, 1895–1979) was a leading Uruguayan poet. Among her volumes are *Las lenguas de diamante* (1919), *Raíz salvaje* (1922), *La rosa de los vientos* (1930), and *Perdida* (1950). She also wrote prose poems, short stories, plays, religious books, and an autobiography. Her poetry is typified by simplicity of diction and a concentration on nature and human love.

"Vida aldeana" by Ibarbourou is taken from *Obras completas*, ed. Dora Isella Russell (Madrid: Aguilar, S. A. de Ediciones, 1953), p. 53.

Rustic Life. MS (PH). In line 13, the reference to Virgil (P. Vergilius Maro, 70–19 B.C.E.) alludes to his *Georgics*, a series of four poems about the rustic or farming life.

From Jorge Isaacs

Jorge Isaacs (1837–1895) was a Colombian novelist and poet, son of a Jewish father and a Spanish mother. His *Poesías* appeared in 1864, but he is best known for the novel *María* (1867), often referred to as the finest Romantic novel published in Latin America. He also wrote two unfinished historical novels and several political tracts.

"Luminar" by Isaacs is taken from *Poesias completas de Jorge Isaacs* (Barcelona: Casa Editorial Maucci, 1920), p. 45. The poem may not in fact be by Isaacs. In the edition cited, it appears in a small section of poems in tribute to Isaacs written by Alberto Carvajal. Isaac's poems appear to begin on p. 53.

Luminary. MS (*JHLS, PH). The epigraph from Lamartine (not translated by CAS) means: "One does not write this history, one sings it."

From Juan Lozano y Lozano

Juan Lozano y Lozano (1902–1980) was a Colombian poet and journalist. He studied at Cambridge University and at Rome, founded several important magazines, and wrote a long-running column, "El jardin de Cándido." His *Poemas* appeared in 1943. He also wrote *Ensayos críticos* (1934) and *Mis contemporáneos* (1972).

"Ritmo" by Lozano y Lozano is taken from *Obras selectas* (Medellin, Colombia: Editorial Horizonte, 1956), p. 52.

Rhythm. MS (JHLS).

From Amado Nervo

Amado Nervo (1870–1919) was a Mexican poet, novelist, and journalist. He published two early volumes of poetry, *Perlas negras* and *Místicas* (both 1898), then left for Paris, where he lived for a time with Rubén Darío and published *Poemas* (1901). Several other volumes of poetry, generally Symbolist in nature, followed. He progressed through several other phases, but his later work was not as well received as his earlier. He also wrote short stories and criticism.

"Noche" by Nervo is taken from *Poesias completas* (Madrid: Biblioteca Nueva, 1935), p. 686.

Night. MS (JHLS).

Appendix

XXVII. *Sed non satiata.* MS (PH).

LV. L'Irréparable. MS (JHLL). *WT 12, No. 12 (August 1928): 261 (as one of "Three Poems in Prose").

[XCIV. Hymne]. In *SP* (attributed to Charles Baudelaire). A translation of "Hymne," stanza 3; see p. 166–67.

CXLI. Un Voyage à Cythère. MS (JHLS).

The Peace Pipe. Section I of *The Song of Hiawatha* (1855). Text taken from *The Poems of Longfellow* (New York: Modern Library, 1944), pp. 120–25.

Index of Titles

Index of First Lines

CPSIA information can be obtained at www.ICGtesting.com
Printed in the USA
BVOW02s1659080116

431893BV00021B/57/P